Informatik-Fachberichte 240

Herausgeber: W. Brauer
im Auftrag der Gesellschaft für Informatik (GI)

Djamshid Tavangarian

Flagorientierte Assoziativspeicher und -prozessoren

Springer-Verlag
Berlin Heidelberg New York
London Paris Tokyo Hong Kong

Autor

Djamshid Tavangarian
Technische Informatik II, FernUniversität Hagen
Postfach 9 40, D-5800 Hagen

CR Subject Classifications (1987): B.2.1, B.3.2, B.6.1, C.1.2, H.3.3

ISBN-13: 978-3-540-52487-8   e-ISBN-13: 978-3-642-84171-2
DOI: 10.1007/978-3-642-84171-2

Meiner Familie

Vorwort

Die aktuellen Forschungsarbeiten im Bereich der Rechnerarchitektur sind überwiegend gekennzeichnet durch die effizienten VLSI-orientierten Rechnerkon-
zepte, die eine Erhöhung der Rechengeschwindigkeit und des Datendurchsatzes
durch Parallelarbeit ermöglichen. Ziel dieser Arbeiten, die durch den Techno-
logiesprung unterstützt werden, ist die Ablösung, Änderung und/oder
Erweiterung klassischer Architekturen durch neuere und effizientere Konzepte.

Zu diesen neuen Rechnerarchitekturen gehören auch die Assoziativprozessoren,
die insbesondere mit einer Monoprozessorarchitektur für Problemlösungen z. B.
aus den Bereichen der *künstlichen Intelligenz* und des *rechnergestützten
Entwurfs (CAD)* geeignet sind. Der wesentliche Bestandteil eines assoziativen
Monoprozessors ist ein parallel arbeitender Assoziativspeicher (bzw. inhaltsadressierbarer Speicher), der bislang, bedingt durch einige als unlösbar
angesehene Probleme einer wirtschaftlichen VLSI-Realisierung, nicht erreichbar
war. Darüber hinaus weisen bisherige Konzepte einen geringeren Funktionsumfang
auf, der neben Schreiben und Lesen von Daten nur Vergleiche umfaßt.

Um diese Probleme der Assoziativspeicher zu lösen und zugleich einen hohen
Parallelitätsgrad und einen großen Funktionsumfang zu erzielen, habe ich in
dieser Arbeit ein neues Architektur-Grundkonzept entwickelt, das eine VLSI-
Realisierung vollparalleler Assoziativspeicher- und Verarbeitungseinheiten,
verbunden mit der Kaskadierbarkeit konventioneller Schreib-Lese-Speicher
(RAMs), ermöglicht.

Die Basis dieses Konzeptes bildet ein bijektives Transformationsverfahren, das
als *Flagtransformation* bezeichnet wird. Damit werden die Daten in einen
Bildbereich überführt, unterschiedlichen Verknüpfungen unterzogen und die
Ergebnisse wiederum in den Originalbereich rücktransformiert. Zur Durchführung
von Verknüpfungen und Operationen im Bildbereich habe ich eine neue Algebra
(genannt *Flag-Algebra*) definiert. Sie ist isomorph zu der Booleschen Algebra
und der Mengentheorie.

Im Rahmen des Verbundprojektes *"Entwurf Integrierter Schaltkreise"* (E.I.S.)
wurden an der Johann Wolfgang Goethe-Universität in Frankfurt mehrere flagorientierte Speicher- und Arithmetik-Logik-Einheiten zur Realisierung assoziativer Architekturen entworfen und realisiert. Diese Arbeiten bilden wiederum
die Grundlage neuer Forschungsthemen für unterschiedliche Applikationen.

Zur Entstehung der Arbeit haben viele durch Anregungen, fruchtbare Diskussionen und interessante Vorschläge beigetragen, denen ich dafür meinen Dank
ausspreche.

Besonders herzlich danken möchte ich Herrn Prof. Dr. K. Waldschmidt für die
langjährige Zusammenarbeit, für seine Unterstützung und speziell dafür, daß er
dieses Thema zur Grundlage für einige Forschungsarbeiten seines Lehrstuhls
gemacht hat, so daß mir der Zugang zur Fertigung von integrierten Bausteinen
für ARAM- und flagorientierte Rechen-Moduln im Rahmen des E.I.S-Projektes
eröffnet wurde, sowie für sein Interesse an dieser Arbeit.

Herrn Prof. Dr. H.-M. Lipp und Herrn Prof. Dr. E. Jessen danke ich sehr für die intensive und kritische Durchsicht dieser Arbeit und für ihre interessanten Anregungen und Vorschläge.

Zu Dank bin ich allen meinen unmittelbaren Kolleginnen und Kollegen verpflichtet, die mich im Laufe der letzten Jahre bei der Durchführung, Bearbeitung und Organisation von Forschungsprojekten und unterschiedlichen Lehr- und Verwaltungsaufgaben durch konstruktive Zusammenarbeit unterstützt und somit direkt oder indirekt zur Entstehung dieser Arbeit beigetragen haben. Insbesondere möchte ich hier Herrn Dr. M. Strugala und Herrn Dr. G. Roll erwähnen, die im Rahmen ihrer Dissertationen mehrere Aspekte des in dieser Arbeit vorgestellten Konzeptes untersucht und behandelt haben, so daß sie mir durch intensive Diskussionen und fruchtbare Zusammenarbeit eine große Hilfe bei der Untersuchung und Lösung vieler Teilprobleme leisteten. Herrn J. Stohschneider danke ich für seinen überragenden Einsatz bei der Durchführung von Schaltungsentwürfen zur Realisierung integrierter flagorientierter Schaltungen. Herrn Dr. M. Bechtold, Herrn Th. Reus, Frau Ch. Martini, Herrn M. Darianian und Herrn M. Schulz danke ich für die interessanten und produktiven Diskussionen, die sich auch auf andere Gebiete bezogen haben. Für Hilfsbereitschaft und gute Zusammenarbeit gilt mein Dank Frau O. Hantel, Frau S. Kuhlmann und Frau U. Fahnroth.

Den Damen und Herren in der Gesellschaft für Mathematik und Datenverarbeitung (GMD), insbesondere Herrn Dr. Wölken, Herrn Heckel, Herrn Dr. Vierhaus und Herrn Kaesser, danke ich für die gute Organisation und den reibungslosen Ablauf bei der Fertigung unserer integrierten Schaltungen im Rahmen des fünfjährigen E.I.S.-Projektes.

Meiner Familie, insbesondere meiner Frau, danke ich dafür, daß sie aufopfernd und mit großem Verständnis mein Engagement für diese Arbeit voll unterstützt hat.

Herzlich danke ich Herrn Prof. Dr. W. Brauer für die Aufnahme des Manuskriptes in die Reihe "Informatik-Fachberichte" und Frau Ingeborg Mayer vom Springer-Verlag für die Unterstützungen bei der Publikation dieser Arbeit.

Hagen, Januar 1990   Djamshid Tavangarian

Inhaltsverzeichnis

Kurzfassung

In dieser Arbeit wird ein neues Architektur-Grundkonzept vorgestellt, das die Realisierung VLSI-gerechter vollparalleler Assoziativspeicher- und Arithmetik-Logik-Einheiten mit einem großen Funktionsumfang, verbunden mit der Kaskadierbarkeit konventioneller Schreib-Lese-Speicher (RAMs), ermöglicht. Diese Einheiten können zum Entwurf effizienter Assoziativprozessoren mit hohem Parallelitätsgrad eingesetzt werden.

Zur Entwicklung dieser Architekturen wird ein bijektives Transformationsverfahren formuliert, mit dem die zu verarbeitenden Daten eines Datensatzes in einen **Bildbereich** überführt und durch **flagorientierte Daten** jeweils mittels einer binären, als **Flag** bezeichneten Größe in einem **Flagvektor** zusammengefaßt und repräsentiert werden. Die Parallelarbeit wird durch simultane Verarbeitung und Manipulation von Flags in Flagvektoren erreicht.

Zur Beschreibung und Ausführung von Operationen im Bildbereich wird eine neue, zu der Booleschen Algebra und der Mengentheorie isomorphe Algebra (genannt **Flag-Algebra**) definiert. Die Axiome, Theoreme und Rechenvorschriften dieser Algebra bilden die Grundlage zur Entwicklung von parallelarbeitenden flagorientierten Speicher- und Recheneinheiten, die jeweils eine VLSI-gerechte und modular kaskadierbare Struktur aufweisen.

Die Aufgaben einer flagorientierten Speicher- und Verarbeitungseinheit sind:

- **Speicherung** und **Löschung** von Informationen,

- **Wiedergewinnung**, **Verarbeitung** und **Manipulation** gespeicherter Daten und erzielter Ergebnisse gemäß ihrer Inhalte oder Teilinhalte durch parallelausführbare Assoziationsfunktionen.

Während die ersten beiden Aufgaben auch aus konventionellen Speichern (RAMs) bekannt sind, kann ein flagorientiertes System neben parallelen Lese- und Schreiboperationen über parallel ausführbare Funktionen verfügen, die sowohl Suchoperationen, d.h. Suche nach Informationen, die bestimmte Kriterien erfüllen (z.B. Gleichheit, Größer-Gleich, Maximum, Minimum, Suche zwischen zwei Grenzwerten u.ä.), als auch arithmetische und logische Operationen (z.B. Addition, Subtraktion, Konjunktion, Disjunktion u.ä. für die durch eine Suchoperation qualifizierten Daten eines Datensatzes) umfassen.

Die Besonderheit dieses Konzeptes ist, daß die Operationen für ganze Datensätze in nur einem Arbeitszyklus (bzw. Speicherzyklus) bewältigt werden können.

Die Ergebnisse einer Operation liegen ebenfalls als Flags vor, die durch eine Rücktransformation wiederum in den Originalbereich überführt werden können.

Einer systematischen Strukturierung der bisher bekanntgewordenen Assoziativspeicher -insbesondere in bezug auf ihre Verarbeitungsgeschwindigkeit- und einer Vorstellung prinzipieller Architekturen eines assoziativen Prozessors mit den hier verwendbaren höheren Sprachen im ersten Abschnitt folgend, werden im zweiten Abschnitt die Grundlagen der Flag-Algebra dargelegt und mehrere Hardware-Konzepte und Schaltungsvorschläge zur Realisierung von kaskadierbaren Speicher- und Verarbeitungseinheiten als integrierte Moduln diskutiert.

Speziell wird der Entwurf eines vollparallelen, flagorientierten Assoziativspeichers (ARAM: Assoziatives RAM) mit einem hohen Funktionsumfang vorgestellt, der als Grundlage zur Realisierung mehrerer integrierter Speichermoduln eingesetzt wurde.

Die Realisierung vollparalleler Assoziativspeicherfelder mit hoher Speicherkapazität, großer Wortlänge und hohem Funktionsumfang durch Kaskadierung integrierter Assoziativspeichermoduln stellt einen Schwerpunkt heutiger Forschung auf diesem Gebiet dar.

Es werden Lösungsvorschläge zum Aufbau und zur Organisation von flagorientierten vertikalen und/oder horizontalen Assoziativspeicherfeldern mit einem hohen Funktionsumfang gezeigt. Die implementierten Funktionen in einer vertikalen Speicheranordnung können vollparallel ablaufen. Die Wortlänge der Daten kann jedoch nicht beliebig wachsen. Beliebige Wortlängen sind in einem horizontalen Speicherfeld realisierbar. Hier sind nur wenige von der Struktur des Feldes abhängige Schritte zur Durchführung einer Operation notwendig.

Es wird eine neue Interpretation von Datenstrukturen in einem horizontalen Assoziativspeicherfeld eingeführt, die zur beschleunigten Ausführung von Suchoperationen im Feld führt. Dabei wird im Gegensatz zu den bisherigen Verfahren eine Quasispeicherung von Adressen zugrunde gelegt, so daß die Flags gespeicherter Daten zur Unterstützung von Suchverfahren sortiert im Speicher vorliegen. Exemplarisch werden einige Algorithmen zur Durchführung von Suchoperationen in einem horizontalen Speicherfeld vorgestellt.

Eine Erweiterung derartiger Assoziativspeicherfelder mit einem Steuerprozessor führt zur Entwicklung von assoziativen Monoprozessorarchitekturen, mit denen komplexe Operationen vollparallel, d.h. jeweils in nur einem Befehlszyklus, durchgeführt werden können. Es werden unterschiedliche Konzepte eines flagorientierten Assoziativprozessors dargelegt und ihre Eigenschaften diskutiert. Sie können sowohl als eigenständige Prozessoreinheiten als auch als Koprozessoren konventioneller Rechner zur zeit- und programmcodeeffizienten Lösung und Akzeleration vieler technischer Problemstellungen eingesetzt werden.

Neben einer Betrachtung der Verarbeitungseffizienz eines flagorientierten Systems werden einige Aspekte zum Einsatz assoziativer Sprachen in einem flagorientierten Assoziativprozessor erläutert.

Einige Vorschläge und Anregungen zur Weiterführung der diskutierten Themen sowie zur Untersuchung neuer Aspekte und Architekturen in Verbindung mit den Grundlagen der Flagalgebra werden in den Schlußbemerkungen zusammengefaßt.

1. Einleitung

Allgemeines

Bei der Entwicklung von modernen Rechnerarchitekturen wird eine Effizienzsteigerung durch Parallelarbeit angestrebt, so daß mehrere Forschungsarbeiten auf diesem Gebiet sich auf Konzepte, die im Vergleich zu der von-Neumann-Architektur eine höhere Verarbeitungsgeschwindigkeit und einen höheren Datendurchsatz ermöglichen, konzentrieren. Diese Arbeiten werden durch die ständigen Fortschritte in der VLSI-Technik unterstützt.

Eine Betrachtung paralleler Rechnerarchitekturen hinsichtlich ihrer Mechanismen zur Ausführung von Befehlen und zur Verarbeitung von Daten führt zu den von Flynn /FLY72/ angegebenen SIMD- und MIMD-Rechnerklassen.

MIMD-Architekturen

Bei den Rechnerarchitekturen der **MIMD**-Klasse (**M**ultiple **I**nstruction stream **M**ultiple **D**ata stream) verarbeiten autonome Einzelprozessoren konkurrierend einen eigenen Befehlsstrom in Verbindung mit dem zugehörigen Datenstrom. Die wesentliche Problematik der Rechner dieser Klasse liegt in den gegenseitig ausschließenden Zugriffen auf gemeinsame Hardware-Einrichtungen wie Speicherbänke, Peripheriegeräte u.ä., was beispielsweise über Semaphormechanismen gelöst wird /GIL81/, /HuB86/. Zahlreiche Software-Probleme können entstehen, wenn MIMD-Architekturen (teilweise mit großer Zahl von Prozessoren) zur beschleunigten Ausführung eines Prozesses eingesetzt werden.

SIMD-Architekturen

Die **SIMD**-Architekturen (**S**ingle **I**nstruction stream **M**ultiple **D**ata stream) bedürfen keiner gesonderten Mechanismen zur Verteilung und Koordination paralleler Aktionen, da stets nur eine Anweisung gleichzeitig auf mehrere Daten, die beispielsweise auf unterschiedliche Rechenwerke verteilt vorliegen, ausgeführt wird. Eine derartige Architektur erfordert nur eine zentrale Steuerungseinheit, die im wesentlichen den Befehlsstrom organisiert, die Verteilung der Daten vornimmt und die Steuerung von Rechenwerken bewerkstelligt.

Die SIMD-Architekturen sind aufgrund einer zentralen Steuerung und einer feldartigen Struktur ihrer Rechenwerke besonders für die Bearbeitung von Problemen mit strukturierten Datentypen, wie sie die Vektor- und Matrixoperationen darstellen, geeignet, so daß mittlerweile die SIMD-Maschinen recht hohe Verbreitung gefunden haben.

Zu dieser Gruppe gehören neben den Feldrechnern vom Typ ILLIAC IV und SOLOMON ebenfalls die Vektorrechner, die auch Pipeline-Rechner genannt werden, wie beispielsweise CRAY-1 und CYBER 205 /BuH82/, /GIL81/, /HuB84/, /HuJ81/. Die Pipeline-Rechner verfügen über mehrere hintereinandergeschaltete Verarbeitungseinheiten (Pipeline-Stufen), durch die ein Strom gleichartig zu manipulierender Daten hindurchfließt. Im günstigsten Fall liegt zu jedem Zeitpunkt je ein Datum in jeder Verabeitungseinheit vor, so daß sich mehrere Daten gleichzeitig in unterschiedlichen Phasen einer mehrstufigen Verarbeitung befinden.

Assoziativprozessoren

Eine weitere Gruppe der SIMD-Architekturen stellen die **Assoziativprozessoren** sowohl als Monoprozessorsysteme wie auch als Systeme mit mehreren Verarbeitungseinheiten dar /RAM78/, /THU76/, /TuW75/, /YuF77/. Bei diesen Architekturen steht eine **inhaltsorientierte Verarbeitung** von Daten in Vordergrund.

Assoziativspeicher

Das Kernstück eines assoziativen Monoprozessors ist ein **Assoziativspeicher** bzw. ein **inhaltsadressierbarer Speicher**, der eine inhaltsorientierte Verarbeitung der in ihm gespeicherten Daten ermöglicht. Die inhaltsbezogene Verarbeitung der Daten in solchen Speichern führt zur Gestaltung von Konzepten mit wirkungsvollen Assoziationsfunktionen, die im allgemeinen als (parallele) Such- und Sortieroperationen implementiert werden können.

Die Assoziativspeicher wirken sich im Rahmen vieler Anwendungen mit den assoziativen Operationen als besonders effizient aus, da sie die in konventionellen adressorientierten Speichern (RAMs) notwendigen zeitsequentiellen Zugriffe durch vollparallele[1] inhaltsorientierte Operationen ersetzen können. Die Effizienz kann mit dem Einsatz vollparalleler assoziativer Speicher weiter verstärkt werden, wenn zusätzlich arithmetisch-logische Operationen auf die gespeicherten Daten im Speicher anwendbar sind.

Der Einsatz assoziativer Speicher ermöglicht eine drastische Software-Reduktion bei der Implementierung vieler Algorithmen, da speziell die Programmschleifen auf Hardware-Ebene verlegt und dort in wesentlich kürzerer Zeit ausgeführt werden können. Darüberhinaus erreicht man für die Algorithmen eine wesentlich kürzere Implementierungszeit, da ihre Beschreibung für die Ausführung in assoziativen Speichern einen stark reduzierten Programmcode im Vergleich zu den konventionellen Beschreibungen erfordert.

Applikationen

Beispiele für die Applikation assoziativer Speicher erstrecken sich von der Anwendung in Datenbanken /LuS75/, /LSS76/ und CAD-Systemen /STR87/, /HAR84/ über den Einsatz als schneller Cache-Speicher /WEI83/, bis zum Koordinationsspeicher in Multiprozessor-Systemen /SRW82/. Darüberhinaus eröffnet sich mit der zunehmenden Forschung auf dem Gebiet der künstlichen Intelligenz ein weiteres Feld für Algorithmen und Anwendungen auf der Basis assoziativer Speicher mittlerer und großer Kapazität.

---

[1] Sowohl bit- als auch wortparallel.

Probleme

Betrachtet man die Entwicklung vollparalleler, kaskadierbarer Assoziativspeicher, so stellt man fest, daß bislang nur Speicherbausteine geringer Kapazität hergestellt wurden.

Die Ursache für diesen Mangel liegt in der Arbeitsweise der bisher bekannten Assoziativspeicher-Konzepte, die mit steigender Wortkapazität eine steigende Anzahl von Signalen für die benachbarten Speicherbausteine erfordern, was zu dem "Pin-Limitation-Problem" eines integrierten Bausteins führt. Dieses prinzipielle und wichtigste Problem vollparalleler Assoziativspeicher beschränkt die Wortkapazität integrierter Assoziativspeicher-Moduln in Abhängigkeit der zur Verfügung stehenden Gehäuseanschlüsse, so daß eine Realisierung von vollparallelen Assoziativspeicherfeldern durch horizontale Erweiterung von Speicherwörtern nach den bekannten Verfahren durch den Einsatz integrierter VLSI-Bausteine nicht möglich ist.

Bekannte Ansätze

In der Vergangenheit versuchte man dieses Problem z.B. durch Einsatz von Speichern, die nicht länger vollparallel sondern z.B. bit-seriell/wortparallel arbeiten (vgl. Kap. 1.4), wie der Speicher des Assoziativprozessors STARAN /THU76/, /YuF77/ zu lösen. Weiterhin gibt es Konzepte, konventionellen Speicherfeldern ein assoziatives Verhalten aufzuprägen /FOS78/, /PAR73/, /LAM78/, /GIL81/. Mit diesen Konzepten können jedoch die Verarbeitungsgeschwindigkeiten eines vollparallelen Assoziativspeichers nicht erreicht werden.

Die Notwendigkeit, vollparallele assoziative Speicherfelder mit mittlerer und größerer Kapazität zu entwickeln, erscheint aufgrund der vielfältigen Einsatzgebiete solcher Speicher dennoch zwingend. Eine solche Entwicklung erfordert jedoch ein neues Speicherkonzept, um insbesondere das "Pin-Limitation-Problem" zu umgehen. Der heutige Stand der VLSI-Technologie ermöglicht es einem System- und Schaltungsdesigner, zur Lösung dieser aktuellen Problemen neue Wege und neue Konzepte zu verfolgen.

Arbeitsziel

Ziel dieser Arbeit ist die Entwicklung eines neuen Konzeptes, das den Entwurf von VLSI-orientierten, beliebig kaskadierbaren und vollparallel arbeitenden Assoziativspeichersystemen mit hohem Funktionsumfang ermöglicht, die zur Realisierung von Assoziativprozessor-Architekturen eingesetzt werden können. Diese Architekturen, die jeweils nur eine Verarbeitungseinheit besitzen, sind trotzdem in der Lage sowohl arithmetische Operationen als auch komplexe Suchoperationen für Datensätze vollparallel, d.h. in nur einem Befehlszyklus, durchzuführen /TAV82-88/.

Ansatz

Die Basis dieses Verfahrens bildet eine **Transformationsmethode**, mit der die zu verarbeitenden Daten in einen Bildbereich überführt und durch **flagorientierte** Daten jeweils mittels einer binären als **Flag** bezeichneten Größe in **Flagvektoren** zusammengefaßt und repräsentiert werden. Die Parallelarbeit wird durch simultane Verarbeitung und Manipulation von Flags in den Flagvektoren erreicht.

Ein solches System wird als ein **flagorientiertes System** bezeichnet. Zur Beschreibung und Ausführung von Operationen in einem flagorientierten System wird eine Algebra vorgestellt, die als **Flagalgebra** bezeichnet wird. Sie dient als Grundlage zur Realisierung von vollparallelen flagorientierten Assoziativspeichern und Assoziativrecheneinheiten, die jeweils eine VLSI-gerechte und modular kaskadierbare Struktur aufweisen.

Die Ergebnisse einer Operation liegen ebenfalls als Flags vor, die durch eine **Rücktransformation** wiederum im Originalbereich zur Verfügung gestellt werden.

Inhalt

Im ersten Kapitel dieser Arbeit werden die prinzipiellen und wichtigsten Konzepte assoziativer Prozessoren und Speicher sowie die einsetzbaren Sprachen in derartigen Sytemen diskutiert und der aktuelle Stand der neuesten Entwicklungen auf dem Gebiet der assoziativen Speicher beschrieben.

Neben der Behandlung theoretischer Grundlagen der Flagalgebra und ihre Axiome und Aussagen im Kapitel 2 werden im Kapitel 3 einige Rechenvorschriften und prinzipielle Strukturen zur Konzeption flagorientierter Systeme dargelegt.

Einige Vorschläge zur Realisierung konkreter Hardware-Einheiten als kaskadierbare Assoziativspeicher mit einem hohen Funktionsumfang sowie die Konzeption von unterschiedlichen Assoziativspeicherfelder, die aufgrund vertikaler und horizontaler Kaskadierung von Assoziativspeichermoduln gebildet werden können, stellen die Themen in den Kapiteln 5 und 6. Die weiteren Kapiteln befassen sich mit prinzipiellen Assoziativprozessorarchitekturen, die als Monoprozessorarchitektur flagorientierte Komponenten verwenden, sowie einer hierfür geeigneten Sprachoberfläche.

Perspektiven

Den Abschluß dieser Arbeit bildet eine Diskussion einiger nach diesem Konzept realisierten integrierten Schaltkreise und Systeme, eine Darstellung von erzielbaren Vorteilen sowie einige Perspektiven zu weiterführenden Aufgaben.

1.1 Assoziativprozessoren

Eine Architektur, die eine inhaltsorientierte Verarbeitung von Daten in Form von ausführbaren "assoziativen Funktionen" mit ihrem Befehlsrepertoire (in unterschiedlichen Abstraktionsebenen bei der Verarbeitung von Daten) unterstützt, wird als ein **Assoziativprozessor** bezeichnet. Zur Durchführung einer Diskussion über derartige Architekturen soll vorerst eine Beschreibung der "Assoziation" und der Assoziationsfunktion sowie der mit ihnen in Verbindung stehenden Begriffe vorgenommen werden:

Assoziation und Assoziationsfunktion:

Es sei eine Menge S mit q Elementen gegeben:

$$S = \{ \ S_i \ | \ S_i = \{s_{i,j} \ | \ 1 \leq j \leq n_j \}; \ 1 \leq i \leq q \ \}$$

Dabei sind die Elemente S_i ($1 \leq i \leq q$) wiederum Mengen mit jeweils n_j Elementen, die jeweils einen Wert aus einem frei definierbaren Werte- bereich annehmen.

Eine **Assoziation** liegt vor, wenn bei einer gegebenen Menge

$$S_a = \{s_{a,j} \ | \ 1 \leq j \leq n_a \}$$

aufgrund einer **Abbildung** f_a in Verbindung mit der Menge S auf eine neue Menge S* geschlossen bzw. die Menge S* mit

$$f_a \ : \ S \ x \ S_a \ \longrightarrow \ S^*$$

selektiert werden kann, so daß gilt:

$$S^* \ \underline{C} \ S \qquad mit \qquad S^* = \{ \ S^*_i \ | \ S^*_i = \{s^*_{i,j} \ | \ 1 \leq j \leq n^*_j \}; \ 1 \leq i \leq p \leq q \ \}$$

Die in diesem Schritt zur Bildung der Menge S* verwendete Abbildung f_a wird als **Assoziationsfunktion** bezeichnet. Die selektierten Mengen in S* stellen die **assoziierten Daten** dar.

Die Menge S_a wird als **Assoziationsargument** bezeichnet. Sie kann vollständig oder nur partiell in einer oder mehreren Mengen aus S* enthalten sein.

Eine **erfolgslose Assoziation** liegt vor, wenn die Menge S* leer ist.

Je nach Anzahl der Elemente in S und S_a sowie nach Umfang der Daten in S* werden in der Literatur andere Sichten und Definitionen für die Assoziation und Assoziationsfunktionen gegeben /JES65/,   /KOH84/, /STU85/. Beispielsweise werden in /JES65/ Assoziationsprobleme erster bis vierter Art definiert. Die Assoziationsprobleme erster bzw. zwei- ter Art liegen vor, wenn jeweils wenigstens ein Element bzw. mehrere Elemente aus S existieren, die die angegebene Assoziationsfunktion erfüllen können. Die Assoziationsprobleme dritter bzw. vierter Art liegen vor, wenn in S* jeweils ein Exemplar bzw. alle Exemplare der assoziierten Daten vorliegen.
Nach der Durchführung einer Assoziationsfunktion können in einem zweiten Schritt die assoziierten Daten in S* zur Durchführung von arithmetischen und/oder logischen Operationen eingesetzt und somit manipuliert werden.

Aufgaben und Architekturen assoziativer Rechner:

Bei einer technischen Realisierung assoziativer Prozessorarchitekturen und Systemen werden i. a. die Assoziationsvorgänge durch inhaltsorien- tierte Verarbeitung von Daten speziell in Form von Boole'schen Funktionen sowie Such- und Sortieroperationen ersetzt.

Die wichtigsten Aufgaben und Merkmale eines Assoziativprozessors sind:

- Fähigkeit zur **Speicherung**, **Ausgabe** und **Entfernung** von Informa- tionen, die mittels üblicher Standardoperationen wie beispiels- weise "Write"-, "Read"- und "Delete"- bzw. "Remove"-Regeln erreicht werden,

- **Wiedergewinnung** von Informationen aus Informationsbeständen durch eine inhaltsorientierte Adressierung von Daten, die im allgemeinen durch **Assoziationsfunktionen** (bzw. unterschiedliche Suchoperationen) mit Hilfe gegebener Teilinformationen bewältigt werden und

- **Verarbeitung** und **Manipulation** von (selektierten) Datenobjekten in Informationsbeständen, die im allgemeinen als Arithmetik/Logik-Operationen ausgeführt werden.

Damit werden die Daten in einem Assoziativprozessor nicht wie bei ortsadressierter Verarbeitung durch Ortsadressierung der Datenwörter erreicht, sondern durch eine Inhaltsadressierung, die durch inhaltliche Merkmale eines Datums gekennzeichnet ist.

Von V. Bush wurde im Jahre 1945 zum ersten Mal die assoziative Verarbeitung von Daten in Form von Suchoperationen auf einem Datensatz durch einen Assoziativprozessor (MEMEX) angegeben /BUS45/. In seinem Konzept, das sich an der menschlichen Denkweise orientiert, favorisiert er zum ersten Mal eine assoziative Verarbeitung von Daten gegenüber index- bzw. adressorientierter Verarbeitung.

Eine Hardware-Realisierung eines Assoziativprozessors wurde jedoch erst im Jahre 1956 von Slade und McMahon als "Cryogenic Catalog Memory" vorgestellt /SuM56/. Ziel ihrer Arbeit war eine Demonstration von Eigenschaften der Kryotron-Technologie. Diese Arbeit ist nur historisch interessant und beinhaltete einige schaltungstechnische Konzepte und Vorschläge für Inhaltsadressierung, die in folgenden und späteren Assoziativprozessor-Entwicklungen (z.B. /SuL62/) genutzt wurden.

Seit dieser Zeit wurden eine Vielzahl von unterschiedlichen assoziativen Prozessor- und Speichersystemen vorgeschlagen und realisiert /WAL87/, /KOH84/, /YuF77/.

Die inhaltsorientierte Verarbeitung von Daten wird im allgemeinen mit Hilfe von

(a) **Assoziativspeichern,** die entweder hardwaremäßig für eine Inhaltsadressierung konzipiert sind oder Speicheranordnungen, die auf konventionellen Schreib-Lese-Speichern (RAMs) basieren und das assoziative Verhalten emulieren, oder

(b) einem **Ensemble von vernetzten Prozessorelementen** in einem Feld, das zentral gesteuert und als assoziatives Prozessorfeld bezeichnet wird,

bewältigt.

Während die Prozessoren der ersten Kategorie zu assoziativen Monoprozessorarchitekturen führen, die in ihrer einfachsten Form im wesentlichen jeweils aus einer Kontrolleinheit und einer Assoziativspeichereinheit bestehen, weisen die Systeme der zweiten Kategorie jeweils eine Architektur mit mehreren Prozessorelementen auf.

Die Prozessorelemente dieser Architekturen sind teilweise sehr einfach. Sie bestehen z.B. aus nur einem Register, einem Vergleicher als Verarbeitungseinheit und einem Befehlsdecoder für wenige Befehle, so daß sie auch häufig vereinfacht nur als Verarbeitungseinheiten bezeichnet werden.

1.1.1 Architektur assoziativer Prozessorfelder

Diese Kategorie assoziativer Prozessorsysteme faßt die Architekturen mit verteilter Logik (distributed processing elements) zusammen, die eine Vielzahl von miteinander vernetzten Prozessorelementen (PE) als Verarbeitungseinheiten beinhalten. Sie werden zur Verarbeitung und Manipulation von Daten, die sich in ihren lokalen Speichern befinden, eingesetzt. Ein PE verfügt im allgemeinen als Komponenten über ein Steuerwerk, eine Operationseinheit und einen lokalen Speicher. Die Komponenten der PE können in einer sehr vereinfachten Form ausgeführt sein.

Diese Architekturen basieren auf einem 1968 von Lee vorgeschlagenen Konzept /LEE68/. Das Konzept stellt ein lineares Feld, bestehend aus einfachen Prozessorelementen, die als Zellen (genannt Charactercells) zur Bearbeitung eines Symbols (eines Bits oder eines Bytes eines Datenwortes) einer Zeichenkette (String) verwendet werden. Die Zellen werden zentral gesteuert. Die Steuerung erfolgt über ein Netzwerk. Weitere Verbindungen sind als Interprozessorverbindungen zwischen den benachbarten Zellen vorgesehen. Eine Operation erfolgt nach vergleichbaren Methoden wie sie beispielsweise bei den bitseriellen Addierern durch Weitergabe von "Carry"-Signalen eingesetzt werden.

Die Wiedergewinnung von Informationen erfolgt durch Selektion relevanter Informationsteile aus dem in den Zellen vorliegenden Informationsbestand. Diese Suchoperationen können prinzipiell durch Vergleichsoperationen mit einem Suchargument unter Berücksichtigung von Nachbarschaftsbeziehungen zur Verkettung von Informationsteilen bewältigt werden.

Die wesentlichen Merkmale des von Lee entwickelten Konzeptes sind gekennzeichnet durch

- gleichartige und von einander nicht unterscheidbare Verarbeitungselemente, die die Informationsinhalte zur Verarbeitung in den Vordergrund stellen,

- Verkettung von Verarbeitungseinheiten zur Gestaltung beliebiger Wort- bzw. Stringlängen,

- von der Zahl der Verarbeitungseinheiten unabhängige Zeit zur Durchführung von Suchoperationen und

- modulare Erweiterbarkeit des Systems mit weiteren Verarbeitungseinheiten.

Auf der theoretischen Grundlagen dieses von Lee entwickelten Konzeptes wurde das Prozessorsystem PEPE (parallel element processing ensemble) /CRA72/ speziell für Probleme in der Radarsignalverarbeitung realisiert und eingesetzt. Das System umfaßt 288 Verarbeitungselemente mit je 1k x 32 bit Schreib/Lese-Speicher (RAM). Aufgrund wortserieller Bearbeitung von Datenströmen kann dieses Konzept als besonders gut zur String- und Bildverarbeitung eingestuft werden /THU76/.

Weitere Arbeiten wurden zur Optimierung dieses Konzeptes durchgeführt. Lipowsky /LIP70/ hat vorgeschlagen die Verbindung der Prozessoren in einer baumartigen Anordnung vorzunehmen, damit der Aufwand für das Verbindungsnetzwerk vermindert wird.

Ein neues auf dieser Architektur basierendes Konzept wird in /LEA86/ als ASP (associative string processor) vorgestellt, das speziell zur

Stringverarbeitung verwendet werden soll. Hier sollen insbesondere die Möglichkeiten eines VLSI- bzw. WSI-Einsatzes[2] zur Realisierung des Konzeptes ausgenutzt werden. Das Konzept beinhaltet in der Grundversion ein lineares Feld von 256 Verarbeitungseinheiten, die jeweils ein Datenwort von 32 bit speichern und verarbeiten können.

Die Verarbeitungselemente (Zellen) sind in einer Kette hintereinander angeordnet, die über einen gemeinsamen Bus Daten empfangen, ausgeben und von einem zentralen Steuerprozessor gesteuert werden können. Die Strings (Zeichenketten) mit ihren jeweils unterschiedlich vielen Elementen (Zeichen) werden in benachbarten Zellen (jeweils zwischen einer Startzelle für das erste Zeichen und einer Endzelle für das letzte Zeichen einer Kette) gespeichert.

Zur Durchführung einer Identitätsoperation wird ebenfalls ein String als Suchargument eingesetzt. Die Elemente des Suchargumentes werden in ihrer Reihenfolge sequentiell zum Vergleich angelegt. Falls eine Kette von hintereinander angeordneten Verarbeitungseinheiten in gleicher Reihenfolge jeweils eine Teilidentität liefern, so liegt eine Identität zwischen dem Suchargument und der in der Kette gespeicherten Daten vor. Zur Bestimmung von Teilidentitäten führen alle Verabeitungselemente simultan einen Vergleich durch.

Um die Ausnutzung aller Verarbeitungselemente sicherzustellen, erfordert ein Entfernen von Strings aus den Verarbeitungseinheiten u.U. eine "Repack"-Operation, da ein neuer String nicht die gleiche Länge haben muß.

In /JSL88/ wird die Entwicklung eines Speichermoduls mit 256x37 bit (32 bit für die Daten und 5 bit für Steuerungs- und Verkettungsinformationen) vorgestellt, das mit den zugehörigen Ein-/Ausgabe- und Steuerungseinheiten auf einer Chipfläche von 75 mm^2 realisiert wurde.

Die wichtigsten Eigenschaften dieser Architekturen sind

- die begrenzte Zahl von Prozessorelementen,

- der Umfang des Verbindungsnetzwerkes, der in Abhängigkeit der implementierten Assoziationsfunktionen hoch sein kann,

- niedrige Kommunikationsgeschwindigkeit zwischen den Prozessoren,

- hoher Steuerungsaufwand (z.B. Garbage Collection), der durch Ausnutzung enger Nachbarschaftsbeziehungen entsteht,

- hoher Paralellitätsgrad und

- hoher Modularitätsgrad.

Zusammenfassend kann der Realisierungsaufwand derartiger Konzepte gemessen zu den Fähigkeiten der Verarbeitungselemente sowie der notwendigen Verbindungen zwischen ihnen und für ihre Steuerung als angemessen eingestuft werden, falls nur wenige und sehr einfache Assoziationsfunktionen (im allgemeinen nur Vergleichsoperationen) implementiert werden.

---

[2] WSI : Wafer Scale Integration.

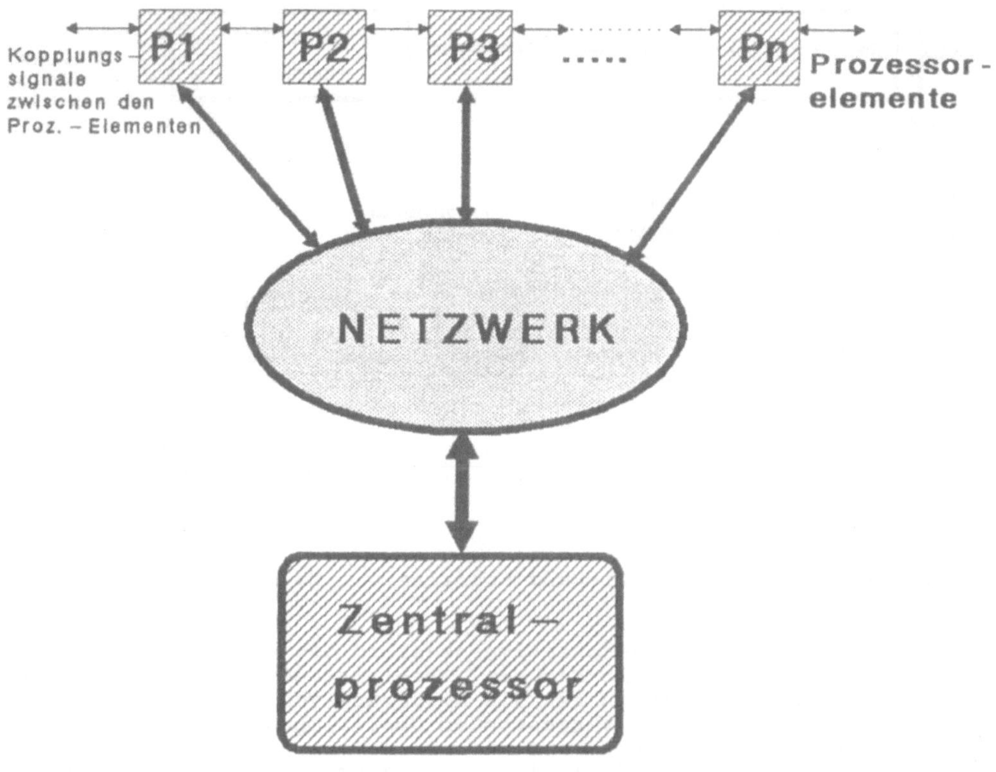

Abbildung 1.1 : Architektur eines assoziativen Prozessorfeldes

1.1.2 Assoziative Monoprozessorarchitekturen

Die zweite Kategorie assoziativer Architekturen stellen assoziative Monoprozessoren dar, die neben einer Steuerungseinheit einen Assoziativspeicher oder eine Speichereinrichtung, die das assoziative Verhalten emuliert, beinhalten (Abb. 1.2). Der Assoziativspeicher wird sowohl zur Speicherung von Daten als auch zur Durchführung von speziellen Operationen, die eine Manipulation der gespeicherten Daten zur Folge haben können, eingesetzt. Deshalb sind in Assoziativspeichern sowohl der Speicher als auch eine Rechenlogik vereinigt, so daß sie auch Mehrfunktionsspeicher genannt werden.

Im allgemeinen werden die assoziativen Monoprozessoren als Koprozessoren zu den konventionellen Rechnern (Wirt-Rechner) eingesetzt. Damit wird die Entwicklung von dedizierter Systemsoftware mit entsprechender Infrastruktur (Betriebssystem mit Editoren, Compilern, E/A-Treibern u.ä.) zum Betrieb des Assoziativprozessors vermieden, so daß eine effektive Verarbeitung oder Akzeleration spezieller und zeitintensiver Teilprobleme mit relativ geringem Aufwand erreicht werden kann.

Abb. 1.2 stellt die wesentlichen Komponenten eines assoziativen Monoprozessors, den steuernden Prozessor sowie die assoziative Speichereinheit dar.

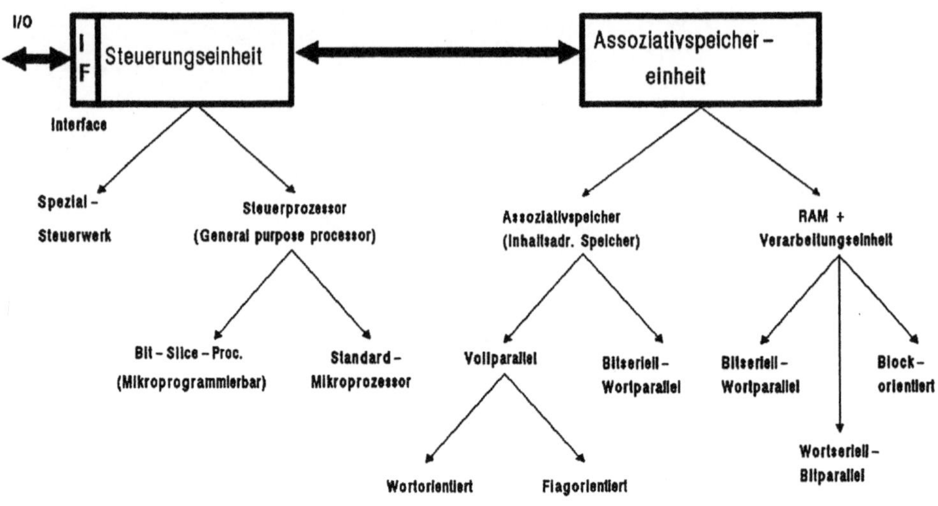

Abbildung 1.2 : Strukturierung assoziativer Monoprozessoren

Die steuernde Einheit des Assoziativprozessors ist einerseits für die Kommunikation mit einem Wirt-Rechner durch eine entsprechende Interface-Einheit und andererseits für die Steuerung von assoziativen Funktionen verantwortlich. Die eingesetzten Operationen in einem Assoziativprozessor bestimmen den Umfang und die Komplexität der steuernden Einheit. Bei aufwendiger Kommunikation und umfangreichen Kommunikationsprotokollen steigt der Aufwand zur Realisierung der steuernden Einheit. Die logisch sequentielle Tiefe und der Aufwand eines Steuerwerkes steigt ebenfalls, wenn die Assoziationsfunktionen komplexe Algorithmen verwenden.

Der steuernde Prozessor kann entfallen, wenn alle zur Durchführung einer Operation benötigten Argumente zur Verfügung stehen und sämtliche Selektionen und Verarbeitungen von Daten als vollparallele Operationen vom Speicher jeweils in einem Verarbeitungszyklus bewältigt werden können. Dabei übernimmt die Speichereinheit den Status eines konventionellen RAMs mit einer vergrößerten Funktionsmenge, die über einen Systembus oder über I/O-Ports des Rechners die erforderlichen Befehle und Daten zur Verarbeitung erhält.

Der steuernde Prozessor läßt sich besonders einfach durch ein Steuerwerk (z.B. Mikroprogrammsteuerwerk) realisieren, wenn ein Befehlssatz mit einer relativ geringen sequentiellen Tiefe zur Steuerung der Assoziativspeichereinheit zugrunde gelegt werden soll. Auch hier sind die Selektion und Verarbeitung von Daten weitgehend von der Speichereinheit als parallele Operationen zu leisten. Das Steuerwerk erhält sequentiell über I/O-Kanäle vom Wirt-Rechner die Befehle und Daten, die zur Ausführung von gewünschten Operationen in ein oder mehreren Schritten erforderlich sind. Der Steuerprozessor bereitet auch die erzielten Ergebnisse für den Wirt-Rechner vor, um sie über entsprechende Interfaces übergeben zu können.

Falls der Assoziativprozessor eine autonome Einheit bilden soll, so empfiehlt es sich, zur Realisierung der steuernden Einheit einen Standardmikroprozessor oder einen mikroprogrammierbaren Mikroprozessor, der in bezug auf die Schnittstellen sowohl an die Assoziativspeichereinheit als auch an den Wirt-Rechner besonders effektiv angepaßt werden kann, zu verwenden.

Die Blockschaltung eines solchen Systems ist in Abb. 1.3 dargestellt. Diese Schaltung stellt eine universelle und in weiten Grenzen an seine Umgebung optimal anpaßbare Form einer assoziativen Monoprozessorarchitektur dar. Das System beinhaltet neben der Assoziativspeichereinheit ein Leitwerk, eine Arithmetik/Logik-Einheit, eine Schreib/Lese-(RAM) und Festwertspeichereinheit (ROM) sowie Ein- und Ausgabeeinheit.

Bei Verwendung konventioneller Mikroprozessoren können auch weitere für die Mikroprozessorfamilie existierende Komponenten eingesetzt werden (z.B. Arithmetikkoprozessoren, DMA, Massenspeicher, spezielle I/O-Kanäle u.ä.).

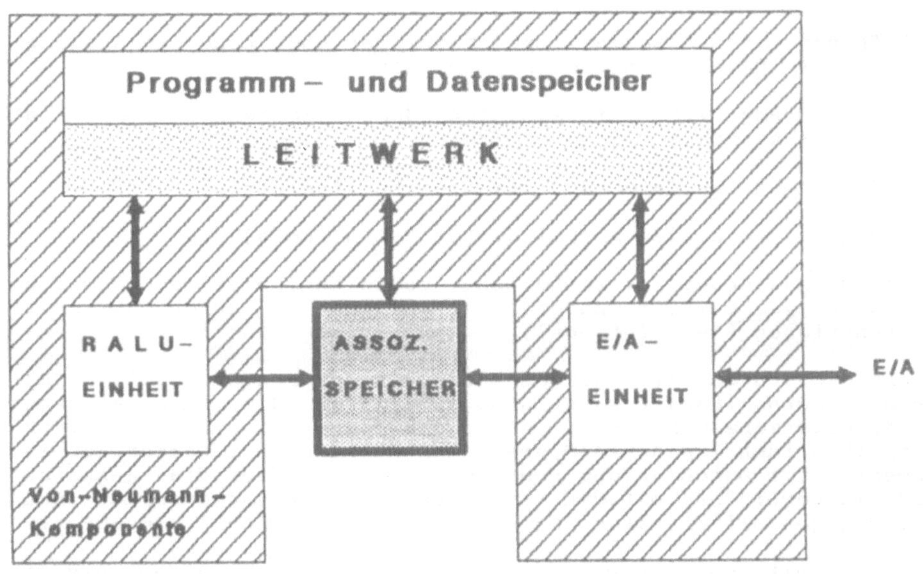

Abbildung 1.3: Architektur eines assoziativen Monoprozessors

Arbeitsweise, Anwendungsbereich und Effizienz eines Assoziativprozessors werden in starkem Maße durch den verwendeten Assoziativspeichertyp geprägt. Wegen des hohen Hardwareaufwandes vollparalleler Assoziativspeicher sehen viele realisierte Konzepte eine teilweise serielle Speicherorganisation vor, wobei die Assoziativspeicher meistens durch schnelle Schreib/Lese-Speicher (RAMs) emuliert werden, die horizontal und/oder vertikal ortsadressierbar sind. Bei diesen Speichern erfolgen Suche nach Inhaltsmerkmalen sowie Manipulation von Datensätzen in sequentieller Form. Lediglich nach außen erscheint die Konfiguration der RAM-Speicher mit "Verarbeitungseinheiten" bzw. "Rechenwerken" wie ein echter Assoziativspeicher.

Bei komplexen Operationen, die große Speicherkapazitäten erfordern, sind Systeme mit vollparallelen Assoziativspeichern den Emulatoren bezüglich der Suchgeschwindigkeit weit überlegen. Hier ist jedoch der hohe Preis des parallelen Assoziativspeichers in Kauf zu nehmen.

Im folgenden werden neben der Beschreibung eines Assoziativspeichers die verschiedenen Assoziativspeichertypen vorgestellt.

1.2   Aufbau eines Assoziativspeichers

Die Aufgaben eines Assoziativspeichers, der über Ein- und Ausgänge mit seiner Umwelt Daten austauschen kann, sind:

- **Speicherung** von Informationen durch Schreiben oder Einfügen (Write/Insert),

- **Entfernung** von Daten aus dem Speicher (Delete),

- **Ausgabe** von **Kopien** gespeicherter Daten (Read) und

- **Wiedergewinnung, Verarbeitung** sowie **Manipulation** gespeicherter Daten gemäß ihrer Inhalte oder Teilinhalte durch Assoziationsfunktionen (Associations).

Während die ersten drei Aktionen auch aus den konventionellen Schreib-Lese-Speichern (RAM) bekannt sind, verfügen die Assoziativspeicher über Assoziationsfunktionen, die als Suchoperationen evtl. verknüpft mit arithmetisch/logischen Operationen durchgeführt werden können. Als Argumente zur Durchführung von Operationen werden die gespeicherten Daten in Verbindung mit den von außen als Eingangsinformationen zur Verfügung gestellten Daten (Suchargumente, Operanden) eingesetzt.

Bei der Ermittlung von Daten und Informationen aus einem Assoziativspeicher zur Durchführung einer Assoziationsfunktion sind die Dateninhalte und nicht die Orte, an denen sich die Daten und Informationen befinden, ausschlaggebend. Den Gegensatz zu den Assoziativspeichern bilden die ortsadressierbaren Speicher. Hier ist der Ort und damit die angelegte Adresse zur Ermittlung von Daten und Informationen maßgebend.

Aus der Literatur sind umfangreiche Arbeiten zur Charakterisierung und Taxonomie von Assoziativspeichern bekannt geworden /PAR73/, /THU76/, /YuF77/, /WAL87/, /KOH84/ u.ä.

Für Assoziativspeicher findet man unterschiedliche Bezeichnungen. Je nach Fähigkeiten eines Speichers (im allgemeinen gekennzeichnet durch die realisierten Assoziationsfunktionen) wurden von Entwicklern Bezeichnungen für ihre Entwicklungen gewählt, um die speziellen Eigenschaften des Speichers am besten wiedergeben zu können. Neben der Bezeichnung inhaltsadressierbarer Speicher (CAM: Content Addressable Memory) werden Bezeichnungen wie Katalogspeicher, Suchspeicher, Sortierspeicher, datenadressierte Speicher oder auch Assoziationsspeicher, Adaptivspeicher, neuronale Netzwerke, Korrelationsspeicher u.ä. verwendet.

Zwei Arten assoziativer Speicher können jedoch durch ihren Aufbau und ihre Funktionsweise unterschieden werden:

- Assoziativspeicher nach dem Modell neuronaler Netzwerke und

- Inhaltsadressierbare Speicher,

die im folgenden diskutiert werden sollen.

1.2.1 Neuronale Netzwerke

Die Assoziativspeicher dieser Art verwenden als Grundmodell eine Annahme über die Funktionsweise des menschlichen Gehirns und des Nervensystems mit den beteiligten Neuronen. Dabei werden Netzwerke von Neuronen betrachtet, die die Informationen verteilt durch die Konnektivitätsstruktur und die Intensität (Stärke, Gewicht) der Verbindungen im Netzwerk speichern. Zur Durchführung von Assoziationen werden Funktionen und Modelle (z.B. Korrelationsfunktionen, stochastische Funktionen, Schichtenmodelle etc.) zugrunde gelegt, die eine Formulierung und Darstellung von Beziehungen zwischen den assoziierbaren Datenobjekten im Netzwerk ermöglichen. Die Modelle werden als "Cognitive Models", "Connection Models", "Parallel Distributed Models", "Neural Network Models" etc. bezeichnet. Derartige Assoziativspeicher werden auch als Korrelationsspeicher, Speicher mit Lernmatrix, neuronale Assoziativspeicher, neuronale Netzwerke, Assoziationsspeicher oder adaptive Speicher bezeichnet.

Es scheint jedoch, daß sich in der einschlägigen Literatur zwei Begriffe etablieren: **neuronale Netzwerke** und **konnektionistische Systeme**. Während der erste Begriff aus den früheren Arbeiten auf diesem Gebiet bekannt ist (z.B. /BUS45/, /ROS59/, /ROS62/ etc.), wird der zweite Begriff in neuer Zeit überwiegend von Entwicklern neuronaler Systeme für dedizierte Applikationen (insbesondere in USA) verwendet.

Die ersten technischen Systeme für ein solches Konzept wurden z.B. von Steinbuch in /STE56/ als ein Lernmodell basierend auf der Lernmatrix, von Widrow und Hoff in /WuH60/ als ADALINE (ADAptive LInear Element) und von Rosenblatt in /ROS59/ das Perceptron vorgestellt und diskutiert.

Die Lernmatrix besteht aus einer gitterförmigen Anordnung von horizontalen und vertikalen Leitungen, die an den Kreuzungspunkten z.B. mit einem veränderlichen (adaptiven) elektrischen Widerstand eine Verbindung aufweisen können. Hier werden zwei Begriffe "Eigenschaft" und "Bedeutung" eingeführt, die den horizontalen und den vertikalen Leitungen zugeordnet werden. Aufgrund bekannter Eigenschaften sollen vom Speicher die entsprechenden Bedeutungen zugeordnet werden. Dieser Funktion wird eine Lernphase vorausgesetzt. In der Lernphase werden die Verbindungen an den Kreuzungspunkten hergestellt bzw. an neue Werte adaptiert.

Das ADALINE führt im Prinzip eine adaptive lineare Abbildung nach einer kontrollierten Lernphase durch, wobei ein Ausgangssignal in Abhängigkeit von bestimmten Eingangssignalen erzeugt wird. Es wird im einfachsten Fall durch ein lineares Gleichungssystem als ein physikalisches Modell beschrieben, das hardwaremäßig durch ein Netzwerk, im wesentlichen bestehend aus miteinander vernetzten analogen Summationsgliedern, realisiert werden kann. Die Summationsglieder beinhalten Eingänge mit jeweils adaptiven (dynamisch einstellbaren) Eingangswiderständen. Ein Lernvorgang wird durch eine Einstellung dieser Widerstandswerte in Abhängigkeit von vorgegebenen Eingangsmustern bewerkstelligt. Die Widerstandswerte entsprechen jeweils den Koeffizienten der Variablen im Gleichungssystem, die zur Generierung eines Ergebnisses (Ausgangsmuster) führen.

Das Perceptron weist eine mehrstufige (i.a. dreistufige) Netzwerkstruktur auf. In der ersten Stufe werden "Sensorelemente" zur Erfassung äußerer Signale eingesetzt. Weitere Stufen beinhalten jeweils "Assoziationselemente" und "Antwortelemente", die der Struktur und der Funktionsweise des ADALINE-Netzwerkes ähnlich sind. Hier wird jedoch in Abhängigkeit von Eingangssignalen eine Aufteilung der Ausgangssignale in bestimmte definierte Klassen von Mustern eingeführt.

In den 60-er Jahren wurden weitere Arbeiten und Konzepte auf diesem Gebiet vorgestellt. Der hohe technische Realisierungsaufwand derartiger Systeme lenkte die Entwicklungen dieses Gebietes auf spezielle Bereiche (z.B. Theorie adaptiver Filter, adaptive Regelung u.ä.).

Die Forschungsarbeiten auf dem Gebiet der adaptiven Speicher haben in den letzten Jahren bedingt durch VLSI-Fortschritte und Aktivitäten im Bereich der künstlichen Intelligenz wieder Auftrieb erhalten /PAL80/, /GOS84/, /HOP85/, /GRO86/, /KOH88/.

Es sind interdisziplinäre Gruppen aus Biologen und Computerfachleuten entstanden, um in erster Linie eine Erforschung von Nervenzellen bzw. Neuronen durch Untersuchung und Simulation vorzunehmen und entsprechende Modelle zu entwickeln. Die Erkenntnisse aus diesen Arbeiten sollen eine Grundlage zur Realisierung von neuronalen Netzwerken und Speichern bilden. Bei diesen Konzepten wird insbesondere die Erkennung von Mustern durch Assoziation in den Vordergrund gestellt.

Bei einem derartigen Speicher wird im allgemeinen von Musterpaaren ausgegangen, die jeweils eine bestimmte durch eine Korrelationsfunktion beschreibbare Beziehung aufweisen. Zur Veranschaulichung wird ein Feld von Neuronen betrachtet, die durch ein Netzwerk miteinander verbunden sind. Das Feld besitzt Ein- und Ausgänge. Die Verbindungen können jeweils mit **"Stärken"** bzw. **"Gewichten"** belegt sein. Durch die Verbindungsstärken und die ankommenden Eingangssignale, die zur Assoziation vorliegen, kann sich das System in einem stabilen Zustand einstellen. In Abhängigkeit des Systemzustandes werden die Ausgangssignale generiert.

Die wesentlichen Operationen des Speichers sind:

- Speicherung von Informationen (Write) durch Ergänzung und Adaption von gespeicherten Daten mit neuen Eingangsinformationen mittels geeigneter "Lernalgorithmen",

- Suche nach ähnlichster Information im Speicher (Search) nach einem definierten Ähnlichkeitskriterium und

- Löschen (Vergessen) von Informationen aus dem Speicher (Delete).

Die Speicherung einer Information kommt einer Aktualisierung des
Verbindungsnetzwerkes mit den entsprechenden Gewichten in Abhängigkeit neuer Eingangsinformationen gleich.

Falls die gespeicherten Informationen über eine von der Struktur des
Systems abhängiger Zeit nicht referiert werden, können sie "vergessen"
werden. Dieser Vorgang, worauf später näher eingegangen wird, kann
jedoch nicht von allen Konzepten unterstützt werden.

Zur Modellierung des Netzwerkes und damit zur Beschreibung der Ein-
und Ausgangsbeziehungen des Speichers wird im allgemeinen ein Gleichungssystem eingesetzt. Dabei geht man beispielsweise von p Musterpaaren aus, die wie folgt beschrieben werden können:

$$P_i = (E_i, \quad A_i) \qquad\qquad (1.1)$$

mit i=1..p und E_i als Eingangsinformationen bzw. A_i als zu
ermittelnde Ausgangsinformation.

Die Beziehung zwischen den Ein- und Ausgangsmustern eines Paares kann
in einer Gleichung durch eine Funktion f_i beschrieben werden:

$$A_i = f_i(E_i) \qquad\qquad (1.2)$$

Die E_i und A_i sind jeweils Vektoren, die in ihrer transponierten Form
dargestellt werden:

$$E_i = (e_1, e_2, \ldots e_n)_i^T \qquad und \qquad A_i = (a_1, a_2, a_3, \ldots a_m)_i^T$$

Unter Berücksichtigung beider Vektoren mit ihren Elementen kann durch
ein Gleichungssystem bestehend aus m Gleichungen die Beziehungen
zwischen den Elementen beider Vektoren mit Hilfe einer Koeffizienten-
matrix $(F)_i$ formuliert werden:

$$(A)_i = (F)_i * (E)_i \qquad\qquad (1.3)$$
oder

$$(a_k)_i = \sum_{j=1}^{n} (f_{kj})_i * (e_j)_i \qquad mit\ k=1..m \qquad (1.4)$$

Die f_{kj} sind die Koeffizienten der Variablen im Gleichungssystem. Sie
können als Verknüpfungsstärke zwischen den Elementen beider Vektoren
$(A)_i$ und $(E)_i$ betrachtet werden. Falls die Gleichungen linear unabhängig sind, kann (in der Lernphase bei geg. P_i) zur Bestimmung der
Matrix $(F)_i$ die o.a. Gleichung umgeformt werden:

$$(F)_i = (A)_i * (E)_i^{-1} \qquad\qquad (1.5)$$

Falls jedoch eine lineare Unabhängigkeit der Gleichungen nicht vorliegt, so kann zur Lösung des Gleichungssystems eine Näherungslösung
durch Einsatz von Approximationsmethoden erzielt werden /PAL80b/.

Die ermittelte Lösung $(F)_i$ gilt für das Datenpaar $P_i = (A_i, E_i)$. Um alle
zu speichernden Musterpaare in einem einzigen Gleichungssystem zu
beschreiben, können die F_i-Matrizen der Gleichungssysteme der
einzelnen Paare i (i=1..p; p: Anzahl der Musterpaare) zusammengefaßt
werden:

$$F = (f_{kj}) \quad mit \quad (f_{kj}) = \sum_{i=1}^{p} (f_{kj})_i \quad mit\ k=1..m \ und\ j=1..n$$

Damit erhält man eine Matrix zur Beschreibung einer Beziehung für alle
Musterpaare:

$$(X)_i = (F) * (E)_i \tag{1.6}$$

In dieser Gleichung stellt $(X)_i$ das unbekannte Ausgangsmuster dar, das mit Hilfe dieser Gleichung für ein gegebenes Eingangsmuster $(E)_i$ als $(A)_i$ bestimmt und zur Verfügung gestellt werden soll. Dieser Vorgang entspricht einer Assoziationsoperation. Dabei wird die Matrix F in einem Speichermedium abgelegt, welches eine Abbildung der Koeffizienten des o.a. Gleichungssystems repräsentiert. Eine Assoziation wird mit einem Eingabemuster $(E)_i$, das als Eingangsinformation des Speichers gilt, durch die Lösung des Gleichungssystems durchgeführt, womit dann das zugehörige Muster oder ein Muster, das dem Eingangsmuster am ähnlichsten ist, am Ausgang des Speichers zur Verfügung gestellt werden soll. Ein ähnliches Muster kann erzeugt werden, falls beispielsweise das Eingabemuster nicht vollständig definiert oder fehlerhaft ist und das ermittelte Muster aus dem Speicher sich nur in diesem Teil vom Eingangsmuster unterscheidet (siehe auch Kap. 1.3).

Eine einfache Implementierung des Systems erhält man, wenn die Elemente in den Vektoren und in der Matrix jeweils binäre Größen sind. Dabei werden das "+"- bzw. das "*"-Zeichen als Boole'sche Disjunktion bzw. Konjunktion interpretiert.

Ein Beispiel nach /PAL80a/ soll die Funktionsweise eines solchen Speichers verdeutlichen:

Es seien drei Musterpaare zur Speicherung gegeben:

$$P_1 = (E_1, A_1) = (01100, 01010)$$
$$P_2 = (E_2, A_2) = (10001, 10100)$$
$$P_3 = (E_3, A_3) = (10010, 00101)$$

Die Elemente der Musterpaare sind jeweils durch einen 2-aus-5-Code beschrieben, d.h. sie sind 5 bit lang und haben jeweils zwei mit "1" belegte Bitpositionen.

Folgende Gleichungen werden für die Musterpaare aufgestellt:

$$(A_1) = (F_1) * (E_1) \qquad (A_2) = (F_2) * (E_2) \qquad (A_3) = (F_3) * (E_3)$$

$$\begin{pmatrix}0\\1\\0\\1\\0\end{pmatrix} = \begin{pmatrix}00000\\01100\\00000\\01100\\00000\end{pmatrix} * \begin{pmatrix}0\\1\\1\\0\\0\end{pmatrix} \qquad \begin{pmatrix}1\\0\\1\\0\\0\end{pmatrix} = \begin{pmatrix}10001\\00000\\10001\\00000\\00000\end{pmatrix} * \begin{pmatrix}1\\0\\0\\0\\1\end{pmatrix} \qquad \begin{pmatrix}0\\0\\1\\0\\1\end{pmatrix} = \begin{pmatrix}00000\\00000\\10010\\00000\\10010\end{pmatrix} * \begin{pmatrix}1\\0\\0\\1\\0\end{pmatrix}$$

Daraus erhält man:

$$F = F_1 + F_2 + F_3 = \begin{pmatrix}10001\\01100\\10011\\01100\\10010\end{pmatrix}$$

Mit der Matrix F werden alle drei Musterpaare in nur einem Gleichungssystem definiert. Die Matrix wird in einem quadratischen Speicher gespeichert. Bei einer Assoziation wird das Eingangswort direkt zur Adressierung der Matrixspalten eingesetzt. Durch Addition der Elemente der adressierten Spalten, was einer Multiplikation der Matrix F mit dem Eingangsvektor zur Berechnug des Gleichungssystems gleich kommt, erhält man einen Ausgangsvektor mit Elementen, die jeweils einen Wert gleich 0, 1 oder größer als 1 aufweisen, da bei einer korrekten Eingangsinformation mehrere Spalten in Abh. der Bitpositionen, die jeweils mit "1" belegt sind, eine "1" liefern können.

Zur Bestimmung der tatsächlichen Ausgangsmuster wird hier ein Schwellenwert definiert, der zur Überprüfung der ermittelten Ergebnisse eingesetzt wird. Falls ein Element kleiner ist als der Schwellenwert, wird es durch "0" ersetzt. Andernfalls (bei größer oder gleich) wird die Position mit "1" belegt.

Beispielsweise wird das Eingangswort E_2 zur Bestimmung der zugehörigen Ausgangsinformation eingesetzt. Mit den Elementen des Vektors E_2 werden die erste und die letzte Spalte der F-Matrix adressiert. Durch die Addition der Werte der Bitpositionen adressierter Spalten erhält man (2, 0, 2, 0, 1). Bei der Überprüfung dieser Größen mit einem Schwellenwert 2 erhält man das korrekte Ausgangsmuster (10100).

Zur Festlegung des Schwellenwertes wird i. a. von der Struktur der gespeicherten Eingangsinformationen ausgegangen. Im o.a. Beispiel ist der Schwellenwert gleich der Anzahl der Einsen in einem Eingangsmuster, da nach einer Multiplikation der Matrix mit den einzelnen Eingangsvektoren in jeder Zeile höchstens zwei Einsen existieren dürfen. Nach der Lösung der Gleichung mit einem gegebenen Eingangsmuster werden die Positionen, die im Ergebnisvektor einen Wert größer oder gleich 2 aufweisen durch 1 ersetzt. Die Positionen, die einen Wert kleiner 2 beinhalten, werden durch 0 ersetzt.

Die Voraussetzung zur Wiedergewinnung korrekter Ausgangsinformationen ist die Einhaltung der Hamming-Distanz bei den gespeicherten Daten sowie das Einhalten eines bestimmten Verhältnisses zwischen der Zahl von Einsen in einem binären Wort und der Wortlänge der zu speichernden Wörter. Sonst kann eine korrekte Wiedergewinnung von Informationen aufgrund ihrer Überlappungen nicht gewährleistet werden.

Dies stellt jedoch ein schwieriges Problem dar. In /PAL82/ wurde eine Beziehung angegeben, die den Rahmen zur Untersuchung von bearbeitbaren Informationen in einem dort vorgestellten System angibt.

Hier wird bei einer Speichergröße von 100x100 bit mit 100 bit Eingangsmustern, die jeweils 2 mit "1" belegte Positionen aufweisen, und 100 bit Ausgangsmustern, die jeweils drei mit "1" belegte Bitpositionen beinhalten, eine maximal speicherbare Informationsmenge von 6508 bit errechnet, wobei insgesamt 1270 Musterpaare gespeichert und bearbeitet werden können. Dadurch ist nur ein kleiner Prozentanteil (ca. 13%) von den möglichen Kombinationen eines n bit Wortes mit der gegebenen Belegung bearbeitbar. Ähnliche Verhältnisse gelten auch bei anderen Methoden.

Außer Assoziation können im wesentlichen folgende Operationen in einem solchen Speicher durchgeführt werden:

- **Schreiboperation:**

    Durch die Schreiboperation sollen neue Informationen in den Speicher aufgenommen werden, was durch eine Matrixaddition (bzw. durch eine Disjunktion bei binären Größen) bewältigt werden kann:

    $$F_{neu} = F_{alt} + F_i$$

oder $\quad (X) = (F_{neu}) * (E).$ $\hspace{4cm}$ (1.7)

F_i ist die Matrix des aufzunehmenden Musterpaares. F_{alt} und F_{neu} stellen die alte und die ergänzte Matrix des Systems dar.

- **Entfernen (Löschen) von Daten:**

Das Entfernen von Daten kann durch eine Matrixsubtraktion durchgeführt werden:

$$F_{neu} = F_{alt} - F_i \qquad\qquad (1.8)$$

Dabei wird die Matrix F_i des Paares (E_i, A_i) aus der Gesamtmatrix F_{alt} abgezogen und das Paar aus dem Gleichungssystem entfernt.

Eine Entfernung von Daten ist nicht immer möglich. Bei dem o.a. Verfahren zur Beschreibung der Matrix F durch binäre Größen kann z.B. eine Subtraktion zur Elimination von besetzten Matrixpositionen führen, was eine Verfälschung der Matrix und damit der sämtlichen Einträge bedeutet, die diese Felder für ihre Spezifikation verwendet haben.

Einige typische Merkmale und Eigenschaften eines Assoziativspeichers nach dem Modell eines neuronalen Netzwerkes können wie folgt zusammengefaßt werden:

- In einem derartigen System kann nur eine Assoziationsfunktion mit Hilfe eines Eingangsmusters ausgeführt werden.

- Der Speicher liefert gemäß einer definierten Ähnlichkeitsfunktion eine zu einem Eingangsmuster ähnlichste Information.

- Vom Speicher wird nur ein Treffer als gesuchte Information zur Verfügung gestellt, d.h. mit einem Eingangsmuster kann nur ein Ausgangsmuster ermittelt werden, wenn auch die Problemlösung andere im Speicher vorhandene Alternativwege zuläßt.

- Ein korrektes Ergebnis nach einer Assoziationsfunktion ist unter Einhaltung der Hamming-Distanz möglich. Daher weist der Speicher sehr gute Fehlerredundanz- und Fehlerkorrektureigenschaften auf, d.h. der Speicher liefert korrekte Ergebnisse, obwohl die Eingangsmuster teilweise Fehler aufweisen.

- Eine selektive Maskierung der Eingangsinformationen bei der Durchführung einer Assoziation ist nicht möglich.

- Entfernen von Daten aus dem Speicher ist nur mit erhöhtem Aufwand durchführbar, d.h. ein "bewusstes Vergessen" ist im allgemeinen nicht möglich.

- Eine Kaskadierung von gleichartigen Speichermoduln zur Erhöhung der Speicherkapazität ist mit hohem Aufwand verbunden.

- Ein Lernvorgang setzt im allgemeinen für jede ankommende Information ohne Beurteilung inhaltlicher Merkmale ein, so daß auch u. U. nicht lohnenswerte oder falsche Informationen "gelernt" werden.

Um das Lernen zufälliger oder fehlerhafter Muster auszuschließen, kann ein Lernvorgang beim mehrmaligen Eintreffen von Objekten vollzogen werden. Zur Abschätzung der Güte, d.h. der Qualität des zu lernenden Objektes, ist ein Maß in Form einer Funktion notwendig, die zur dynamischen Überprüfung des Speicherzustandes eingesetzt werden kann. Ein solches Maß wird als Gütemaß des Lernens bezeichnet. Diesbezügliche Überlegungen und Untersuchungen sind für den Einsatz dieser Kategorie assoziativer Speichersysteme erforderlich.

1.2.2 Inhaltsadressierte Speicher

Der typische Aufbau eines inhaltsadressierten Speichers zur Verarbeitung von n bit Datenwörtern (Abb. 1.4), der im folgenden als wortorientierter Assoziativspeicher bezeichnet wird, umfaßt folgende Hardware-Komponenten:

- Ein n-Bit-Register zur Speicherung eines Datenwortes bzw. eines Suchargumentes $S(1..n)$, das als Suchregister bezeichnet wird.

- Ein n-Bit-Maskenregister zur Speicherung eines Maskenwortes $M(1..n)$, das die selektive Maskierung der Bitstellen des im Suchregister befindlichen Suchargumentes S ermöglicht. Damit werden die maskierten Positionen eines Wortes als irrelevant deklariert und bei der Durchführung einer Operation nicht berücksichtigt.

- Ein Speicherfeld (W_{SP}-Feld) mit q-Speicherwörtern zur Speicherung von p ($p \leq q$) Datenwörtern W_1 bis W_p, die einer Assoziationsfunktion unterzogen werden können. Die gespeicherten Datenwörter werden durch die Menge $W = \{W_1 .. W_p\}$ beschrieben.

- Eventuell ein weiteres Speicherfeld (D-Feld) mit ebenfalls q-Speicherwörtern zur Speicherung von p zusätzlichen k bit langen Datenwörtern D_1 bis D_p, die jedoch nicht inhaltsadressierbar sind. Die Daten W_j und D_j ($j=1,2,...,p$) stellen jeweils ein Wort (WD_j) des Assoziativspeichers dar, wobei W_j als Assoziativteil und D_j als Datenteil des Wortes WD_j bezeichnet wird.

- Ein Adressdecoder, der zum Speichern und zum Lesen der Informationen WD_j verwendet wird.

- Ein Trefferregister zur Anzeige der Wörter W_j, die nach der Durchführung einer Assoziationsfunktion als Ergebnisse das Assoziationskriterium erfüllen.

- Ein Ergebnisregister zur sequentiellen Ausgabe der Ergebnisse nach einer Assoziationsfunktion.

Die Verarbeitung von Daten in einem Assoziativspeicher erfolgt mit Hilfe einer Assoziationsfunktion f. Die möglichen Argumente der Funktion f sind ein Suchargument $S(1..n)$ sowie ein Maskenwort $M(1..n)$, die in den Such- und Maskenregister vorliegen, und die Menge der im Speicherfeld gespeicherten Datenwörter W, d.h. $W_1(1..n)$ bis $W_p(1..n)$.

Die Assoziationsfunktion wird nach Jessen/JES75/ in zwei Abschnitten bewältigt:

- Im ersten Abschnitt wird die Assoziationsfunktion für die gespeicherten Daten W_j (mit $j=1..p$) durch die Beziehung

$$T_j = f[S(1..n), M(1..n), W_j(1..n)] \; ; \; j=1..p \qquad (1.9)$$

ausgeführt, wobei $T_j \in \{0,1\}$ das Ergebnis dieser Funktion ist, das eine Boole'sche Größe darstellt. Ein Treffer im j-ten Speicherplatz liegt vor, wenn $T_j = 1$ ist. Die Ergebnisse der Funktion $T_j \in \{0,1\}$ für die gesamten Datenwörter im Speicher (d.h. $j = 1..p$) können in einem Vektor zusammengefaßt und als Treffervektor

$$T = (T_j, \forall j \in \{1..q\}) \qquad \text{oder} \qquad T = \{0, 1\}^q \qquad (1.10)$$

bezeichnet werden. Die Treffer werden im Trefferregister gespeichert.

- Im zweiten Abschnitt wird eine Kopie aller korrespondierenden Wörter des Treffervektors T bereitgestellt, für die die Assoziationsfunktion f erfüllt ist. Bei einer sequentiellen Ausgabe von Ergebnissen ist das Problem der Mehrfachtreffer- auflösung zu berücksichtigen, die durch Vereinzelung der Treffer T_j und Ausgabe der zugehörigen Datenwörter bewältigt wird.

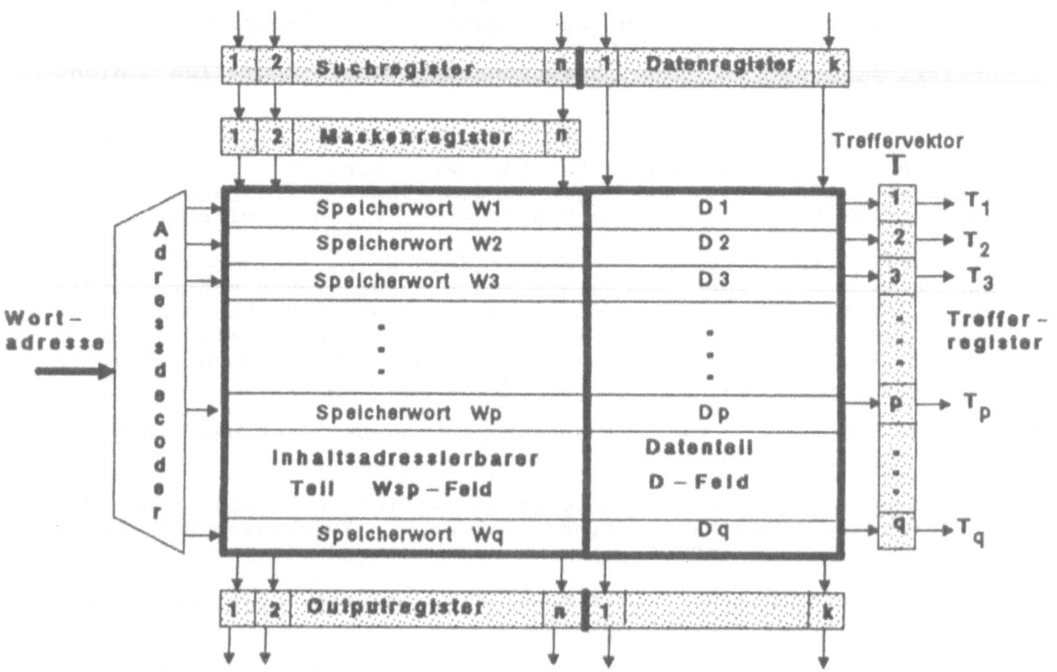

Abbildung 1.4 : Typischer Aufbau eines wortorientierten Assoziativspeichers

1.3 Assoziativspeicheroperationen

Die Grundsuchfunktionen in einem Assoziativspeicher sind Identitäts- und Teilidentitätsoperationen. Eine Identitätsoperation wird in Form von Vergleichsfunktionen zwischen dem n-Bit-Suchargument $S(1..n)$ und den gespeicherten n-Bit-Daten $W_j(1..n)$, $j \in \{1..p\}$ durchgeführt:

$$T_j = W_j \equiv S \quad ; \quad \forall j \in \{0..p\} \qquad (1.11)$$

Eine Teilidentitätsoperation wird mit einem durch ein n-Bit-Maskenwort $M(1..n)$ bitweise maskiertem Suchargument nur für seinen nichtmaskierten Teil (NMT) durchgeführt:

$$T_j = NMT(W_j) \equiv NMT(S) \quad ; \quad \forall j \in \{0..p\} \qquad (1.12)$$

Der maskierte Teil (MT) stellt die unbekannten oder irrelevanten und aus dem Speicher zu ermittelnden Informationen dar.

Mit Hilfe von Assoziativspeichern können weitere Operationen durchgeführt werden, die sowohl Suchoperationen als auch arithmetisch-logische Operationen sein können. Bei der Realisierung der bislang bekanntgewordenen Assoziativspeicher bilden jedoch die Suchoperationen den Schwerpunkt /FOS78/, /RAM78/.

Im folgenden werden die wichtigsten Vertreter der Suchoperationen in fünf Gruppen zusammengefaßt und beschrieben, wobei sowohl bei den Suchargumenten als auch bei den gespeicherten Daten die Bitposition 1 als LSB (least significant bit) und die Bitposition n als MSB (most significant bit) betrachtet wird:

a.) Äquivalenzrelationen :

- Identität :

$$W_j \equiv S \longleftrightarrow W_j(i) \equiv S(i), \; \forall i \in \{1..n\}; \; \forall j \in \{1..p\} \qquad (1.13)$$

- Teilidentität :

W_j ist teilweise identisch mit S, d.h.
$$W_j \equiv_{NMT_j} S \longleftrightarrow W_j(i) = S(i), \; \forall i \in \{NMT_j\}^3 \; ; \; \forall j \in \{1..p\} \qquad (1.13a)$$

- Näherung :

$$W_j \approx S \longleftrightarrow W_j(i) \# S(i), \; \exists! \; i \in \{NMT_j\} \; ; \quad \forall j \in \{1..p\} \qquad (1.14)$$

- Ungleichheit :

$$W_j \# S \longleftrightarrow W_j(i) \# S(i), \; \exists \; i \in \{NMT_j\} \; ; \quad \forall i \in \{1..p\} \qquad (1.15)$$

b.) Relationale Suchoperationen mit einem Grenzwert $S(1..n)$:

- Größer-Gleich-Suchoperation	: $\quad W_j \geq S$,	(1.16)
- Größer-Suchoperation	: $\quad W_j > S$,	(1.17)
- Kleiner-Gleich-Suchoperation	: $\quad W_j \leq S$,	(1.18)
- Kleiner-Suchoperation	: $\quad W_j < S$;	(1.19)
	$\forall j \in \{1..p\}$	

c.) Relationale Suchoperationen mit zwei Grenzwerten, die jeweils als n-Bit Suchargumente $S_1(1..n)$ und $S_2(1..n)$ mit der Bedingung $S_1 < S_2$ vorliegen :

- Suche innerhalb zweier Grenzwerte mit Einbeziehung der Grenzwerte (größer-gleich, kleiner-gleich) und ohne Einbeziehung der

---

[3] NMT_j entspricht dem nichtmaskierten Teil (Bitpositionen) des j-ten Datenwortes.

Grenzwerte (größer, kleiner) bei der Suche (insgesamt 4 Operationen):

$$1. \quad S_1 < W_j < S_2 \;, \qquad 2. \quad S_1 \leq W_j < S_2 \;,$$
$$3. \quad S_1 < W_j \leq S_2 \quad oder \quad 4. \quad S_1 \leq W_j \leq S_2 \;; \quad \forall j \in \{1..p\} \qquad (1.20)$$

- Suche außerhalb zweier Grenzwerte mit und ohne Einbeziehung der Grenzwerte bei der Suche:

$$1. \quad S_1 > W_j > S_2 \;, \qquad 3. \quad S_1 \geq W_j > S_2 \;,$$
$$3. \quad S_1 > W_j \geq S_2 \quad oder \quad 4. \quad S_1 \geq W_j \geq S_2 \;; \quad \forall j \in \{1..p\} \qquad (1.21)$$

d.)   Suchoperationen nach Extremwerten :

Diese Operationen benötigen keine Suchargumente. Zur Durchführung der Operationen werden nur die im Speicher befindlichen Daten herangezogen.

- Minimum : $W_j \leq W_k$, $\forall\, k \neq j \;\wedge\; k,j \in \{1..p\}$ $\hspace{3cm}$ (1.22)
- Maximum : $W_j \geq W_k$, $\forall\, k \neq j \;\wedge\; k,j \in \{1..p\}$ $\hspace{3cm}$ (1.23)

e.)   Nachbarschaftssuchoperationen :

Es soll für ein Suchargument $S(1..n)$ der nächste Nachbar aus den gespeicherten Daten $W = \{W_1 .. W_p\}$ ermittelt werden.

- Nächst-Größer (W_{Gj}) :
  $(\daleth\; W_{Gj} \in \{W_1..W_p\}) \;\wedge\; (\not\exists\; W_k \in \{W_1..W_p\})$, wofür gilt, daß $W_{Gj} > W_k > S$
$$(1.24)$$
- Nächst-Kleiner (W_{Kj}) :
  $(\daleth\; W_{Kj} \in \{W_1..W_p\}) \;\wedge\; (\not\exists\; W_k \in \{W_1..W_p\})$, wofür gilt, daß $W_{Kj} < W_k < S$
$$(1.25)$$
- Nächster Nachbar (W_{Nj}):
  $$W_{Nj} = W_{Gj}, \quad falls \; (W_{Gj} - S) < (S - W_{Kj})$$
  $$oder \quad W_{Nj} = W_{Kj}, \quad falls \; (S - W_{Kj}) < (W_{Gj} - S)$$

Damit liegt mit W_{Nj} das Wort mit dem kleinsten numerischen Abstand zu dem Suchargument vor.

Die Suchoperationen Teilidentität und Näherung werden in der Literatur teilweise als Suche nach Daten, die einem Suchargument S am *ähnlichsten* sind, verstanden (z. B. in /RAM78/ oder in Verbindung mit neuronalen Netzen). Die Suche nach dem nächsten Nachbar eines Suchargumentes kann ebenfalls als eine Suche nach den einem Suchargument am ähnlichsten Daten interpretiert werden.

Auf der Hardwareebene wurden bislang nur die Identitäts- und die Teilidentitätsoperationen als vollparallele Schaltungen (d.h. sowohl bit- als auch wortparallel) realisiert. Die Realisierung vollparalleler Schaltungen zur Durchführung von weiteren Such- und arithmetisch-logischen Operationen erfordert einen hohen und nicht vertretbaren Hardwareaufwand. Mit Hilfe von Identitäts- und Teilidentitätsoperationen wurden jedoch bitserielle-wortparallele Algorithmen zur Durchführung dieser Operationen entwickelt und in der Literatur ausführlich diskutiert. Beispielsweise in /FOS78/, /KOH84/ und /RAM78/. Auf die Erläuterung dieser Algorithmen wird hier verzichtet, da in dieser Arbeit vollparalle Hardware-Konzepte für Suchoperationen und arithmetisch-logische Operationen behandelt werden sollen.

1.4 Strukturen wortorientierter Assoziativspeicher

Die wesentlichen Eigenschaften, die zur Charakterisierung von Assoziativspeichern führen, sind durch

- den **Parallelitätsgrad** bei der Verarbeitung von Daten,

- den **Umfang der ausführbaren** Funktionen und

- die **Hardwarestruktur**

des Speichers gegeben. Aufgrund dieser Eigenschaften können in Anlehnung an die bisherigen Arbeiten eine Klassifikation der Assoziativspeicher in vier Gruppen vorgenommen werden /PAR73/, /YuF77/, /FOS78/ und /KOH84/:

1.4.1 Vollparallele Assoziativspeicher

Die in Abb. 1.4 angegebene Blockschaltung weist die Struktur eines vollparallelen Assoziativspeichers auf. In einem vollparallelen Assoziativspeicher werden alle Datenwörter simultan zur Durchführung einer Assoziationsfunktion herangezogen, d.h. die Funktion erfolgt sowohl bit- als auch wortparallel. Damit wird zur Ermittlung eines Treffervektors, d. h. die Identifikation aller möglichen Treffer, nur einen Arbeitszyklus benötigt.

Bei der Realisierung einer Identitäts- bzw. Teilidentitätsfunktion in einem vollparallelen Assoziativspeicher wird eine Vergleichsoperation f_i, $(i=1..n)$ bitweise für die Operanden mit einer Vergleichslogik durchgeführt:

$$T_j(i) = f_i(S(i), M(i), W_j(i)) = \{[S(i)\equiv W_j(i)]\wedge\overline{M(i)}\}\vee\{M(i)\} =$$

$$= [S(i)\equiv W_j(i)]\vee[M(i)] , \qquad j=1..p, \quad i=1..n. \tag{1.26}$$

Mit dieser Funktion wird der **Bittreffer** $T_j(i)$ durch einen Vergleich für die i-te Bitstelle des Suchargumentes $S(i)$ und eines gespeicherten Wortes $W_j(i)$ mit $W_j\in\{W_1..W_p\}$ vorgenommen, falls die Bitstelle nicht maskiert ist. Falls die Bitstelle maskiert ist, wird kein Vergleich durchgeführt. Hier ist $T_j(i)=1$.

Wenn alle Bitstellen eines Wortes W_j die Funktion f_i, $(i=1..n)$ erfüllen, so liegt ein **Worttreffer** vor, der mit T_j angezeigt wird, d.h. die Konjunktion aller Teilergebnisse aus f_i $(i=1..n)$ führt zur Implementierung der Assoziationsfunktion f für das Wort W_j,

$$T_j=f(S, M, W_j)= \bigwedge_{i=1}^{n} (\{[S(i)\equiv W_j(i)]\wedge\overline{M(i)}\}\vee\{M(i)\})$$

$$= \bigwedge_{i=1}^{n} \{[S(i)\equiv W_j(i)] \vee M(i)\}= \bigwedge_{i=1}^{n} T_j(i) ; \qquad j=1..p \tag{1.27}$$

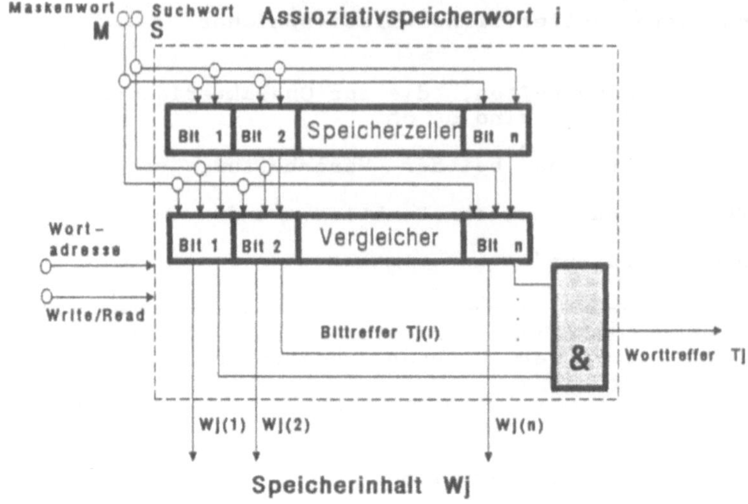

Abbildung 1.5a : Struktur eines Assoziativspeicherwortes

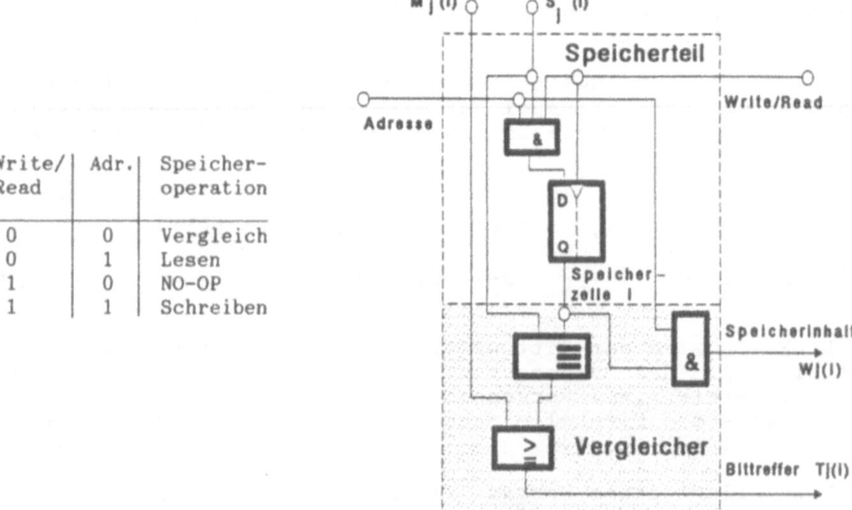

Write/Read	Adr.	Speicher-operation
0	0	Vergleich
0	1	Lesen
1	0	NO-OP
1	1	Schreiben

Abbildung 1.5b : Logischer Aufbau und die Funktionen einer Zelle
des Speicherwortes

Abbildung 1.5a zeigt die prinzipielle Hardware-Struktur eines Wortes
mit den Speicherzellen zur Speicherung der Bitpositionen eines
Wortes $W_j(1..n)$ sowie einer Vergleichslogik pro Bitposition zur
Durchführung der Funktion f_i. In Abb. 1.5b ist die logische Struktur
einer Assoziativspeicherzelle angegeben, die ein Flipflop zur Speicherung eines Datenbits und die Vergleichslogik beinhaltet. Neben den
Eingängen für die Bitpositionen S(i) und M(i) verfügt eine Zelle über
einen Adressierungs- und einen Schreib/Lese-Eingang zur Durchführung

von Speicheroperationen. Die Speicheroperationen (Vergleichen, Lesen
und Schreiben) sind ebenfalls in Abb. 1.5b dargestellt. Während $T_j(i)$
den Bittreffer der Zelle liefert, erhält man über $W_j(i)$ den Inhalt der
Speicherzelle in der Lese-Phase.

Eine Überprüfung zur Bestimmung eines möglichen Treffers aus den
gespeicherten Daten wird durch die Vereinigung aller Treffer gewonnen,
d.h. sobald eines der gespeicherten Wörter als Treffer identifiziert
ist, liefert der Speicher einen Gesamttreffer $T_{GES} \in \{0,1\}$:

$$T_{GES} = \bigvee_{j=1}^{p} T_j \qquad (1.28)$$

Die Zeit zur Bestimmung von Treffern (t_{TGES}) ist bedingt durch
parallele Arbeitsweise unabhängig von der Zahl der möglichen Treffer.
Sie beträgt nur einen Arbeitszyklus (t_{CYCLE}),

$$\text{d.h.} \quad t_{TGES} = t_{CYCLE} \qquad (1.29)$$

Aus der Literatur sind mehrere Schaltungsstrukturen auf der Transis-
torebene zur Realisierung einer Assoziativspeicherzelle bekannt
geworden /WuS87/, /JSL88/, die im allgemeinen auf der Erweiterung
einer statischen oder quasi-statischen Schreib/Lese-Speicherzelle
basieren. Die Erweiterung ist zur Durchführung einer Vergleichs-
funktion notwendig, so ist beispielsweise in /KAD85/ eine Zelle mit 10
Transistoren in NMOS beschrieben.

Um ein paralleles Schreiben in mehrere Speicherwörter zu ermöglichen,
wird in /OGU85/ eine 11 Transistorzelle vorgestellt. Eine Reduktion
der Transistorzahl wurde in den dynamischen Speicherstrukturen
erreicht. In letzter Zeit sind einige Speicherzellen vorgeschlagen
worden, die sich insbesondere durch ihre Chipflächen, ihre Zugriffs-
zeiten und die benötigte Leistung unterscheiden. So ist beispielsweise
in /WuS87/ eine dynamische Assoziativspeicherzelle in NMOS-Technologie
beschrieben, die mit ihren 5 Transistoren die Hälfte der Fläche einer
statischen 10-Transistorzelle benötigt.

Eine parallele Bearbeitung größerer Wortlängen kann durch Kaskadierung von Assoziativspeicher-Moduln erfolgen (Abb. 1.6). Hier
wird ein Datenwort W_j in K n bit Teile W_{jk} (k=1..K) aufgeteilt, die
in K Speichermoduln mit je n bit Wortlänge gespeichert werden:

$$W_j = (W_{j1}, W_{j2}, \ldots W_{jk} \ldots W_{jK})$$

Das Such- und das Maskenwort werden ebenfalls in K Teile aufgeteilt:

$$S = (S_1, S_2, \ldots S_k \ldots S_K)$$

$$M = (M_1, M_2, \ldots M_k \ldots M_K)$$

Die Assoziationsfunktion Identität bzw. Teilidentität wird auf das
gesamte Datenwort W_j erweitert:

$$T_{jGES} = \bigwedge_{k=1}^{K} [\bigwedge_{i=1}^{n} f_i(S_k(i), M_k(i), W_{jk}(i))]; \quad \forall j \in \{1..p\} \qquad (1.30)$$

oder

$$T_{jGES} = \bigwedge_{k=1}^{K} [T_{jk}] \quad \forall j \in \{1..p\} \qquad (1.31)$$

$$\text{mit} \quad T_{jk} = \bigwedge_{i=1}^{n} [(S_k(i) \equiv W_{jk}(i)) \vee M_k(i)]; \quad \forall k \in \{1..K\}.$$

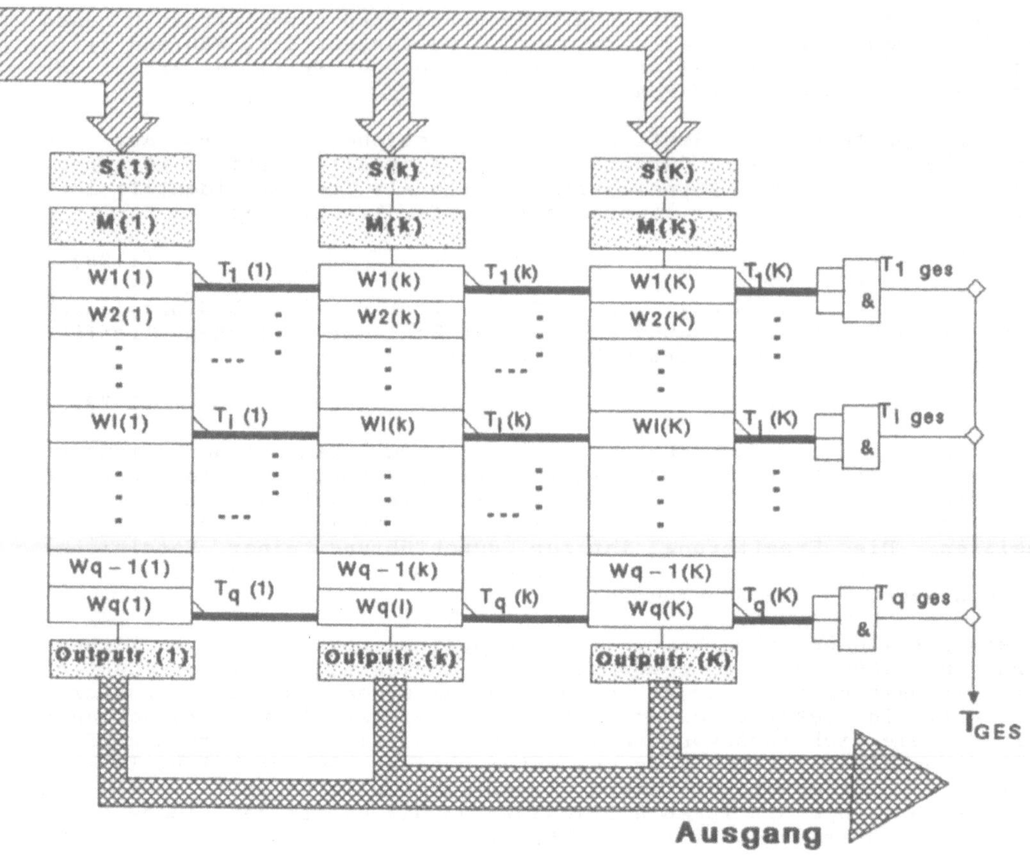

Abbildung 1.6: Assoziativspeicherfeld realisiert durch Kaskadierung von Speichermoduln

Damit erhält man folgende Beziehung zur Anzeige von mindestens einem Treffer:

$$T_{GES} = \bigvee_{j=1}^{p} T_{JGES} \qquad \text{mit} \qquad T_{GES} \in \{0,1\}. \qquad (1.32)$$

Die Implementierung des parallelen Assoziativspeicherfeldes nach diesem Konzept ist nur möglich, wenn sämtliche Trefferausgänge der einzelnen Bausteine extern zur Verfügung stehen. In Anbetracht der begrenzten Zahl der Anschlüsse einer integrierten Schaltung stellt die Erweiterung der Wortlänge der Daten durch Kaskadierung gleichartiger Speichermoduln ein Problem dar, das als "pin limitation problem" bekannt geworden ist /MII64/, /LEW67/, /RAM78/. Aus diesem Grund können derartige Assoziativspeicher nur dann zur Realisierung vollparalleler Assoziativspeicherfelder eingesetzt werden, wenn **jedes** Speicherwort in den Moduln jeweils einen Kaskadierungsausgang aufweist, was aufgrund der begrenzten Anschlüsse eines integrierten Moduls zur Begrenzung der realisierbaren Speicherwörter in einem Speichermodul führt. Die Komplexität des Problems nimmt ein wesentlich höheres Ausmaß an, wenn weitere Assoziationsfunktionen (z.B. relationale Funktionen) implementiert werden sollen.

Ein Ausweg stellt die Abkehr von vollparalleler Arbeitsweise des Speichersystems und Realisierung von sequentiell arbeitenden Speichersystemen, die jedoch zur erheblichen Reduktion der Verarbeitungsgeschwindigkeit führen /LuS75/, /LAM78/, /HIL84/.

1.4.2 Bitseriell-wortparallele Assoziativspeicher

In einem bitseriell-wortparallelen Assoziativspeicher werden die gespeicherten Daten bitweise zur Durchführung einer Assoziationsfunktion herangezogen.

Eine derartige Assoziativspeicherkonzeption stellt ein zweidimensional zugreifbares Schreib/Lese-Speicherfeld (RAM-Feld) dar (Abb. 1.7). Die Daten werden wortweise wie in konventionellen RAMs (horizontal) gespeichert und ausgelesen. Zur Durchführung einer Assoziationsfunktion wird ein sequentieller Zugriff auf die Bitspalten des Speichers durch einen weiteren Adressierungsmechanismus ermöglicht, was einer vertikalen Schreib/Lese-Operation entspricht. Jedes Wort des Speichers verfügt zur Durchführung der Assoziationsfunktion über ein Verarbeitungselement, das nur eine Bitposition des Wortes verarbeiten kann. Da die gespeicherten Bitpositionen eines Datenwortes sequentiell dem Verarbeitungselement zugeführt werden, kann eine konsistente Assoziationsfunktion für das gesamte Wort durch Einsatz von zusätzlichen Speichern zur Pufferung von Zwischenergebnissen (bzw. Überträgen) erreicht werden, die bei der Verarbeitung früherer Bitstellen entstehen können.

Beispielsweise kann die Identitätsfunktion zur Bestimmung des j-ten Treffers T_j für das n bit Wort im Speicherplatz W_j durch einen bitsequentiellen Algorithmus (i=1..n) beschrieben werden:

$$T_j(0)=1 \qquad \text{(Initialzustand)}$$

$$\begin{aligned} T_j(i)= {} & T_j(i-1)\wedge\ f_i(S(i),\ M(i),\ W_j(i)) = \\ & T_j(i-1)\wedge\ [(S(i)\equiv W_j(i))\vee M(i)]\ ; \qquad i=1..n \end{aligned}$$

$$Tw_j = T_j(n) \tag{1.33}$$

$$
\begin{aligned}
\text{mit } S(1..n) \quad & : \text{ n bit Suchargument,} \\
M(1..n) \quad & : \text{ n bit Maskenwort,} \\
T_j(1..n) \quad & : \text{ n Bittreffer des j-ten Wortes und} \\
Tw_j \qquad & : \text{ Treffer des j-ten Wortes.}
\end{aligned}
$$

In diesem Algorithmus erfordert jedes Verarbeitungselement auch eine Pufferspeicherzelle, um den Bittreffer $T_j(i-1)$ puffern zu können. Den Treffer Tw_j erhält man, wenn alle n Bitpositionen überprüft wurden.

Auf diese Weise können alle Bitspalten der Datenwörter zur Überprüfung simultan herangezogen werden, was eine bitserielle- wortparallele Verarbeitung der Speicherwörter bedeutet.

Nach dem o.a. Algorithmus erfordert eine Identitätsabfrage für n-Bit Datenwörter, abgesehen vom Initialisierungszyklus für $T_j(0)=1$, n Speicherzugriffe, d.h.

$$t_{GES} = n * t_{CYCLE} \tag{1.34}$$

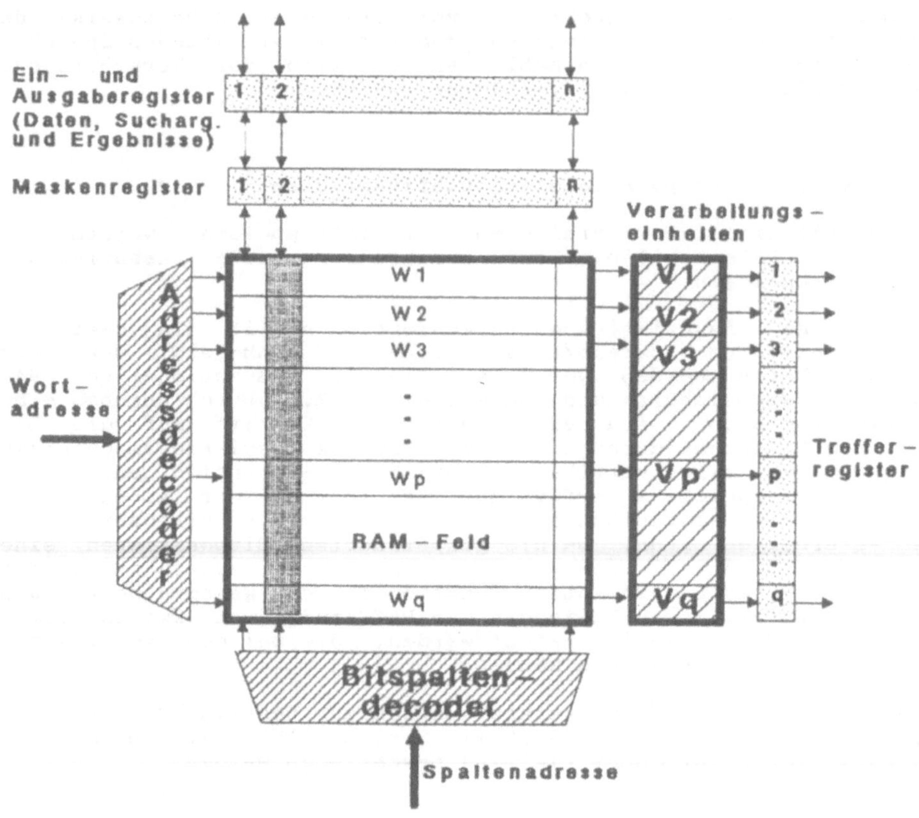

Abbildung 1.7: Struktur eines bitseriell-wortparallelen
Assoziativspeichers

Einen Geschwindigkeitsgewinn erzielt man für den üblicherweise vorliegenden Fall, daß mehr Speicherwörter existieren als Bits in einem
Speicherwort. Beispielsweise benötigt man bei Verwendung eines
Speichers mit 256 x 32 bit Wörtern nur 32 sequentielle Schritte zur
Bestimmung der Treffer. In jedem Schritt werden 256 bit durch 256 1-
bit-Verarbeitungselemente parallel verarbeitet. Die Verarbeitungselemente sind im Falle einer großintegrierten Realisierung (VLSI) mit
den Speichern auf einem Chip zu plazieren, um die Zahl der Anschlüsse
klein zu halten.

Auch bei diesem Konzept ist eine horizontale Kaskadierung von Speichermoduln durch das "pin limitation problem" beschränkt.

Der wichtigste Vertreter dieser Assoziativspeicherkonzeption ist der Speicher des STARAN Rechners /BAT74/, der 256 Verabeitungselemente beinhaltet. Das STARAN-System wurde speziell für digitale Bildverarbeitung und -auswertung entwickelt und verfügt daher über eine Vielzahl weiterer Speicherzugriffsformen, um die in den einzelnen Speicherzellen verwalteten Bildpunkte bereichsweise erfassen und bereichsparallel auf vorgegebene Bildmuster überprüfen zu können.

Der Speicher des STARAN-Systems wurde in einer früheren Version (Version B) mit einer Kapazität von 256x256 bit und in der STARAN E-Version mit einer Kapazität von 256 Wörtern mit je bis zu 65536 bit realisiert. Um unterschiedliche Speicherzugriffsformen zu ermöglichen, wird ein "Permutationsnetzwerk" eingesetzt, das einen Zugriff auf 256 bit zuläßt. Mit dem Netzwerk kann ein Zugriff wortweise, spaltenweise (bit-slice) oder kombiniert erfolgen. Damit können die Verarbeitungseinheiten mit den Inhalten beliebiger Speicherzellen aus dem Feld versorgt werden. Zur Programmierung des STARAN-Rechners wurde eine symbolische Assemblersprache APPLE /DAV74/ entwickelt, die insbesondere die Verarbeitung von Vektoren durch eine spezielle Datenstruktur ermöglicht.

Ein weiteres System nach diesem Prinzip stellt die in /FER86/ vorgestellte Entwicklung LUCAS dar, die sich hardwaremäßig stark an das STARAN-Konzept anlehnt. Der Speicher des LUCAS-Systems umfaßt eine Kapazität von 128x4096 bit Wörtern, die über ein Netzwerk (Perfect-Shuffle/Exchange-Network) mit 128 Verarbeitungseinheiten verbunden sind. Die Verarbeitungseinheiten können nur die Daten einer Speicherspalte verarbeiten, so daß die Fähigkeiten des LUCAS-Systems gegenüber STARAN geringer sind. Die beim LUCAS-System verwendete Programmiersprache ist PASCAL/L, die eine Erweiterung der PASCAL-Sprache mit einigen Statements zur assoziativen Verarbeitung von Daten darstellt.

1.4.3 Wortseriell-bitparallele Assoziativspeicher

Bei dieser Variante eines wortseriell-bitparallelen Assoziativspeichers verwendet man einen konventionellen n bit Schreib/Lese-Speicher (RAM) zur Speicherung von Daten. Eine Verarbeitungseinheit, die Daten mit jeweils n bit Wortlänge bearbeiten kann, wird zur Durchführung von Assoziationsfunktionen eingesetzt. Dabei wird eine Operation in sequentieller Weise auf die Speicherwörter ausgeführt. Das Verfahren entspricht der hardwaremäßigen Ausführung einer iterativen oder deduktiven Schleife in einer skalaren Programmiersprache.

Eine Zeitersparnis entsteht in diesem Fall durch geringeren Befehlsdecodierungsaufwand, da der Assoziativprozessor zur Durchführung der Schleife einer Assoziationsfunktion nur einen Maschinenbefehl benötigt, der in nur einem Zyklus decodiert werden kann. Für eine Schleife in einer skalaren Programmiersprache müssen jedoch die Befehle einzeln decodiert und zur Ausführung gebracht werden.

Die benötigte Zeit t_{TGES} zur Bestimmung von Treffern bei einer Identitätsabfrage in einem Speicher mit p Speicherwörtern beträgt

$$t_{TGES} = p * t_{CYCLE} \qquad (1.35)$$

wobei t_{CYCLE} die Zugriffszeit eines Speicherwortes darstellt. Im allgemeinen ist $t_{ zugr}$ unabhängig von der Wortlänge n.

Dieses Konzept zeichnet sich durch eine relativ große Wortbreite und eine Vielzahl realisierbarer Assoziationsfunktionen aus, die in einer bitparallelen Verarbeitungseinheit untergebracht werden können. Im allgemeinen können als Verarbeitungseinheit erhältliche ALU-Bausteine (z.B. 4 bit ALU SN74181) verwendet werden.

Diese Kategorie der assoziativen Speicher können in unterschiedlichen Bereichen z.B. für Datenbank-Applikationen mit großen Datenmengen, zur Akzeleration von Datenbankoperationen als Datenbank-Cache-Speicher, zur Signalverarbeitung u.ä. eingesetzt werden.

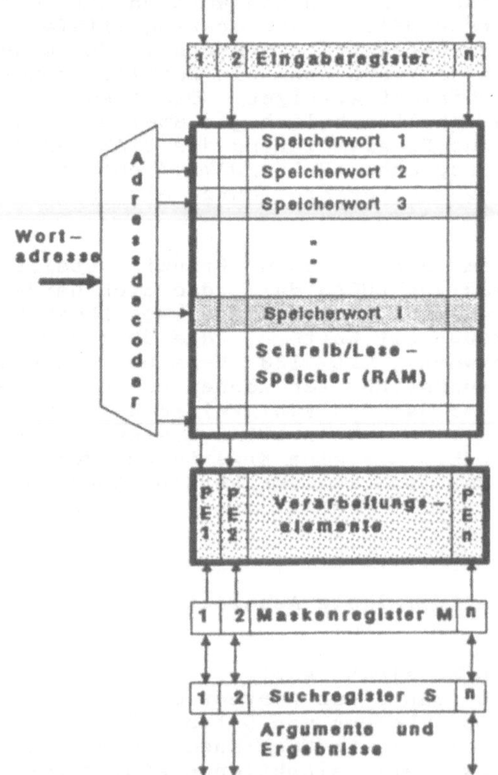

Abbildung 1.8 : Konzept eines wortseriell-bitparallelen Assoziativspeichers

Ein Koprozessor nach diesem Konzept wurde in /SCS79/ mit der Bezeichnung RAP.2-Zelle vorgestellt, die über einen CCD-Speicher[4] mit einer Kapazität von 1Mbit, aufgeteilt in 4k Tracks (Wörter) mit je 256 bit Länge, und eine Verarbeitungseinheit verfügt. Ein PDP11/10-Rechner als Controller steuert über einen Bus mehrere homogen angeordneten RAP.2-Zellen. Der Controller sorgt auch für die Kommunikation und Datenaustausch mit einem Wirtrechner über einen DMA-Kanal. Zur Programmierung des Systems wurde eine Assembler-Sprache (genannt RAP-Assembler) benutzt.

---

[4] CCD = Charge Coupled Devices.

Speziell für die Applikationen aus dem Bereich der Datenbanken wurde
ein System in /MuK84/ als ISP (inhaltsadressierbares Speichersystem)
vorgestellt. Das System beinhaltet ein Speicherfeld mit 64k x 64 bit
Wörtern RAM und eine Arithmetik/Logik-Einheit zur Durchführung arithmetischer und logischer Operationen, die durch mikroprogrammierbare
Bit-Slice-Komponenten realisiert wurde.

Ein weiteres Beispiel stellt das von der Firma TRW entwickelte System
FAM (Fuzzy Associative Memory) dar /NOD85/, das im Bereich der
Signalverarbeitung zur Erkennung verrauschter Eingangssignale eingesetzt wird. Das System umfaßt ein schnelles dynamisches RAM mit 64k x
96 bit Wörtern, die einer Verarbeitungseinheit zur Durchführung von
Assoziationsfunktionen zugeordnet sind. Mit der Verarbeitungseinheit
werden in einer mehrdimensionalen Datenstruktur durch Suchoperationen
innerhalb von Grenzwerten bestimmte Datenbereiche selektiert. Diese
Operation wird als "Window Search" bezeichnet. Dazu können bis zu 16
Windows, die durch ihre Grenzwerte in Registern spezifiziert werden,
in einer Datenstruktur mit bis zu 24 Dimensionen bearbeitet werden.

1.4.4 Blockorientierte Assoziativspeicher

Ein blockorientierter Assoziativspeicher stellt einen Kompromiß
zwischen einem vollparallelen Assoziativspeicher dar, der aufgrund
seiner Nachteile (eingeschränkte Kaskadierungsmöglichkeit, hohe Reali-
sierungskosten etc.) nur für einfache Applikationen, die eine geringe
Speicherkapazität erfordern, und einem wortseriellen Assoziativspeicher, der eine niedrige Verarbeitungsgeschwindigkeit mit einer
kostengünstigen Speicherrealisierung verbindet (Abb. 1.9).

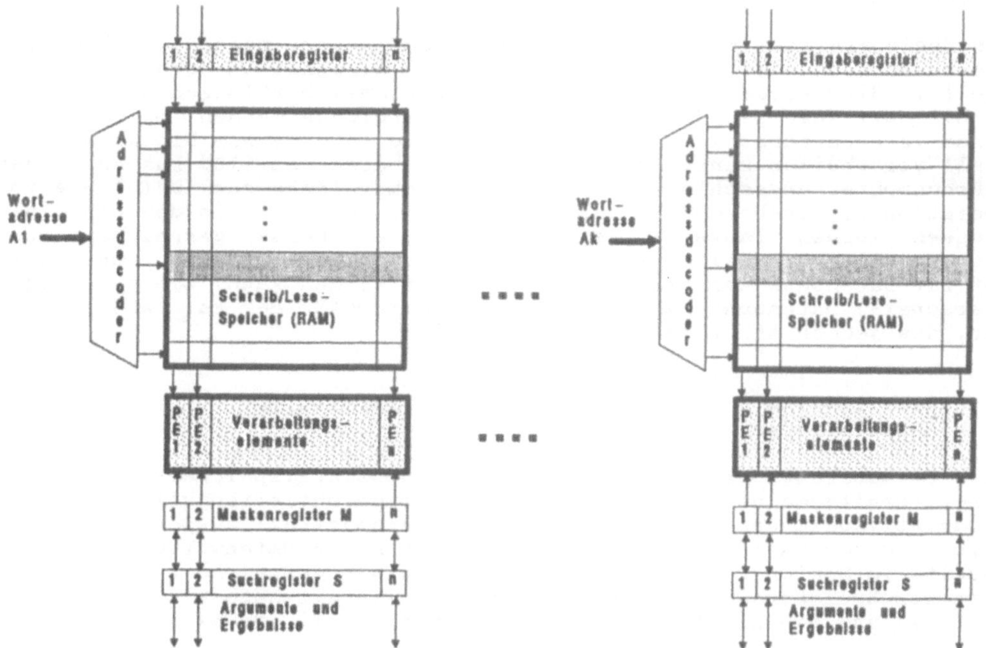

Abbildung 1.9 : Struktur eines blockorientierten Assoziativ-
speichersystems

Zur Realisierung solcher Assoziativspeicher werden preiswerte Massen-
speichereinheiten (z.B. Plattenspeicher, Magnettrommelspeicher etc.)
verwendet, die mehrfach eingesetzt werden. Aus den Speichereinheiten
werden die zu verarbeitenden Informationen als Ströme von Datenblöcken
geholt und jeweils durch Verarbeitungseinheiten simultan verarbeitet.
Damit liegt in einem derartigen Konzept eine Parallelität zwischen den
Datenblöcken vor. Die einzelnen Blöcke werden jedoch sequentiell
verarbeitet.

Falls in einem blockorientierten Assoziativspeicher k Blöcke vorliegen, die jeweils einen gleichen Anteil aus den p Datenwörtern
speichern, kann die Verarbeitungszeit wie folgt angegeben werden:

$$t_{TGES} = (p/k) * t_{CYCLE} \qquad (1.36)$$

Typische Vertreter dieses Konzeptes sind das von Parhami vorgestellt
System mit der Bezeichnung RAPID /SU79b/ sowie der in /SU79a/
vorgestellte Prozessor CASSM.

Das RAPID-System weist gleichzeitig eine dem Lee-Konzept ähnliche
Architektur auf. Das System verwendet mehrspurige Magnettrommelspeicher, die durch mindestens einen Schreib/Lese-Kopf pro Spur (head
per track disk memory) eine größere Anzahl bitserieller Datenströme
durch Verarbeitungseinheiten, die den einzelnen Datenströmen zugeordnet sind, parallel verarbeiten können.

Nachteilig wirken sich bei diesen Systemen, die insbesondere im
Bereich der Datenbanken eingesetzt werden, einerseits die hohe von
langsamen Massenspeichern dominierend bestimmten Ausführungszeiten der
Operationen und anderseits der hohen apparative (insbesondere mecha-
nische) Aufwand, aus.

Ein Speichersystem nach diesem Konzept, das jedoch moderne Halbleiter-
speicher verwendet, wird in /REM78/ als "Recognition-Memory" vorgestellt. Hier werden die Daten in mehreren Speicherblöcken mit jeweils
8 bit Wortlänge gespeichert. Die Speicherblöcke werden mit jeweils
einem Verarbeitungselement ergänzt, das die Daten eines Blocks sequentiell verarbeiten kann. Das System wird über einen S100-Bus an einen
Mikrocomputer angeschlossen, der die Speicherblöcke zur Ausführung von
Operationen, insbesondere Suchoperationen, steuert. In den einzelnen
Blöcken können lange Wörter (Strings) byteweise gespeichert und
sequentiell verarbeitet werden, so daß auch dieses System besonders
gut für Datenbank-Applikationen eingesetzt werden kann. Ein derartiges
(Personal-) Datenbank-System stellt das SYNFOBASE der Fa. AEG /SYN82/
dar, das jedoch nicht mehr produziert wird.

1.5 Arbeitsweise und Eigenschaften eines parallelen Assoziativspeichers

Zur Erläuterung der Arbeitsweise eines Assoziativspeichers wird von
einer verallgemeinerten Struktur eines wortorientierten vollparallelen
Assoziativspeichers mit q Wörtern Speicherkapazität ausgegangen (Abb.
1.10) und vorausgesetzt, daß die Daten (z.B. p Datenwörter mit $p \leq q$)
bereits im Speicher unter den Adressen 1 bis p gespeichert sind. Ein
Wort des Speichers umfaßt zwei Teile: ein inhaltsadressierbarer Teil
(W-Teil) und ein nicht inhaltsadressierbarer Teil (D-Teil).

Als Operationen sollen neben Schreiben und Lesen von Daten die
vollparallelen Identitäts- und Teilidentitätsabfragen als
Assoziationsfunktionen ausführbar sein.

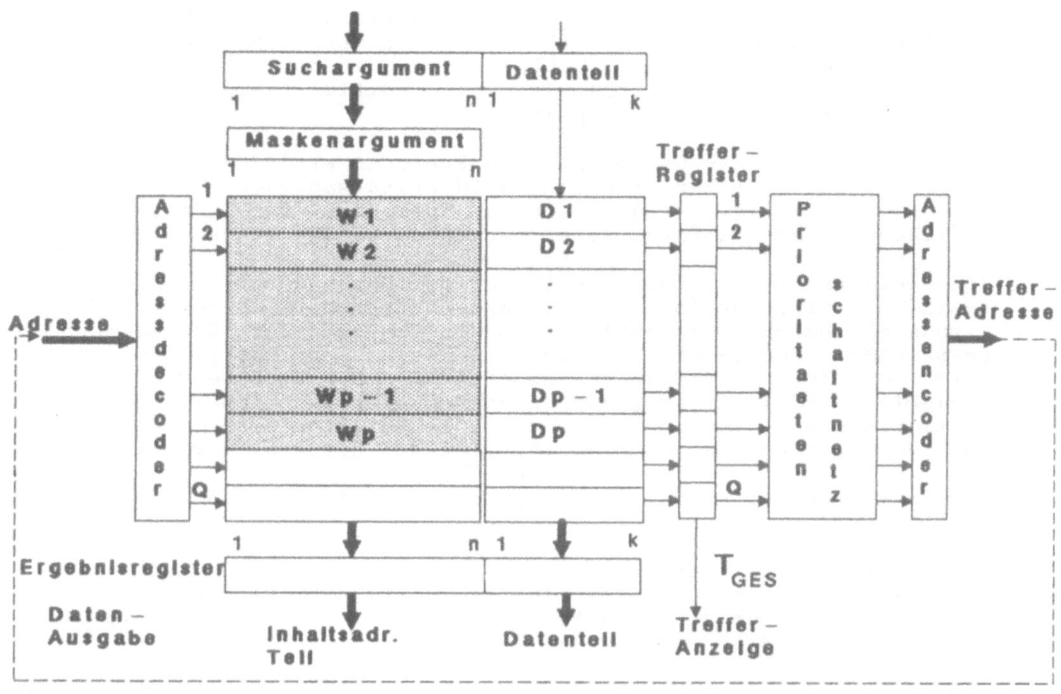

Abbildung 1.10: Struktur eines wortorientierten Assoziativspeichers

Die Speicherung von Daten erfolgt mit Hilfe des Adressdecoders. Sowohl der inhaltsadressierbare als auch der nicht inhaltsadressierbare Teil eines Speicherwortes werden mit einer gemeinsamen Adresse angesprochen.

Eine Assoziationsfunktion wird nur auf dem inhaltsadressierbaren Teil des Speichers (W-Feld) angewandt. Da zur Durchführung einer Assoziationsfunktion auf die Inhalte der Daten zugegriffen wird, wird im allgemeinen der Reihenfolge der Daten in den Speicherplätzen keine Bedeutung zugemessen. Es muß jedoch gewährleistet sein, daß die freien Plätze im Speicher (Speicherplätze p+1 bis q) keine für die Assoziationsfunktion relevanten Informationen beinhalten oder bei der Durchführung der Assoziationsfunktion keine Berücksichtigung finden. Hierfür ist einerseits vor der Speicherung von Daten für eine Initialisierung des Speichers zu sorgen. Anderseits ist beim Entfernen eines Datenwortes aus dem Speicher der Umfang und der Bereich der gespeicherten Daten zu aktualisieren. Damit wird verhindert, daß z.B. im Einschaltmoment oder aus früheren Anwendungen irgendwelche Datenkonstellationen im restlichen Teil des Speichers vorliegen, die zu fehlerhaften Assoziationen führen können. Die wichtigsten Verfahren zur Spezifizierung besetzter und nichtbesetzter Speicherplätze eines Assoziativspeichers sind:

a) Die Speicherplätze werden in der Initialisierungsphase mit jeweils einem definierten, für die Assoziationsfunktion nicht-relevanten Wort (z.B. "0") vorbesetzt. Nach der Speicherung der Daten liegt in einem Speicherplatz eine gültige Information vor, wenn für $W_j \neq 0$ $(j=1,2,\ldots,p)$ gilt.

Beim Entfernen eines Datums aus dem Speicher wird der Speicherplatz mit "0" überschrieben. Eine Identitätsabfrage mit "0" als Suchargument liefert die freien Speicherplätze, die zur Speicherung neuer Informationen verwendet werden können.

b) Eine Zeigervariable, die die Anzahl der Datenwörter im Speicher festlegt, wird zur Initialisierung des Speichers benutzt. Hier werden die Daten in kompakter Form von Speicherplatz 0 beginnend gespeichert. Der Bereich, in dem die Daten gespeichert sind, wird durch die Zeigervariable gekennzeichnet. Der Wert der Zeiger-variablen wird in einem gesonderten Register gespeichert. Für die Initialisierung des Speichers wird der Zeiger gleich 0 gesetzt. Nach der Speicherung von p Wörtern ist der Zeigerwert gleich p.

Zur Entfernung eines Datums (garbage collection) können zwei Wege gewählt werden:

- Ein Datum W_j $(j\in\{1..p\})$ wird aus dem Speicher durch eine "Repack"-Funktion entfernt bzw. gelöscht, d.h. alle Datenwörter in den Plätzen j+1..p werden jeweils um einen Speicherplatz verschoben /SRW82/.

- Das zu entfernende Datenwort W_j $(j\in\{1..p\})$ wird durch das letzte Wort im Speicher W_p ersetzt.

In beiden Fällen wird die Speicherlänge nach der Entfernung von W_j um eins reduziert $(p:=p-1)$.

Die Speicherung eines neuen Wortes erfolgt in dem Speicherplatz p+1. Der Wert des Zeigers wird nach jedem Speicherzugriff aktualisiert.

c) Es wird eine Bitspalte des Assoziativspeichers als "Besetzungs-speichervektor" deklariert. In der Initialisierungsphase oder beim Entfernen eines Datums werden nur die Zellen dieses Vektors jeweils mit "0" beschrieben. Bei der Speicherung eines Wortes wird die Zelle mit "1" markiert. Die markierte Zelle gibt an, daß das Speicherwort mit einem Datenwort belegt ist.

Zur Durchführung einer Identitätsabfrage wird ein Suchargument (S) und ein Maskenwort (M) vorgegeben. Ein Bit des Suchargumentes s_i $(i=1..n)$ ist maskiert, wenn für dieselbe Bitstelle des Maskenwortes $m_i=1$ gilt.

Damit wird festgelegt, daß bei einer Identitätsabfrage im Speicher nach Bit-Kombinationen gesucht werden soll, die bis auf die maskierten Bit-Stellen mit dem Suchargument (S) übereinstimmen. Die maskierten Stellen können beliebige Werte annehmen.

Die Identitätsabfrage wird nur auf den assoziativen Speicherteil (W-Speicherfeld) angewandt. Die Speicherzellen des assoziativen Teils des Speichers weisen eine komplexere Hardwarestruktur als die Speicherzellen des nicht assoziativen Teils (D-Speicherfeld) auf. Während eine Speicherzelle im D-Speicherfeld nur eine einfache Schreib-Lese-Speicherzelle darstellt, beinhaltet eine Speicherzelle des assoziativen Teils außer einer Schreib-Lese-Speicherzelle auch jeweils weitere Schaltungsteile zur Durchführung der

Assoziationsfunktionen (vgl. Abb. 1.5b).

Zur Bestimmung der Ergebnisse bei einer Assoziationsfunktion wird ein Trefferregister T mit q Speicherzellen verwendet. Falls gemäß Gleichungen 1.30 und 1.31 in Kap. 1.4 ein Speicherwort W_J mit den angelegten Argumenten als Ergebnis gilt, wird die Position j des Treffervektors mit einer Trefferkennung gleich "1" markiert.

Damit ist die erste Phase einer Suchoperation beendet. In einer zweiten Phase ist jeweils eine Kopie aller Wörter, die als Treffer gekennzeichnet sind, bereitzustellen.

Wegen des Umstandes, daß die Treffer nur sequentiell ausgegeben werden können, entsteht das Problem der "Mehrfachtrefferauflösung".

Aus der Literatur sind unterschiedliche Verfahren zur Lösung dieses Problems bekannt /AND74/, /MIL64/, /TAV82/. Bei einem weitverbreiteten Verfahren wird eine Prioritätenschaltung zur Mehrfachtrefferauflösung eingesetzt.

Die Prioritätenschaltung ist eine Einrichtung, die eine Selektion der Daten nach einer definierten Priorität zur Ausgabe von Treffern vornimmt. Dabei wird z.B. die Position des ersten Ergebnisses als ein Treffer mit höchster Priorität betrachtet und exklusiv selektiert, sodaß nur ein Bit aus dem Treffervektor vorliegt. Durch einen Encoder (1-aus-q-zu-$\log_2 q$-Decoder) wird die Adresse des Treffers generiert. Mit der Trefferadresse wird der Inhalt des Speicherplatzes in das Ergebnisregister kopiert und zur Ausgabe bereitgestellt. Nach der Ausgabe des Treffers wird die zugehörige Speicherzelle im Treffervektor gelöscht, sodaß wiederum der nächste Treffer als ein Ergebnis mit höchster Priorität vorliegt, das nach dem gleichen Verfahren ausgegeben werden kann. Das Verfahren wird so oft wiederholt, bis keine Treffer mehr existieren.

Zusammenfassend können die wichtigsten Eigenschaften eines wortorientierten parallelen Assoziativspeichers wie folgt angegeben werden:

- Als vollparallele Assoziationsfunktionen sind Identitäts- und Teilidentitätsabfragen hardwaremäßig mit vertretbarem Aufwand realisierbar. Eine Erhöhung des Funktionsumfanges ist durch Abkehr von vollparalleler Arbeitsweise möglich. Ramamoorthy in /RAM78/ und Foster in /FOS78/ geben hierzu einige Vorschläge zur Hardwarererweiterung von Assoziativspeicherzellen für einige Funktionen wie Bestimmung von Maximum oder Minimum, relationale Suchoperationen etc. an, die auf bitseriellen Algorithmen basieren.

- Schreiben und Lesen von Daten ist ähnlich den konventionellen Schreib/Lese-Speichern möglich. Zur Ausführung einiger Funktionen (z.B. Maximum- oder Minimumsuche, Addition etc./RAM78/, /YuF77/, /FOS78/), die bitseriell ausführbar sind, wird paralleles Schreiben benötigt. Eine parallele Schreiboperation ist mit einem erhöhten Transistoraufwand der Speicherzellen möglich (vergl. Kap. 1.4).

- Eine vertikale Kaskadierung von integrierten Speichermoduln zur Realisierung von Speicherfeldern ist unter Einsatz von mindestens einem Übertragssignal möglich /OGU85/. Das Übertragssignal steuert die Ausgabe der Treffer in den unterschiedlichen Moduln des Speicherfeldes. Bei der Trefferausgabe darf jeweils nur eines der trefferführenden Moduln zur Ausgabe der Ergebnisse aktiv sein, da die Ergebnisse bedingt durch Wired-Or-Schaltung der Modulausgänge nur sequentiell aufrufbar sind. Vom ersten trefferführenden Modul wird solange ein Übertragssignal, das die folgenden Moduln deaktiviert, generiert, bis es seine Daten ausgegeben hat. Danach generiert das nächste trefferführende Modul das Signal und sperrt seinerseits die folgenden Moduln zur Ausgabe seiner Ergebnisse usw.

- Eine horizontale Kaskadierung zur Erweiterung der Speicherwortlänge ist nur für Speichermoduln mit geringer Speicherkapazität (bis zu einigen Speicherwörtern) möglich, falls die vollparallele Arbeitsweise des Speichers weiterhin existieren soll.

  Bei hohen Speicherkapazitäten entsteht das "pin limitation problem" (vergl. Kap.1.4), sodaß eine sequentielle Arbeitsweise zur Bestimmung von Teiltreffern in den Moduln zugrunde gelegt werden muß.

  Für Speicher, die über einen geringen Funktionsumfang von nur Identitäts- und Teilidentitätsoperation verfügen, ist zur Kaskadierung mindestens ein Kaskadierungssignal (Ausgangsleitung) pro Speicherwort notwendig. Dieses Problem verschärft sich in hohem Maße, wenn ein erweiterter Funktionsumfang in einem Modul realisiert werden soll. Ramamoorthy gibt in /RAM78/ für seine Assoziativspeicherzelle, die einen erweiterten Funktionsumfang beinhaltet, 3 horizontale und 8 vertikale Kaskadierungssignale an. Damit wird eine Erweiterung der Wortlänge unter Beibehaltung der Vollparallelität unmöglich.

  Motsch hat in /MuF79/ eine sequentielle, algorithmische Auswertung der Teiltreffer der Moduln für einige Funktionen angegeben, die jedoch hohe Verarbeitungszeiten erfordert.

- In einem wortorientierten Assoziativspeicher können gute Fehlertoleranzeigenschaften erreicht werden. Hierfür kann eine Speicherspalte (Fehlervektor) zur Markierung des Fehlerzustandes eines Speicherwortes reserviert werden. Falls ein Speicherwort Funktionsfehler aufweist, so wird die entsprechende Bitposition des Fehlervektors markiert, damit das Wort bei der Speicherung von Informationen und Ausführung von Operationen nicht berücksichtigt wird.

Bedingt durch diese Eigenschaften gestaltet sich die Realisierung von derartigen vollparallelarbeitenden Assoziativspeichersystemen als kostspielig und für nur kleine Speicherkapazitäten möglich, so daß sie trotz der großen Bedeutung, die ihnen zugemessen wird, bis heute keinen breiten Einsatz gefunden haben.

1.6 Sprachen zur assoziativen Verarbeitung von Daten

Die in einer assoziativen Rechnerarchitektur zu verarbeitenden Informationen setzen sich aus Datenobjekten zusammen, die in Informationsbeständen als Datensätze, Mengen, oder auch Einzelobjekte vorliegen. Bei der Verarbeitung dieser Daten stehen neben den in Speichern üblichen Zugriffsmechanismen eine inhaltsorientierte Selektion von Informationen aufgrund gegebener Schlüssel- bzw. Teilinformationen sowie eine Verarbeitung und Manipulation selektierter Informationen mit und ohne Veränderung von Informationsbeständen (z.B. Entfernung und Ergänzung von Daten in

Datenbeständen, Sortierung von Daten usw.) im Vordergrund.

Zur Bewältigung dieser Aufgaben in einem derartigen System sind einerseits entsprechende Datenstrukturen und anderseits Werkzeuge (Betriebssystem, Sprachen, Compiler u.ä.) bereitzustellen, um die mit Hilfe der Architektur zu lösenden Problemstellungen formulieren und verifizieren zu können. Insbesondere sind geeignete Hochsprachen mit adäquater Oberfläche, d.h. mit einer für assoziative Verarbeitung von Daten angepaßten Oberfläche, notwendig. Eine Sprache, die für den Einsatz in einer assoziativen Prozessorarchitektur entwickelt worden ist und diese Eigenschaften unterstützt, wird als "**assoziative Sprache**" bezeichnet /STU85/. Im Rahmen dieser Hochsprachen (sie sind insbesondere an PASCAL und FORTRAN angelehnt) können dann die entsprechenden Datenstrukturen definiert und eingesetzt werden.

Die Realisierung und der Einsatz verschiedener Assoziativprozessor-Architekturen führten zur Entwicklung von unterschiedlichen assoziativen Sprachen. In den meisten Fällen steht die besonders effektive Anpassung der Sprachen an die bei solchen Prozessorarchitekturen speziellen Hardware-Fähigkeiten und -Möglichkeiten im Vordergrund, d.h. bei der Entwicklung vieler assoziativer Sprachen spielten sowohl die vorliegende Architektur als auch der Einsatzbereich des Prozessors jeweils eine dominante Rolle. Dadurch wurden Sprachen entwickelt, die häufig einen architekturorientierten und/oder aufgabenspezifischen Befehlssatz beinhalten. Beispielsweise wurden für den STARAN-Rechner zwei Sprachen, ein symbolischer Assembler für zeitkritische Operationen /DAV74/ und eine PL/1 ähnliche Sprache /LAN76/, entwickelt, die jeweils die Definition einer eindimensionalen Datenstruktur "Vektor" (eindimensionales Array) erlauben. Dieser Datentyp besteht aus einem Feld mit Elementen, die jeweils eine hardwareorientierte Wortlänge von maximal 256 bit (als INTEGER-, REAL- oder DOUBLE_PRECISION-Daten) umfassen können. Die Sprachen stellen Befehle zur Verfügung, die auf diese Datenstruktur zugeschnitten sind Beispiele derartiger auf Arrays bezogener Operationen sind: ">", "<", "=" u.ä., die in Verbindung mit der Anweisung IF_ARRAY zur Verknüpfung mehrerer Vektoren verwendet werden können.

Darüberhinaus sind einige Sprachen entwickelt worden, die speziell zur assoziativen Verarbeitung von Daten in Architekturen mit einem Ensemble parallel arbeitender Prozessoreinheiten eingesetzt werden (z.B. /SAV67/, /FER86/, /BuH82/, /LEA86/ u.ä.). Diese Sprachen beinhalten schwerpunktmäßig Mechanismen und Befehle, die beispielsweise zur Auswahl einer Untermenge vorhandener Prozessoren zur parallelen Ausführung von (assoziativen) Operationen oder zur Herstellung von Verbindungen zwischen ausgewählten Prozessoren führen.

Beispielsweise wurde für die PEPE-Architektur /CRA72/ eine Erweiterung der FORTRAN-Sprache als P-FOR (Parallel-Fortran) vorgenommen /DIN73/, /WIL72/, die insbesondere eine Deklaration von parallelen Variablen und eine Auswahl von Verarbeitungselementen durch Mechanismen wie "IF_ANY", "IF_ALL", "IF_NONE", "WHERE_FIRST", "WHERE_MIN", "WHERE_MAX" u.ä. ermöglicht. In P-FOR werden im wesentlichen zwei Arten von Variablen unterschieden: Die nur einmal vorhandenen Variablen, die in ortsadressierbaren Speichern vorliegen, und die Variablen, die durch PAR<variablendeklaration> in Fortran Konventionen deklariert und in jeder Verarbeitungseinheit (Processing elements) abgelegt werden. Auf diese Daten können die angegebenen Anweisungen angewandt werden.

Solche architekturabhängigen Sprachen führen zu einer Effizienzsteigerung bei der Bearbeitung von dedizierten und auf die Architektur zugeschnittenen Problemstellungen. Zugleich wird aber ihre Portabilität erschwert oder gar unmöglich.

Interessant sind jedoch die architekturunabhängigen Sprachentwicklungen, die allgemein für den Einsatz in assoziativen Prozessoren geeignet sind. Umgekehrt kann durch Einsatz von assoziativen Speichern bzw. assoziativen Koprozessoren in Verbindung mit konventionellen (von-Neumann) Architekturen eine Akzeleration vieler Operationen höherer Programmiersprachen erwartet werden.

Die bekanntesten Sprachentwicklungen mit der Möglichkeit einer assoziativen Verarbeitung von Daten können in drei Kategorien aufgeteilt werden:

- Sprachen, die auf dem Tripel-Ansatz basieren: Bei diesem Ansatz werden die Beziehungen zwischen den Daten i. a. durch einen Tripel *(ATTRIBUT, OBJEKT, WERT)* dargestellt. Diese Darstellung wird interpretiert als *"Attribut* von *Objekt* ist *Wert"*. In einem Assoziativprozessor können durch die Spezifikation von ein, zwei oder drei Elementen des Tripels die fehlenden Elemente aus einem Datensatz ermittelt werden. Beispiele für diese Sprachen, die insbesondere für den Bereich der künstlichen Intelligenz geeignet erscheinen, sind in /SAV67/ und /FEL69/ zu finden.

- Seit Mitte der 70-er Jahre werden Konzepte für die Implementierung von Datenbanken verfolgt, die auf dem relationalen Datenmodell basieren. Dieses Datenmodell wurde zum ersten Mal von Codd in /COD70/ vorgestellt. In diesem Modell werden die Relationen als Mengen strukturierter Tupel interpretiert, die Attribute mit definierten Datenstrukturen und Wertebereichen aufweisen /BOL87/. In einer tieferen Abstraktionsstufe kann eine Relation als eine Tabelle interpretiert werden. Eine Zeile der Tabelle beinhaltet ein Tupel der Relation. Die Spalten der Tabelle stellen die Attribute der Relation dar.

  Ein Charakteristikum beim Einsatz des relationalen Datenmodells ist aber die inhaltsorientierte Abfrage von Daten aus den Datenbeständen und ihre Weiterverarbeitung, also Operationen, die auch in assoziativen Speichern vorliegen.

  Nach der Einführung des Relationenmodells als ein allgemeingültiges Grundkonzept zur Beschreibung von logischen Datenobjekten wurden sowohl eine Reihe von neuen deskriptiven auf dem Relationenmodell basierenden Sprachen entwickelt als auch bestehende Hochsprachen mit diesem Modell erweitert, die insbesondere zur Implementierung von Datenbanken und im Bereich der künstlichen Intelligenz Verwendung finden. Dabei wurden neben der Entwicklung neuer relationaler Datenbanksprachen auch die verbreiteten allgemeinen Programmiersprachen (z.B. FORTRAN, PASCAL, MODULA u.ä.) erweitert /SCH80/, um in diesen Sprachen eine Verarbeitung von Daten nach einem assoziativen oder einem relationalen Datenmodell zu ermöglichen. Weitere Beispiele dieser Entwicklungen findet man in /AuC75/, /SWK76/, /ZLO77/, /HEH82/, /STU85/, /BOL87/.

- In neuer Zeit bedingt durch aktuelle Forschungsarbeiten im Bereich der künstlichen Intelligenz (KI) werden typische Sprachen für wissensbasierte Programmierung zur Verarbeitung von Daten z.B. in Wissensbasen vermehrt eingesetzt. Auch bei diesen Sprachen ist eine effiziente Ausführung von Programmen durch Einsatz von Assoziativspeichern denkbar.

Die wichtigsten Vertreter dieser Sprachen sind PROLOG und LISP, die auch als deklarative Sprachen bezeichnet werden /BOL87/, /SCH83/. Eine Wissensbasis wird i. a. durch eine Datenstruktur beschrieben, die aus "Atomen" besteht. Solche Datenstrukturen können in Listen dargestellt werden, die eine zu den Relationen vergleichbare Struktur aufweisen und teilweise durch das Relationenmodell als "RECORDS" formulierbar sind. Die Ermittlung von Antworten aus den Wissensbasen erfordern den Einsatz von Zugriffsmechanismen, die eine Selektion von Informationen aufgrund formulierter Fragen ermöglichen. Sowohl die Speicherung von Daten als auch die Datenzugriffe sowie der Lernvorgang können von einem Assoziativprozessor unterstützt werden.

2. Flagorientierte Systeme

Die ständige Steigerung des Bedarfs an Rechnerleistung in verschiedenen technischen Bereichen hat zur Entwicklung schneller und leistungsfähiger Rechnerarchitekturen geführt. Trotzdem werden in vielen Bereichen (z. B. in Bereichen der künstlichen Intelligenz, des rechnergestützten Entwurfs u. ä.) zur adequaten Bearbeitung von Problemstellungen und zur effizienten Gestaltung von Lösungswegen noch höhere Rechnerleistungen gefordert.

Hardwareansätze zur Steigerung der Effizienz und des Datendurchsatzes in elektronischen Datenverarbeitungsanlagen können insbesondere in drei Entwicklungsstufen einer Rechnerarchitektur beobachtet werden:

- **Technologie:**
  Entwicklung neuer und Verbesserung bestehender Halbleitertechnologien (z.B. HCMOS, STTL, ECL, GaAs u.ä.) sowie Steigerung der Integrationsdichte auf einem Chip zur Realisierung schneller Grundbauelemente (Transistoren, Dioden u.ä). Diese Entwicklungen zeigen jedoch bestimmte physikalische und technologische Grenzen, so daß die Bestrebungen für weitergehende Leistungssteigerungen durch Entwicklung neuartiger Rechnerarchitekturen zu ergänzen sind.

- **Monoprozessorarchitektur:**
  Steigerung der Rechnerleistung durch Entwicklung neuer Konzepte für Verarbeitungseinheiten in einer Monoprozessorarchitektur, insbesondere Arithmetik-Logik-Einheiten, und durch die Gestaltung effizienter Prozessorarchitekturen, die beispielsweise bei den modernen Mikroprozessoren durch Erhöhung der Datenwortbreiten, Implementierung dedizierter und/oder einfacher Instruktionssätze, Einsatz von Speicherhierarchien zur Erhöhung der Verfügbarkeit von Daten, Verwendung von Pipeline- und Prefetch-Mechanismen für Instruktionen, Einsatz von Koprozessoren bzw. von spezialisierter Hardware zur schnellen Bearbeitung bestimmter Operationen u.ä. verfolgt werden.

- **Mehrprozessorarchitekturen:**
  Effizienzsteigerung durch die Entwicklung von parallelarbeitenden Mehrprozessorarchitekturen, die durch Einsatz von mehreren kooperierenden Verarbeitungseinheiten bzw. Monoprozessorarchitekturen gekennzeichnet werden. Hier sind adequate Lösungen zur Koordination und zur Kommunikation von Prozessoren sowie zur Verteilung von Teilaufgaben einer zu bearbeitenden Problemstellung auf den einzelnen Prozessoren bzw. auf die Verarbeitungseinheiten notwendig. Eine Parallelarbeit kann auf unterschiedlichen Abstraktionsebenen (von Job-Ebene bis zur Ebene der Elementarinstruktionen) erfolgen /GIL81/.

In dieser Arbeit wird ein neuer VLSI-orientierter Ansatz zur Steigerung der Effizienz und des Datendurchsatzes in einer assoziativen Rechnerarchitektur durch eine Parallelarbeit, wie sie bei den Mehrprozessorarchitekturen üblich ist, jedoch in einer Monoprozessorarchitektur angestrebt.

Zur Bewältigung dieser Aufgabe wird ein Transformationsverfahren zugrunde gelegt. Die Anwendung von Transformationen (z.B. Integral-, Fourier-, Laplace-Transformation u.ä.) stellt eine bewährte und praktische Methode zur Lösung vieler komplexer technischer Probleme dar. Beispielsweise werden mit Hilfe der Laplace-Transformation lineare Differentialgleichungen, die im Zeitbereich (Originalbereich) mit nur großem Aufwand lösbar sind, in den komplexen Frequenzbereich (Bildbereich) überführt und als gewöhnliche algebraische Gleichungen auf einfache Weise gelöst. Nach einer Lösung dieser Gleichungssysteme im Bildbereich werden die Ergebnisse wiederum in den Originalbereich rücktransformiert. Eine Darstellung dieses Vorganges ist aus /SIM81/ in Abb. 2.1 angegeben, die den o.a. Transformationsvorgang besonders gut veranschaulicht.

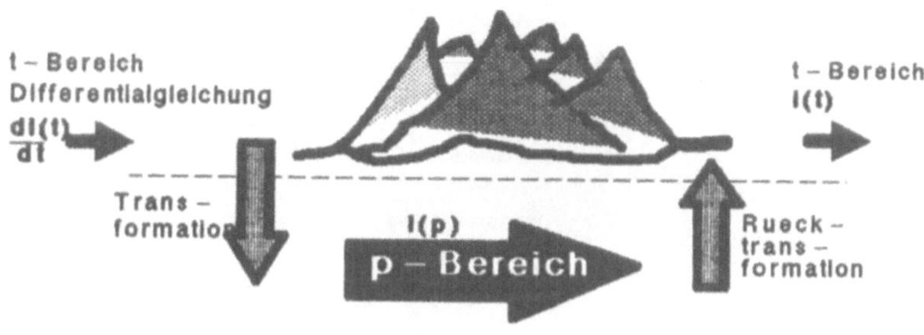

Abbildung 2.1: Vorgang einer Laplace-Transformation nach /SIM81/

Hier wird eine Transformationsmethode (genannt **Flag-Transformation**) zur parallelen Verarbeitung von Datenwörtern eines (assoziativen) Datensatzes vorgestellt, die die im Originalbereich als wortorientiert dargestellten Daten des Datensatzes in **flagorientierte Daten** überführt, so daß sie jeweils durch nur ein Bit (genannt **Flag**) im Bildbereich dargestellt werden. Damit können die gesamten Datenwörter des Datensatzes im Bildbereich mit Hilfe eines Datenwortes dargestellt und simultan bearbeitet werden. Mit der Flag-Transformation wird ein neues konzeptionelles Verfahren vorgestellt, das als eine Grundlage zur Entwicklung von integrierten Schaltungsmoduln verwendet werden kann, die sowohl für die Speicherung von inhaltsorientierten Daten als auch zur vollparallelen Durchführung von unterschiedlichen Such- und Arithmetik-Logik-Operationen durch Manipulation von Flags eingesetzt werden können. Eine Anordnung nach diesem Konzept wird als ein **flagorientiertes System** bezeichnet. Sie weist eine Monoprozessorarchitektur auf.

Ein flagorientiertes System zur Speicherung und Verarbeitung inhaltsorientierter Daten besteht im wesentlichen aus drei Teilen (Abb. 2.2):

- Im ersten Teil (**Transformationsteil**) werden die n bit langen Datenwörter eines Datensatzes einer Abbildung (**Flagtransformation**) unterzogen. Die transformierten Datenwörter werden im Bildbereich durch einen Ein-Bit-Vektor der Länge 2^n /WIR75/, /MEH84/, /AHO83/ repräsentiert, der als **Flagvektor** bezeichnet wird. In diesem wird ein Datum des Datensatzes durch ein **Flag** als sein Repräsentant dargestellt. Ein Flag stellt eine binäre Größe mit den Werten "True" (=1) und "False" (=0) dar. Mit einem Flag wird das Vorhandensein eines Datums (Operanden) angezeigt. Eine Verarbeitung von Daten erfolgt durch die Manipulation der entsprechenden Flags im System.

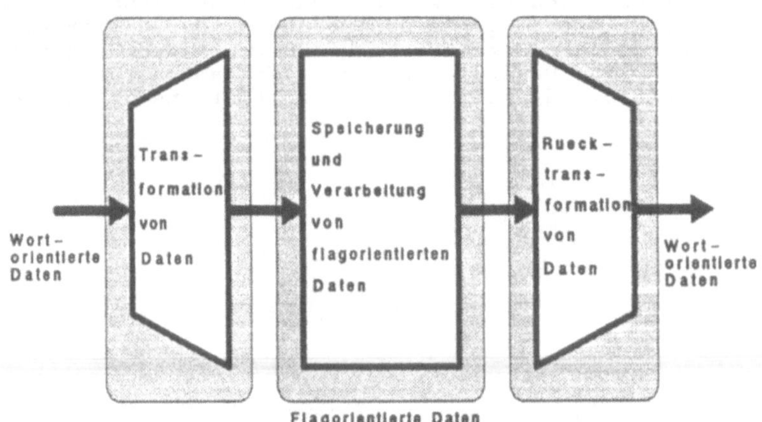

Abbildung 2.2 : Struktur eines flagorientierten Systems

- Der zweite Teil **(Speicher- und Operationsteil)** wird zur Speicherung und zur Durchführung von Operationen eingesetzt. Die Daten im Bildbereich werden durch ihre korrespondierenden Flags gespeichert, die jeweils nur eine 1-Bit-Speicherzelle benötigen. Somit erfordert die Speicherung eines Datensatz im Bildbereich nur eine lineare Anordnung von Speicherzellen. Der Operationsteil des Systems führt eine Operation für die als Flags gespeicherten Operanden in Flagvektoren durch. Eine Verarbeitung ganzer Flagvektoren in einem Schritt führt zur simultanen Verarbeitung der in ihnen gespeicherten Flags, was wiederum einer parallelen Verarbeitung aller Datenwörter der transformierten Datensätze im Originalbereich entspricht.

- Eine parallele Operation mit mehreren Operanden kann auch mehrere Ergebnisse liefern, die ebenfalls in einem Flagvektor (Ergebnisflagvektor) zusammengefaßt werden. Eine Rücktransformation der Ergebnisse erfordert eine Auflösung und Vereinzelung ihrer Flags, so daß im dritten Teil **(Rücktransformationsteil)** eines flagorientierten Systems die Ergebnisse vereinzelt und nach ihrer Umwandlung wieder als wortorientierte Datenwörter im Originalbereich zur Verfügung stehen.

Zur Veranschaulichung dieses Vorganges und zur Anwendung von Such- und Arithmetik-Logik-Operationen auf die Flagvektoren soll ein Beispiel betrachtet werden:

Gegeben seien zwei assoziative Datensätze (Mengen)

$$S_1 = \{2, 5, 11, 8, 14, 0, 12, 10\}$$
und $\qquad S_2 = \{4, 12, 0, 5\}$.

Gesucht wird der Durchschnitt beider Datensätze, d.h. die Elemente, die in beiden Mengen vorliegen.

Eine einfache Lösung dieses Problems kann durch einen Algorithmus formuliert werden, der in einer skalaren Programmiersprache mit zwei in einander geschachtelten Schleifen eine paarweise Überprüfung der Datenwörter beider Datensätze vornimmt. Dieser Lösungsweg weist eine quadratische Komplexität von $O(p*q)$ auf, wenn p und q die Zahl der Datenwörter in den einzelnen Datensätzen darstellen.

Eine Lösung mit einer linearen Komplexität von $O(p)$ erhält man, wenn vorher die Daten in den Datensätzen z.B. in aufsteigender Reihenfolge sortiert und anschließend paarweise überprüft werden.

Ein flagorientiertes System löst das Problem in drei Teilen:

Im ersten Teil werden die Datenwörter der Datensätze

$$S_1 = \{2,\ 5,\ 11,\ 8,\ 14,\ 0,\ 12,\ 10\} \quad \text{und} \quad S_2 = \{4,\ 12,\ 0,\ 5\},$$

jeweils als 4 bit Daten (0..15) betrachtet und in zwei Flagvektoren

$$F_1 = (1010010010111000) \quad \text{und} \quad F_2 = (1000110000001000)$$
$$0\,1\,2\,3\,.\,.\,.1\,5 0\,1\,2\,3\,.\,.\,.1\,5$$

transformiert. Dabei wird eine Bitposition in den Flagvektoren mit einem Flag (=1) besetzt, falls der entsprechende Positionsnummer dem Wert des Datenwortes entspricht. Nach der Transformation liegen die Datenwörter durch ihre Flags in den Flagvektoren sortiert vor, so daß eine Konjunktion beider Flagvektoren zu dem gesuchten Ergebnis führt:

$$F_{DURCHSCHNITT} = F_1 \wedge F_2 = (1010010010111000)$$
$$\wedge (1000110000001000)$$
$$\rule{6cm}{0.4pt}$$
$$= (1000010000001000)$$
$$0\,1\,2\,3\,.\,.\,.1\,5$$

Nach einer Vereinzelung der im Ergebnisflagvektor vorhandenen Flags und ihrer Rücktransformation erhält man die Ergebnisse der Suchoperation als

$$S_{DURCHSCHNITT} = \{0,\ 5,\ 12\}$$

Hier erfordert die Ausführung der Operation (abgesehen von Transformationen) nur einen Schritt, so daß eine Komplexität von $O(1)$ vorliegt. Da aber die Daten in der Einheit gespeichert bleiben, können wiederholt weitere Operationen auf sie angewandt werden, so daß die Transformation eines Datensatzes als ein einmaliger Vorgang nur bei der Speicherung von Daten des Datensatzes durchzuführen ist.

Als ein weiteres Beispiel einer Operation sollen die Datenwörter des Datensatzes S_1 jeweils inkrementiert werden. Die Operation kann ebenfalls in nur einem Schritt durch eine simultane Rechtsverschiebung der Flags im Flagvektor F_1 ausgeführt werden:

$$F_1 = (0101001001011100\ \ 0)$$
$$0\,1\,2\,3\,.\,.\,.1\,5\ \ 1\,6$$

Dabei kann die 16. Position als eine Erweiterung des Flagvektors F_1 betrachtet werden. Die Rücktransformation führt zu folgendem Ergebnis:

$$S_{1\,INKR} = \{1,\ 3,\ 6,\ 9,\ 11,\ 12,\ 13\}$$

Auf ähnliche Weise können weitere Operationen für die Datenwörter der
so transformierten Datensätze angegeben werden, die jeweils in nur
einem Schritt ausführbar sind.

Der besondere Vorteil dieses Konzeptes liegt darin, daß im Gegensatz
zu den bekannten Verfahren teilweise die Algorithmen durch einfache
Boole'sche Verknüpfungsoperationen der Flags ersetzt werden.

Eine Erweiterung der Wortlängen der Operanden sowie eine Erhöhung der
Operandenzahl wird durch die Kaskadierung von Flagvektoren erreicht.
Dabei können beispielsweise mehrere Flagvektoren verkettet werden und
simultan zur Durchführung einer Operation herangezogen werden, so daß
auch nach der Kaskadierung die Operationen ebenfalls in nur einem
Schritt ausgeführt werden können.

Somit stellt das Konzept eine neue Grundlage zur Realisierung von
Rechnerarchitekturen zur inhaltsorientierten Verarbeitung von Daten
für vielfältige Anwendungsgebiete dar. Eine Realisierung integrierter
Schaltungsmoduln, die nach diesem Konzept arbeiten, erfordert einfache
und reguläre Schaltungsstrukturen, da die Speicherung von Daten durch
konventionelle ortsadressierbare Speicher möglich ist. Flagorientierte
Operationseinheiten gestalten sich ebenfalls als einfache Schaltnetze,
die durch PLAs (Programmable Logik Arrays) realisierbar sind. Solche
integrierte Moduln sind nach den gleichen Konzepten kaskadierbar, die
bei ortsadressierten Speichern üblich sind.

In den nächsten beiden Kapiteln werden die formalen Beschreibungen der
Flagtransformation und Flagrücktransformation angegeben.

Zur Durchführung von Verknüpfungen und Operationen mit den Flagvektoren im Bildbereich können Rechenvorschriften einer Algebra zugrunde
gelegt werden, die isomomorph zu der Boole'schen Algebra und der
Mengentheorie ist. Sie wird als **Flagalgebra** bezeichnet. Zur Formulierung von Rechenvorschriften der Flagalgebra werden Axiome und
Theoreme zugrunde gelegt, die unter Berücksichtigung spezieller
Eigenschaften der Flagvektoren analog zu der Boole'schen Algebra
angegeben werden können. Die Flagalgebra wird zur Beschreibung paralleler flagorientierter Operationen und zur architekturellen Entwicklung entsprechender Schaltkreise verwendet.

2.1 Flagtransformation

Die Flagtransformation wird als eine Abbildung von wortorientierten
Daten durch Flags verstanden.

Bei einem n bit Datenwort ist die geordnete Menge aller möglichen
Wörter (mögliche Bitkombinationen):

$$S = \{S_j \mid S_j \in \{0,1\}^n \wedge j = \sum_{k=0}^{n-1} 2^k * s_{j,k}\}$$

mit $S_u < S_v$, wenn $u < v$, wobei $u,v \in \{0..2^n-1\}$. Ein Wort S_j umfaßt die
Binärstellen $s_{j,1}$ bis $s_{j,n}$, d.h.

$$S_j = (s_{j,n-1}\ s_{j,n-2}\ ...\ s_{j,k}\ ...s_{j,1}\ s_{j,0}).$$

Die für eine gegebene Aufgabenstellung zu speichernden n bit
Datenwörter (S'_1 bis S'_q) können als eine ungeordnete Untermenge S'

aus S aufgefaßt werden, wenn man voraussetzt, daß ein Datenwort
jeweils nur einmal im Datensatz vorkommt:

$$S' = \{ S'_1, S'_2, \ldots\ldots, S'_q \} \quad \text{mit} \quad S' \subseteq S$$

Diese Voraussetzung stellt bei inhaltsadressierbaren Daten keine
Einschränkung dar, da es in den meisten Fällen ausreicht, wenn ein
Datum nur einmal im Speicher vorliegt /RAM78/. Im allgemeinen werden
die zu speichernden Daten jeweils wortorientiert mit Hilfe einer
Adresse, die den Ort des Datums festlegt, gespeichert, d.h. Daten mit
den zugehörigen Adressen bilden jeweils korrespondierende Paare
(a_j, S'_j) mit $j=1,2,3,\ldots,q$. Eine Assoziationsfunktion wird jedoch
nur auf die Daten (S'_j) angewandt. Die Adressen (a_j) werden als
Hilfsmittel zur Speicherung, zum Auslesen und zur Bearbeitung der
Daten verwendet.

Eine Elimination der Adressen für die Datenzugriffe kann erzielt
werden, wenn jedem Datum anstelle einer Adresse eine **definierte
Position** in einem Vektor der Länge 2^n mit 1-Bit-Komponenten zugeordnet
wird, wobei jedes Datum seine eigene Position selbst gemäß seines
Inhalts (Wertes) bestimmen (adressieren) kann.

Zur Elimination von Adressen bei einer Flagtransformation wird durch
eine Indikatorfunktion **FLAG** jeder Teilmenge von n bit Daten aus S ein
Boole'scher Vektor $\{0,1\}^{2^n}$ (0=false, 1=true) nach folgender Vorschrift zugewiesen:

$$\text{FLAG} : \quad P\{S\} \longrightarrow \{0, 1\}^{2^n}$$

$$\text{FLAG}(S') = F = (f_0, f_1, f_2, f_3, \ldots, f_j, \ldots, f_{2^n-1})$$

$$\begin{aligned}
&\text{mit} &&f_j = 1 &&\text{falls } S_j \in S' \\
&\text{bzw.} &&f_j = 0 &&\text{sonst} \\
&\text{und} &&j = 0, 1, 2, 3, \ldots, 2^n-1
\end{aligned}$$

Mit der Flag-Transformation, die eine bijektive Abbildung darstellt,
erhält man zur Darstellung von möglichen n-Bit Daten eines Datensatzes
einen Ein-Bit-Vektor der **Länge 2^n**. Eine Koordinate f_j des Vektors F
wird als Repräsentant des Datums S_j interpretiert und als **Flag** oder
insbesondere bei assoziativen Speichern als **"match indicating flag"**
(MIF) des Wortes S_j bezeichnet. Der Vektor F, der die Flags
beinhaltet, wird **Flagvektor** oder auch **MIF-Vektor** des Datensatzes S'
genannt. Die Flags eines Flagvektors können auch mit f_{2^n-1} beginnend
definiert werden, was nur einer anderen Reihenfolge der Flags
entspricht. Hiervon wird später zur besseren Darstellungen von
Beschreibungen gebrauch gemacht.

2.2 Flagrücktransformation

Nach der Durchführung von Operationen mit Flags als Operanden im
Bildbereich ist eine Umwandlung der Flags in ihre äquivalenten
Datenwörter im Originalbereich erforderlich. Die Umwandlung der Flags
wird durch die **inverse Flag-Abbildung (FLAG^{-1})** erreicht. Die inverse
Flag-Abbildung für einen Flagvektor

$$F = (f_0, f_1, \ldots, f_j, \ldots, f_{2^n-1}),$$

die durch $FLAG^{-1}(F)$ dargestellt wird, kann nach folgender Vorschrift gebildet werden:

$$FLAG^{-1}(F) : \{0, 1\}^{2^n} \longrightarrow P\{S\}$$
$$FLAG^{-1}(F) = S' = \{S'_1, S'_2, \ldots, S'_j, \ldots, S'_q\}$$
$$\text{mit } S'_j \in S' \longleftrightarrow f_j = 1 \quad \forall j \in \{0..2^n-1\}$$

Nach der inversen Flag-Abbildung entsteht die Menge S' gemäß der Werte ihrer Elemente als geordnete Folge, falls die inverse Abbildung für die Flags des Flagvektors F in steigender (absteigender) Reihenfolge beginnend mit f_0 (f_{2^n-1}) sequentiell durchgeführt wird.

2.3 Flagalgebra

Zur Durchführung und Implementierung von assoziativen Funktionen und mathematischen Operationen für die Daten in einem flagorientierten System werden die entsprechenden Flags eingesetzt, die jeweils einen der beiden Werte (0 oder 1) annehmen können. Damit kann mit Hilfe der Boole'schen Algebra die Verknüpfungen von Flags vorgenommen werden. Bei einer Operation mit den transformierten Daten können jedoch die einzelnen Flags nicht isoliert sondern nur innerhalb der Flagvektoren eingesetzt werden, da sonst die Position eines Flags in einem Flagvektor nicht berücksichtigt werden würde. Der kleinste Flagvektor zur Durchführung einer Operation liegt vor, wenn ein Ein-Bit-Datenwort in einen Flagvektor transformiert wird. So entsteht ein Flagvektor mit zwei definierten Flagpositionen, die als kleinste Einheit bei der Durchführung einer Operation eingesetzt werden kann. Um die Verknüpfungen mit den durch Flagvektoren dargestellten Daten als Variablen bewältigen zu können, wird eine Algebra zugrunde gelegt, die als **Flagalgebra** bezeichnet wird. Sie ist eine zu der Boole'schen Algebra und der Mengentheorie isomorphe Algebra. Die Axiome und Theoreme der Flagalgebra für die Flagpositionen entsprechen denen der Boole'schen Algebra. Mit der Flagalgebra sollen Gleichungen formuliert werden können, die beliebige Verknüpfungen von Flags in den Flagvektoren zur Bestimmung von neuen Flagvektoren ermöglichen.

Mit den im folgenden aufgeführten Betrachtungen sollen die Grundlagen der Flagalgebra in zwei Abschnitten beschrieben werden. Im ersten Abschnitt (a.) werden einige Grunddefinitionen angegeben. Der zweite Abschnitt (b.) umfaßt die Beschreibung der mit den Flagvektoren ausführbaren Grundverknüpfungen.

a. Definitionen:

Leerer Flagvektor:
Ein Flagvektor, der eine leere Menge $S'=\{\}$ repräsentiert:

$$F_{LEER} = (f_0, f_1, \ldots, f_j, \ldots, f_{2^n-1}) \text{ mit } f_j = 0 \quad \forall j \in \{0..2^n-1\})$$

Einelement-Flagvektor:
Ein Flagvektor wird als ein Einelement-Flagvektor bezeichnet, wenn nur ein Element aus den 2^n Elementen des Vektors mit "1" belegt ist. In diesem Fall umfaßt eine zur Abbildung vorliegende Menge S' nur ein Element (z.B. S_k), d.h.

$$S' = \{S_k\}$$
$$FLAG(S') = F_{S'} = (f_{s0}, f_{s1}, f_{s2}, \ldots, f_{sj}, \ldots f_{s,2^n-1})$$
$$\text{mit } f_{sj} = 1 \text{ für } j = k \text{ und } f_{sj} = 0 \text{ sonst.}$$

Damit erhält man beispielsweise für einen Datensatz S', der nur ein Element enthält, einen Flagvektor mit folgender Belegung der Flags:

$$F_{sk} = (0,0,0, \ldots ,0, 1 ,0, \ldots ,0,0)$$

Vollbesetzter Flagvektor:
Ein Flagvektor, der in allen Positionen jeweils ein Flag beinhaltet, wird als vollbesetzter Flagvektor bezeichnet, d.h.

$$F_{VOLL} = (f_0, f_1, \ldots, f_j, \ldots, f_{2^n-1}) \text{ mit } f_j = 1 \; \forall j \in \{0..2^n-1\})$$

oder $F_{VOLL} = (1,1,1,\ldots,1,1,1)$

Länge eines Flagvektors:
Die Zahl der Flagpositionen in einem Flagvektor wird als Länge des Vektors bezeichnet und durch $L(F)=|F|$ dargestellt.

Ein Flagvektor, der alle möglichen Kombinationen eines n bit Datenwortes beschreiben kann, wird als ein **vollständiger Flagvektor** bezeichnet. Er hat die Länge $L(F)=|F|=2^n$.

Die Länge eines Flagvektors kann auch verkürzt als L bezeichnet werden, wenn Verwechselungen ausgeschlossen sind.

Ordnungszahl eines Flagvektors:
Der Logarithmus-Dualis (ld) der Länge eines Flagvektors wird als Ordnungszahl des Vektors bezeichnet und durch

$$ORD(F) = ld \; |F|$$

dargestellt. Die Ordnungszahl ist identisch mit der durch einen Flagvektor repräsentierbaren Wortlänge der Daten, so daß sie auch kurz als **Wortlänge des Flagvektors** bezeichnet wird.

Beispielsweise besitzt ein Flagvektor F zur Darstellung von n bit Datenwörtern mit 2^n Flagpositionen eine Ordnungszahl von $ORD(F)=ld(2^n)=n$, d.h. seine Wortlänge ist n.

Sollen umgekehrt die Daten einer Menge $S'=\{S'_1,S'_2,\ldots,S'_q\}$ durch Flags in einem Flagvektor dargestellt werden, so kann mit der Ordnungszahl die Länge des Flagvektors bestimmt werden. Hierfür gilt:

$$L(F)=|F| = 2^{\lceil ld(S'_{jMAX}) \rceil} \quad , \text{ wobei } S'_{jMAX}=MAX(S'_j \mid S'_j \in \{S'\})$$

Füllungsgrad eines Flagvektors:
Die Anzahl der Flags in einem Flagvektor F, die einen Wert gleich "1" haben, wird als Füllungsgrad des Vektors bezeichnet, d.h.

$$G(F) = \sum_{j=0}^{|F|-1} INT(f_j)$$

Wobei $INT(f_j) \in \{0,1\}$ eine Funktion zur Umwandlung der Boole'schen Größe eines Flags f_j in ihre äquivalente numerische Größe darstellt. Mit der Funktion erhält man für $INT(false)=0$ und für $INT(true)=1$.

Der Füllungsgrad eines Flagvektors entspricht der Mächtigkeit der Menge der Daten, die er repräsentiert. Beispielsweise der

Füllungsgrad eines Flagvektors F, der die Menge

$$S' = (S_1, S_2, S_3, \ldots, S_k)$$

repräsentiert, gleich k.

Unterflagvektor (Inklusion):
Ein Flagvektor $F_2 = (f_{20}, \quad f_{21}, \quad \ldots \quad f_{2j}, \quad \ldots \quad f_{2,2^n-1})$ ist ein Unterflagvektor von $F_1 = (f_{10}, \quad f_{11}, \quad \ldots \quad f_{1j}, \quad \ldots \quad f_{1,2^n-1})$ bzw. F_2 impliziert F_1, wenn gilt:

$$F_2 \subseteq F_1 \longleftrightarrow (f_{2j}=1 \longrightarrow f_{1j}=1, \forall j \in \{0..2^n-1\})$$
mit $L = |F_1| = |F_2|$

Beispielsweise ist $F_2 \subseteq F_1$ mit $L = |F_1| = |F_2| = 8$, wenn

$$F_2 = (00010010)$$
und $\quad F_1 = (01011010),$

da die zwei Flags des Flagvektors F_2 auch im F_1 enthalten sind.

Teilflagvektor:
Ein Flagvektor $F_2 = (f_{20}, \quad f_{21}, \quad \ldots \quad f_{2j}, \quad \ldots \quad f_{2,2^n-1})$ ist ein Teilflagvektor von $F_1 = (f_{10}, \quad f_{11}, \quad \ldots \quad f_{1j}, \quad \ldots \quad f_{1,2^n-1})$ mit einem Offset-Wert k, wenn gilt:

$$F_2 \, T \, F_1 \longleftrightarrow$$
$$((L_2 \leq L_1) \wedge (0 \leq k \leq L_1 - L_2) \wedge (f_{2i} = f_{1,k+i}, \forall 0 \leq i \leq L_2 - 1))$$
mit $L_1 = |F_1|$ und $L_2 = |F_2|$.

Beispielsweise ist $F_2 \, T \, F_1$, wenn
$$F_2 = \quad (0010)$$
und $\quad F_1 = (10001010)$, wobei $k=2$ und $k+L_2-1=2+4-1=5$ gilt.
$$01234567$$

Indizierter Flagvektor:
Bei der Durchführung der Flag-Abbildung für die Daten der Menge

$$S' = \{S_1, S_2, S_3, \ldots, S_k\}$$

werden die Daten durch entsprechende Flags im Flagvektor gemäß ihren Werten sortiert. Die Reihenfolge der Daten in der ursprünglichen Menge wird bei der Abbildung nicht berücksichtigt. Falls die Daten der Menge S' jedoch die Elemente eines Vektors mit definierter Reihenfolge sind, wird durch Einführung von Indizes die Reihenfolge der Daten nach der Flag-Abbildung aufrecht erhalten. Liegt beispielsweise eine Menge

$$S' = \{S_1, S_2, S_3, S_4\} = \{4, 2, 0, 7\}$$

zur Durchführung der Flag-Abbildung vor. Das Resultat der Abbildung ist ein Flagvektor

$$F = (1 \; 0 \; 1 \; 0 \; 1 \; 0 \; 0 \; 1)$$
$$0 \; 1 \; 2 \; 3 \; 4 \; 5 \; 6 \; 7$$
Im Flagvektor liegen die zugehörigen Flags der Daten nun sortiert mit der Reihenfolge 0, 2, 4, und 7 vor.

Soll ein Hinweis auf die ursprüngliche Reihenfolge der Daten erhalten bleiben, so werden die Flags jeweils mit einem Index erweitert. Der Index gibt die Position des zugehörigen Datums in der Menge S' an:

$F_{INDIZIERT} = (1_3 \ 0 \ 1_2 \ 0 \ 1_1 \ 0 \ 0 \ 1_4)$

Diese Darstellungsform führt zu einer Datenstruktur der Form $S_i = [S_i, \ i]$, wobei S_i den Wert eines Datums und i den zugehörigen Index darstellt. Beide Teile können zu einem Datenwort kombiniert betrachtet und bei der Transformation zugrunde gelegt werden, so daß die Daten in einem Flagvektor darstellbar sind. Die Transformation derartiger Datenstrukturen wird im Kap. 6.2 in Verbindung mit horizontaler Kaskadierung von assoziativen Speichern mit Flagvektoren ausführlich beschrieben.

Eine andere Darstellungsform erhält man, wenn die Daten der Menge S' nach der Abbildung durch einen Flagvektor $F=(f_j, \ j=0..L-1)$ und einen **Indexvektor** $I=(i_j, \ j=0..L-1)$ repräsentiert werden. Dabei werden die Flags im Flagvektor (F) und die Indizes in einem zweiten Indexvektor (I) dargestellt. Falls eine Position j im Flagvektor besetzt ist ($f_j=1$), so enthält die gleiche Position des Indexvektors die zugehörige Indexzahl.

Damit gilt für das angegebene Beispiel :

Flagvektor : F = (1 0 1 0 1 0 0 1)
Indexvektor : I = (3 0 2 0 1 0 0 4)

In dieser Darstellungsform sind nur solche Positionen im Indexvektor besetzt, die jeweils durch ein Flag im Flagvektor markiert sind. Die restlichen Positionen sind jeweils gleich Null.

Äquivalente Flagvektoren:
Zwei Flagvektoren $F_1=(f_{10}, \ f_{11}, \ ... \ f_{1j}, \ ... \ f_{1,2^n-1})$ und $F_2=(f_{20}, \ f_{21}, \ ... \ f_{2j}, \ ... \ f_{2,2^n-1})$ sind äquivalent, wenn gilt

$F_1 \equiv F_2 \longleftrightarrow (f_{1j}=f_{2j} \ , \ \forall j \in \{0..L-1\})$ mit $L=|F_1|=|F_2|$.

Für zwei indizierte Flagvektoren F_1 und F_2 gilt, daß zusätzlich die zugehörigen Indexvektoren $I_1=(i_{1j}, \ j=0..L-1)$ und $I_2=(i_{2j}, \ j=0..L-1)$ gleich sein müssen, d.h.

$F_1 \equiv F_2 \longleftrightarrow ((f_{1j}=f_{2j}) \wedge (i_{1j}=i_{2j}), \ \forall j \in \{0..L-1\})$ mit $L=|F_1|=|F_2|$.

Flagvektorsysteme:
Flagvektorsysteme sind Vektorgebilde, die sich aus mehreren Flagvektoren zusammensetzen, so daß Matrizen aus Flags entstehen.

Besondere Bedeutung für spätere Betrachtungen haben einige Sonderformen dieser Vektorsysteme, die hier angegeben werden:

Spalten- (vertikales) Flagvektorsystem:
Ein Flagvektorsystem, das durch vertikale Anordnung von Flagvektoren gleicher Länge (z.B. mit jeweils n bit) gebildet wird:

$$F_{VERTIKAL} = \begin{pmatrix} F_0 \\ F_1 \\ \cdot \\ \cdot \\ \cdot \\ F_{k-1} \end{pmatrix}$$

Dabei gilt, daß die Länge $|F_j|=2^n$ $\forall j \in \{0..k-1\}$ und die Länge $|F_{VERTIKAL}|=k$ sind. Die Gesamtzahl der Flagpositionen ist $k*2^n$.

Zeilen- (horizontales) Flagvektorsystem:
Ein Flagvektorsystem, das durch horizontale Anordnung von Flagvektoren gleicher Länge (n bit) erstellt wird:

$$F_{HORIZONTAL}=(F_0, F_1, F_2, ..., F_{k-1})$$

Dabei gilt, daß die Länge $|F_j|=2^n$ $\forall j \in \{0..k-1\}$ und die Länge $|F_{HORIZONTAL}|=k$ sind. Die Gesamtzahl der Flagpositionen ist $k*2^n$.

Mehrdimensionales Flagvektorsystem:
Während $F_{VERTIKAL}$ und $F_{HORIZONTAL}$ jeweils eindimensionale Flagvektorsysteme darstellen, beinhaltet ein mehrdimensionales Flagvektorsystem Flagvektoren gleicher Länge in mehreren Dimensionen. Beispielsweise beinhaltet ein zweidimensionales System sowohl vertikal als auch horizontal Flagvektoren:

$$F = (F_{ij}) \quad \text{mit} \quad i=0,1,2,3...p-1 \quad \text{und} \quad j=0,1,2,3...q-1$$

oder

$$F = \begin{vmatrix} F_{0,0} & F_{0,1} & \cdots & F_{0,p-1} \\ F_{1,0} & F_{1,1} & \cdots & F_{1,p-1} \\ \cdot & \cdot & & \cdot \\ \cdot & \cdot & F_{ij} & \cdot \\ \cdot & \cdot & & \cdot \\ \cdot & \cdot & & \cdot \\ F_{q-1,0} & F_{q-1,1} & \cdots & F_{q-1,p-1} \end{vmatrix}$$

Dabei sollen die Flagvektoren jeweils die gleiche Länge k haben, d.h. $F_{ij}=(f_{ij0}, f_{ij1}, f_{ij2}, ..., f_{ijL-1})$ bzw. $|F_{ij}|=L=2^n$.

Verkettung von Flagvektoren:
Sind mehrere Flagvektoren in einem Flagvektorsystem zusammengefaßt, so wird durch diese Verkettung das Flagvektorsystem in einen Gesamtflagvektor umgewandelt. Dabei ist die Länge des neuen Vektors die Summe der Längen einzelner Flagvektoren. Beispielsweise liegt ein Flagvektorsystem

$$F=(F_0, F_1,... ,F_j ... , F_{k-1})$$

vor, das durch die Verkettung seiner Elemente F_j (j=0..k-1), die jeweils eine Länge von L aufweisen, in einen Gesamtflagvektor umgewandelt werden soll. Der neue Flagvektor lautet:

$$F_j=(f_{j,i}) \quad \forall i \in \{0..L-1\} \quad \text{und} \quad \forall j \in \{0..k-1\}.$$

Die Länge des neuen Vektors beträgt:

$$|F| = |F_0|+|F_1|+ ... +|F_{k-1}| = \sum_{j=0}^{k-1} |F_j| = k*|F_j| = k*L = k*2^n$$

Diese Verkettungsoperation stellt eine Kaskadierung von gleichartigen Moduln dar, die zur Realisierung eines größeren Flagvektors eingesetzt werden kann, wobei die Wortlänge des Vektors und auch der Umfang der repräsentierbaren Daten erhöht werden.

<u>Zerlegung von Flagvektoren</u> :
Die komplementäre Operation zur Verkettung von Flagvektoren wird
als **Zerlegungsoperation** bezeichnet. Dabei werden die Flags eines
Vektors in Gruppen aufgeteilt. Die Flaggruppen erzeugen jeweils
einen Flagvektor, der als **Teilflagvektor** des ursprünglichen
Flagvektors gilt. Die Teilflagvektoren bilden gemeinsam ein
Flagvektorsystem.

b. Grundoperationen mit Flagvektoren:

<u>Komplement eines Flagvektors:</u>
Das Komplement eines Flagvektors $F=(f_j \mid j\in\{0..2^n-1\})$ wird
definiert als:

$$\overline{F}=(\overline{f_j} \mid j\in\{0..2^n-1\})$$

Für einen Einelement-Flagvektor F_{sk} erhält man nach dieser
Vorschrift das Komplement:

$$\overline{F_{sk}}=(1,1,1, \ \ldots \ ,1, \ 0 \ ,1, \ \ldots \ ,1,1)$$

<u>Vereinigung von Flagvektoren:</u>
Die Vereinigung zweier Flagvektoren $F_1=(f_{1j} \mid j\in\{0..L_1-1\})$ und
$F_2=(f_{2j} \mid j\in\{0..L_2-1\})$ wird definiert durch

$$F_{VER}=F_1 \cup F_2 \longleftrightarrow (f_{jVER}=f_{1j}\vee f_{2j}, \ \forall j\in\{0..L-1\}) \text{ mit } L=|F_1|=|F_2|.$$

<u>Durchschnitt von Flagvektoren:</u>
Den Durchschnitt zweier Flagvektoren $F_1=(f_{1j} \mid j\in\{0..L_1-1\})$ und
$F_2=(f_{2j} \mid j\in\{0..L_2-1\})$ erhält man mit der Beziehung

$$F_{DUR}=F_1 \cap F_2 \longleftrightarrow (f_{jDUR}=f_{1j}\wedge f_{2j}, \ \forall j\in\{0..L-1\}) \text{ mit } L=|F_1|=|F_2|.$$

Zwei Flagvektoren heißen disjunkt, wenn das Ergebnis der
Durchschnittsverknüpfung ein leerer Flagvektor ist.

<u>Äquivalenz-Funktion:</u>
Die Äquivalenz-Funktion zweier Vektoren $F_1=(f_{1j} \mid j\in\{0..L_1-1\})$
und $F_2=(f_{2j} \mid j\in\{0..L_2-1\})$ wird bestimmt als

$$F_{XQU}=(F_1\equiv F_2), \text{ oder } f_{jXQU}=(f_{1j}\equiv f_{2j}) \text{ für } j=0..L-1 \text{ und } L=|F_1|=|F_2|.$$
Beispiel: Für $F_1=(0101)$ und $F_2=(1001)$ gilt:
$$F_{XQU} = [(0101)\equiv(0011)] = (1001)$$

<u>Symmetrische Differenz (EXOR-Funktion):</u>
Die symmetrische Differenz zweier Vektoren wird definiert als

$$F_{SYM}=(F_1 \# F_2), \text{ oder } f_{jSYM}=(f_{1j}\# f_{2j}) \text{ für } j=0..L-1 \text{ und } L=|F_1|=|F_2|.$$

Beispiel: $F_{SYM} = [(0101)\#(0011)] = (0110)$

An den Verknüpfungsoperationen Vereinigung, Durchschnitt, Äquivalenz
und symmetrische Differenz können auch mehrere Flagvektoren beteiligt
sein. Da die Flags bei diesen Operationen jeweils durch Boole'sche
Größen dargestellt werden, gelten für diese Operationen das **Assozia-
tiv-das Kommutativ-** und das **Absorptionsgesetz**.

Unsymmetrische Differenz zweier Flagvektoren:

Die unsymmetrische Differenz zweier Flagvektoren wird definiert durch

$$F_{UNSYM} = (F_1 - F_2) = (F_1 \cap \overline{F_2})$$

oder

$$f_{j\,UNSYM} = (f_{1j} \wedge \overline{f_{2j}}) \quad \text{mit } j=0..L-1 \quad \text{und } L = |F_1| = |F_2|.$$

Beispiel: Die Differenz der Flagvektoren F_1 und F_2 ist:

$$F_1 - F_2 = (0101) - (0011) = (0100) = F'$$

Aber $\quad F_2 - F_1 = (0011) - (0101) = (0010) = F''$

Damit ist F' ungleich F''!

Produkt zweier Flagvektoren:

In den bisher betrachteten Verknüpfungsoperationen wurden eindimensionale Flagvektoren eingesetzt. Das Ergebnis einer Operation war wiederum ein eindimensionaler Flagvektor.

Man kann auf vielfältigste Weise Verknüpfungen von Flagvektoren vornehmen, die z.B. als Ergebnis der Verknüpfung zweier eindimensionaler Flagvektoren ein Flagvektorsystem (zwei- oder mehrdimensionale Flagvektoren) liefern.

Als Beispiel soll hier jedoch nur eine derartige Verknüpfungsoperation als Produkt zweier Flagvektoren $F_1 \wedge F_2$ mit $|F_1| = |F_2| = k$ angegeben werden, die für spätere Betrachtungen relevant ist. Das Produkt zweier Flagvektoren wird definiert durch folgende Beziehung:

$$F_P = F_1 \wedge F_2 = \begin{pmatrix} f_{10} \wedge f_{20} & f_{10} \wedge f_{21} & f_{10} \wedge f_{22} & \cdots & f_{10} \wedge f_{2k-1} \\ f_{11} \wedge f_{20} & f_{11} \wedge f_{21} & f_{11} \wedge f_{22} & \cdots & f_{11} \wedge f_{2k-1} \\ & & & & \\ \vdots & \vdots & \vdots & & \vdots \\ & & & & \\ f_{1k-1} \wedge f_{20} & f_{1k-1} \wedge f_{21} & f_{1k-1} \wedge f_{22} & \cdots & f_{1k-1} \wedge f_{2k-1} \end{pmatrix}$$

Addition zweier Flagvektoren :

Zwei Flagvektoren F_1 und F_2 können addiert werden, d.h.

$$F_{SUM} = F_1 + F_2 = (f_{1SUM} \mid f_{1SUM} = f_{1j} \# f_{2j} \# U_j \;\; \forall j \in \{0..L-1\}) \wedge$$
$$(U_j = (f_{1j-1} \wedge f_{2j-1}) \vee (f_{1j-1} \wedge U_{j-1}) \vee (f_{2j-1} \wedge U_{j-1}),$$
$$\forall j \in \{1..L-1\}) \quad \text{mit } L = |F_1| = |F_2|.$$

Falls $F_1 = F_2$ ist, so kann mit der Addition $F_{SUM} = F_1 + F_1 = 2*F_1$ als Ergebnis ein Flagvektor ermittelt werden, in dem die Flags jeweils die um 1 inkrementierten Datenwörter im Originalbereich repräsentieren, d.h.

$$FLAG^{-1}(F_1) = \{S_1, S_2, \ldots, S_k\}$$

und $\quad FLAG^{-1}(F_{SUM}) = \{S_1+1, S_2+1, \ldots, S_k+1\}.$

Beispielsweise sei der Flagvektor

$$F_1 = (0\ 0\ 1\ 1\ 0\ 1\ 0\ 1)$$
$$7\ 6\ 5\ 4\ 3\ 2\ 1\ 0$$

gegeben, der die Daten (5,4,2,0) in absteigender Reihenfolge[4] repräsentiert. Durch die Addition F_1+F_1 erhält man einen Flagvektor

$$F_{SUM} = (0\ \underset{7}{1}\ \underset{6}{1}\ \underset{5}{0}\ \underset{4}{1}\ \underset{3}{0}\ \underset{2}{1}\ \underset{1}{0})_0$$

als Ergebnis, der die inkrementierten Daten (6,5,3,1) repräsentiert.

Inversion von Daten:
Eine Invertierung von durch einen Flagvektor

$$F = (f_j \mid \forall j \in \{0 .. 2^n - 1\})$$

repräsentierten Datenwörtern eines Datensatzes wird als Flagvektor F_{INV} definiert:

$$F_{INV} = (f_{jINV} \mid f_{jINV} = f_{(2^n-1)-j}, \quad \forall j \in \{0 .. 2^n - 1\}).$$

Diesen Flagvektor erhält man durch eine Spiegelung aller Flagpositionen des Flagvektors F, d.h. die Flags f_j $(j=0 .. 2^n-1)$ werden im Flagvektor gemäß Abb. 2.3.1 gespiegelt.

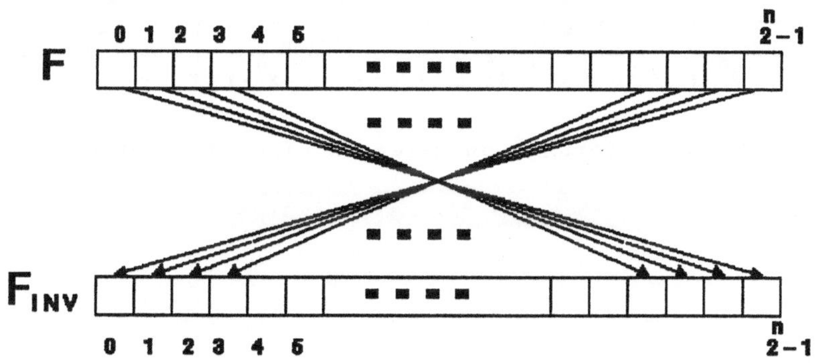

Abbildung 2.3.1: Invertierung von Daten durch Spiegelung der Flags in einem Flagvektor

Im Originalbereich entspricht diese Operation einer Boole'schen Invertierung von Datenwörtern des durch den Flagvektor dargestellten Datensatzes, d.h.

$$FLAG^{-1}(F) = \{S_1, S_2, \ldots, S_k\}$$

und $FLAG^{-1}(F_{INV}) = \{\overline{S_1}, \overline{S_2}, \ldots, \overline{S_k}\}$.

Der Flagvektor F_{INV} repräsentiert also als Ergebnis der Operation die invertierten Daten des Datensatzes.

Die Operation kann auch segmentweise für die Teilflagvektoren eines Flagvektorsystems durchgeführt werden, was bei der Kaskadierung von Flagvektoren von Bedeutung ist. Beispielsweise sollen die Elemente eines Datensatzes, der durch ein Flagvektorsystem F mit vier Flagvektoren F_0 bis F_3 beschrieben wird (Abb. 2.3.2), invertiert werden:

Im ersten Schritt werden die Flags in den einzelnen Flagvektoren F_0 bis F_3 jeweils nach o.a. Vorschrift (Spiegelung) manipuliert (Abb. 2.3.2a). Im zweiten Schritt werden die Flagvektoren F_0 bis F_3 selbst als Flags betrachtet und ihre Reihenfolge vertauscht, so daß nun die Reihenfolge F_3 bis F_0 vorliegt (Abb. 3.2.2b).

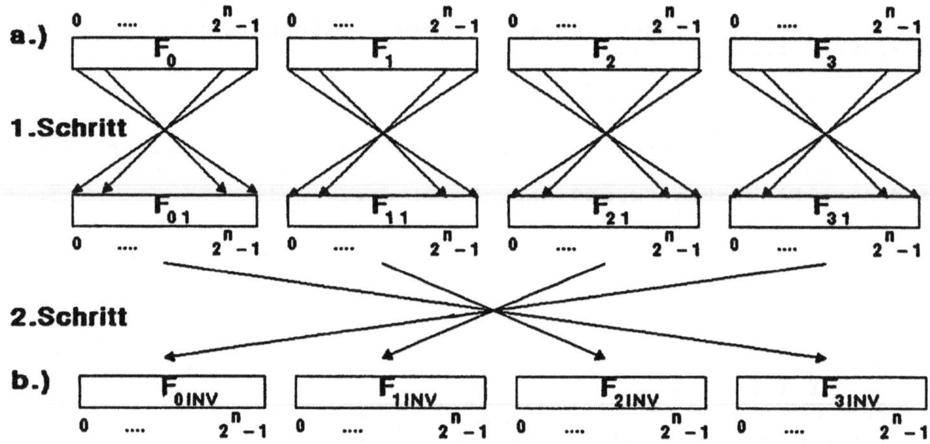

Abbildung 2.3.2: Invertierung von Daten in einem Flagvektorsystem

3. Grundkonzept einer flagorientierten Einheit

3.1 Speicherung von Flags

Die Speicherung eines Flags f_j, das als eine binäre Information das Datenwort S_j repräsentiert, erfordert nur eine Speicherzelle. Damit kann zur Speicherung von Elementen eines vollständigen Flagvektors für n bit Daten eine lineare Speicheranordnung mit 2^n Speicherzellen eingesetzt werden, die als **Flagspeichervektor** bezeichnet wird (Abb. 3.1.1a). In einer solchen Speicheranordnung kann ein Datensatz mit bis zu 2^n Datenwörtern bestehend aus jeweils n bit durch den zugehörigen Flagvektor gespeichert werden.

3.2 Transformationseinheit

Im Flagspeicher ist für jedes mögliche Datum S_j $(j=0..2^n-1)$ aus der Menge S die Flagspeicherzelle (MIF-Speicherzelle) an der Position j reserviert, die zur Speicherung des zugehörigen Flags f_j verwendet wird. Damit liegt eine geordnete Anordnung von 2^n Flagspeicherzellen vor, die jeweils durch ihre **Positionen** in der Anordnung mit den zu speichernden n bit Wortinhalten (S_j , $j=0..2^n-1$) in Korrespondenz stehen. Eine Größe S_j in dieser Speicheranordnung gilt als gespeichert, wenn die Flagspeicherzelle an der Position j einen Inhalt gleich 1 aufweist. Andernfalls gilt sie als nicht gespeichert.

In einer flagorientierten Speicheranordnung kann die Position einer Flagzelle des Flagspeichervektors als die "Adresse" des korrespondierenden Datums interpretiert werden, die bei seiner Speicherung in einem wortorientierten Speicher notwendig wäre, d.h. die Position eines Flags im Flagvektor ersetzt die Adresse in einem konventionellen Schreib/Lese-Speicher (RAM).

Zum Speichern und zum Austragen (Löschen) von Flags, die die Grundoperationen in einem Datenspeicher darstellen, ist ein Zugriff zu den entsprechenden Speicherzellen durch einen Zugriffsmechanismus erforderlich. Der Zugriffsmechanismus zum Setzen bzw. Entfernen eines Flags j wird direkt aus dem Inhalt des Wortes S_j mittels angegebener Flag-Abbildung gewonnen. Prinzipiell kann die Schaltungsanordnung zur Durchführung der Abbildung durch einen Decoder angegeben werden (Abb. 3.1.1b).

Unter Annahme, daß zu jedem Zeitpunkt nur ein Datenwort zur Abbildung vorliegt, entspricht die Decoderschaltung dem Adressdecoder eines konventionellen RAMs. Er stellt also einen n-zu-$(1$-aus-$2^n)$-Decoder dar, der für jedes Datenwort ein entsprechendes Flag erzeugt. Das erzeugte Flag kann zur Manipulation des Inhalts der zugehörigen Speicherzelle, d.h. für das Setzen bzw. für das Löschen des Flags, verwendet werden. Eine simultane Abbildung von mehreren Datenwörtern kann z. B. durch Parallelschaltung der o. g. Decoder realisiert werden. Speziell zur Realisierung von assoziativen Speichersystemen kann jedoch eine simultane Generierung von Flags durch Maskierung von Daten in Betracht gezogen werden, die im folgenden erläutert wird.

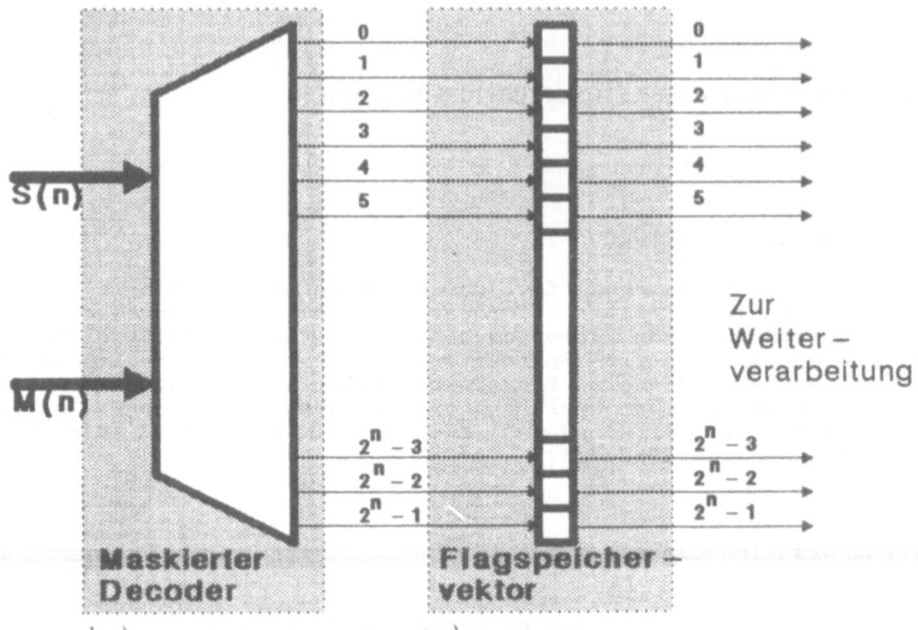

Abbildung 3.1.1: a.) Speichervektor zur Speicherung von Flags
b.) Maskierter Decoder zur Durchführung der
Flagtransformation

3.2.1 Maskierung von Daten

Durch die Maskierung eines Datenwortes wird im allgemeinen der
unbekannte Teil eines Wortes gekennzeichnet. Eine selektive Maskierung
von (n) Bitpositionen eines Datenwortes S_i wird mit einem (n bit)
Maskenwort M_i vorgenommen.

Bei einem n-Bit Datenwort existieren 2^n mögliche, unterschiedliche
Wörter. Falls ein Datenwort

$$S_i = (s_{i,n} \; s_{i,n-1} \; \ldots \; s_{i,j} \; \ldots \; s_{i,2} \; s_{i,1})$$

vorliegt, so handelt es sich um eine der 2^n möglichen Kombinationen,
wenn das Wort nicht maskiert ($M_i = 0$) ist. Für ein Datenwort S_i, das mit
einem beliebigen Maskenwort maskiert ist ($M_i \# 0$), können die maskierten
Bitpositionen des Datenwortes beliebige Bitkombinationen annehmen, so
daß mehrere Kombinationen des Datenwortes entstehen. Die möglichen
Kombinationen werden mit Hilfe des Maskenwortes bestimmt. Ist
beispielsweise ein Bit (z.B. LSB) des Suchargumentes mit dem Maskenwort M=000...001 maskiert, so kann die maskierte Bitposition entweder
0 oder 1 sein, d.h. es gibt zwei mögliche Wörter

$$S_i{}' = (s_{i,n} \, s_{i,n-1} \; \ldots \; s_{i,j} \; \ldots \; s_{i,2} \; \mathbf{0})$$
und $$S_i{}'' = (s_{i,n} \, s_{i,n-1} \; \ldots \; s_{i,j} \; \ldots \; s_{i,2} \; \mathbf{1})$$

die als Kombinationen des maskierten Datenwortes entstehen. Nach der
Zusammenfassung dieser Daten in einer Menge $S_M = \{S_i{}', \; S_i{}''\}$ und Durchführung der FLAG-Abbildung erhält man in Abhängigkeit der nichtmaskierten Bitpositionen des Wortes S_i einen Flagvektor mit zwei
benachbarten Flags (Füllungsgrad $G_M = 2$):

$$F_M = (0,0,\ldots,0,0,1,1,0,0,\ldots,0,0)$$

Bei einer weiteren maskierten Bitstelle erhält man zwei maskierte Bitstellen des Datenwortes, die vier (2^2) Kombinationen (00, 01, 10 und 11) annehmen und einen Flagvektor mit dem Füllungsgrad 4 erzeugen. Im allgemeinen Fall bei q maskierten Stellen eines Datenwortes S_i können 2^q mögliche Kombinationen des maskierten Datenwortes entstehen, die durch einen Flagvektor mit dem Füllungsgrad 2^q repräsentiert werden.

Beispiel :

Es sei ein 5-Bit-Datenwort S=(XX1X0) gegeben, das drei unbekannte (=X) Bitpositionen beinhaltet. Diese Bitpositionen werden mit einem Maskenwort M=(11010) gekennzeichnet, d.h. maskiert. Als mögliche Kombinationen des Datenwortes sind zu betrachten:

$$S_1 = (00100)$$
$$S_2 = (00110)$$
$$S_3 = (01100)$$
$$S_4 = (01110)$$
$$S_5 = (10100)$$
$$S_6 = (10110)$$
$$S_7 = (11100)$$
$$S_8 = (11110)$$

Aus diesen Datenwörtern wird der Datensatz

$$S_M = \{S_1, S_2, S_3, S_4, S_5, S_6, S_7, S_8\}$$

erstellt, der zu dem folgenden Flagvektor mit einer Länge von $L(F)=2^5=32$ und einem Füllungsgrad $G_M(F)=2^3=8$ führt:

$$F_M = (f_{Mj}, j=0..2^5-1) = (00001010\ 00001010\ 00001010\ 00001010)$$

Die Maskierung von Daten kann bei der Durchführung der Flagtransformation Berücksichtigung finden. Hierfür wird die Funktion des Decoders nach o.a. Vorschrift erweitert, so daß ein erweiterter Decoder gegenüber dem bei den RAM's üblichen Decoder entsteht, der als Eingänge sowohl das Datenwort als auch das Maskenwort besitzt. Dieser Decoder wird als **maskierter Decoder** bezeichnet.

Die Realisierung eines maskierten Dekoders wird mit Hilfe der Tab. 3.2.1 demonstriert, die als ein Beispiel für 3 bit Datenwörter aufgestellt ist. Je nach Zahl und Wertigkeit der maskierten Bitstellen des Suchwortes kann mit den in Tab. 3.2.1 angegebenen Kombinationen bestimmt werden, welcher Flagvektor F_M zur Adressierung von Speicherzellen generiert werden soll.

Tab. 3.2.1 enthält in den ersten zwei Spalten die für 3 bit Masken- und Suchwort möglichen Kombinationen. In der dritten Spalte sind die zugehörigen Flagvektoren angegeben. Bei 3 bit Daten beträgt die Länge der Vektoren jeweils $2^3=8$, so daß im Speicher maximal 8 Speicherzellen notwendig sind, die jeweils mit den Flags selbst als Adressen f_0 bis f_7 adressiert werden können. Weiterhin sind in der 4. und 5. Spalte der Tabelle jeweils die Anzahl der maskierten Bitstellen eines Suchwortes und der Füllungsgrad (G_M) des Flagvektors angegeben.

Maskenwort			Sucharg./ Dateneing.			Flagvektor F_M bzw. die zu adressierenden MIF-Zellen								Anzahl der maskierten Bitstellen	Füllungs- grad G_M
m_3	m_2	m_1	s_3	s_2	s_1	f_6	f_5	f_4	f_3	f_2	f_2	f_1	f_0		
0	0	0	0	0	0	0	0	0	0	0	0	0	1	0	1
0	0	0	0	0	1	0	0	0	0	0	0	1	0	0	1
	"		0	1	0	0	0	0	0	0	1	0	0	0	1
	"		0	1	1	0	0	0	0	1	0	0	0	0	1
	"		1	0	0	0	0	0	1	0	0	0	0	0	1
	"		1	0	1	0	0	1	0	0	0	0	0	0	1
	"		1	1	0	0	1	0	0	0	0	0	0	0	1
0	0	0	1	1	1	1	0	0	0	0	0	0	0	0	1
0	0	1	0	0	X	0	0	0	0	0	0	1	1	1	2
0	0	1	0	1	X	0	0	0	0	1	1	0	0	1	2
0	0	1	1	0	X	0	0	1	1	0	0	0	0	1	2
0	0	1	1	1	X	1	1	0	0	0	0	0	0	1	2
0	1	0	0	X	0	0	0	0	0	0	1	0	1	1	2
0	1	0	0	X	1	0	0	0	0	1	0	1	0	1	2
0	1	0	1	X	0	0	1	0	1	0	0	0	0	1	2
0	1	0	1	X	1	1	0	1	0	0	0	0	0	1	2
0	1	1	0	X	X	0	0	0	0	1	1	1	1	2	4
0	1	1	1	X	X	1	1	1	1	0	0	0	0	2	4
1	0	0	X	0	0	0	0	0	1	0	0	0	1	1	2
1	0	0	X	0	1	0	0	1	0	0	0	1	0	1	2
1	0	0	X	1	0	0	1	0	0	0	1	0	0	1	2
1	0	0	X	1	1	1	0	0	0	1	0	0	0	1	2
1	0	1	X	0	X	0	0	1	1	0	0	1	1	2	4
1	0	1	X	1	X	1	1	0	0	1	1	0	0	2	4
1	1	0	X	X	0	0	1	0	1	0	1	0	1	2	4
1	1	0	X	X	1	1	0	1	0	1	0	1	0	2	4
1	1	1	X	X	X	1	1	1	1	1	1	1	1	3	8

Tabelle 3.2.1: Bestimmung der Flagvektoren zur Adressierung des Flagspeichers für den Fall einer Maskierung der Suchargumente und Daten (X = beliebig, 0 oder 1)

Aus den ersten drei Spalten der Tabelle können die Beziehungen zur Realisierung der Decoder-Schaltung (Abb. 3.2.1) des Speichers mit der Möglichkeit einer Maskierung der Suchargumente als minimierte Gleichungen 3.2.1 bis 3.2.8 für ein 3 bit Assoziativspeicher-Beispiel gewonnen werden:

$$\overline{f_0} = (\overline{m_3} \wedge s_3) \vee (\overline{m_2} \wedge s_2) \vee (\overline{m_1} \wedge s_1) \qquad (3.2.1)$$

$$\overline{f_1} = (\overline{m_3} \wedge s_3) \vee (\overline{m_2} \wedge s_2) \vee (\overline{m_1} \wedge \overline{s_1}) \qquad (3.2.2)$$

$$\overline{f_2} = (\overline{m_3} \wedge s_3) \vee (\overline{m_2} \wedge \overline{s_2}) \vee (\overline{m_1} \wedge s_1) \qquad (3.2.3)$$

$$\overline{f_3} = (\overline{m_3} \wedge s_3) \vee (\overline{m_2} \wedge \overline{s_2}) \vee (\overline{m_1} \wedge \overline{s_1}) \qquad (3.2.4)$$

$$\overline{f_4} = (\overline{m_3} \wedge \overline{s_3}) \vee (\overline{m_2} \wedge s_2) \vee (\overline{m_1} \wedge s_1) \qquad (3.2.5)$$

$$\bar{f}_5 = (\bar{m}_3 \wedge \bar{s}_3) \lor (\bar{m}_2 \wedge s_2) \lor (\bar{m}_1 \wedge \bar{s}_1) \qquad (3.2.6)$$

$$\bar{f}_6 = (\bar{m}_3 \wedge \bar{s}_3) \lor (\bar{m}_2 \wedge \bar{s}_2) \lor (\bar{m}_1 \wedge s_1) \qquad (3.2.7)$$

$$\bar{f}_7 = (\bar{m}_3 \wedge \bar{s}_3) \lor (\bar{m}_2 \wedge \bar{s}_2) \lor (\bar{m}_1 \wedge \bar{s}_1) \qquad (3.2.8)$$

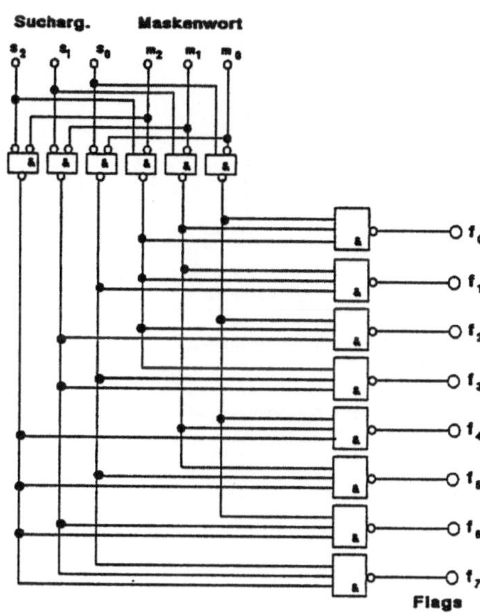

Abbildung 3.2.1: Schaltungsbeispiel eines maskierten Decoders für 3 bit Datenwörter

3.3. Grundoperationen in einem flagorientierten Assoziativspeicher

Im folgenden sollen mit Hilfe der angegebenen Definitionen und Rechenvorschriften die Operationen beschrieben werden, die als Speicheroperationen in einer Anordnung, bestehend aus maskiertem Decoder und dem Flagspeichervektor, möglich sind. Neben der Erläuterung von Schreib- und Leseoperationen im Speicher sollen auch einige abstrakte Modelle entwickelt werden, die aus den Speicheroperationen abgeleitet und als Grundlage zur Hardware-Realisierung von flagorientierten Speicher- und Operationseinheiten betrachtet werden können.

3.3.1 Schreiboperation

Eine Schreiboperation (Ergänzungsoperation, Write-Operation) liegt vor, wenn die Elemente eines Flagvektors $F = (f_j, \; j = 0..2^n - 1)$ mit den Elementen eines weiteren Flagvektors $F_s = (fs_j, \; j = 0..2^n - 1)$ erweitert werden sollen.

Falls Fs ein Einelement-Flagvektor (d.h. Maskenwort M=0) ist, so
handelt es sich um eine einfache Schreiboperation (single write).
Enthält Fs jedoch mehrere Elemente (beispielsweise durch Maskierung),
so kann der Vorgang als eine simultane Ergänzung des Vektors F
betrachtet werden (multi write).

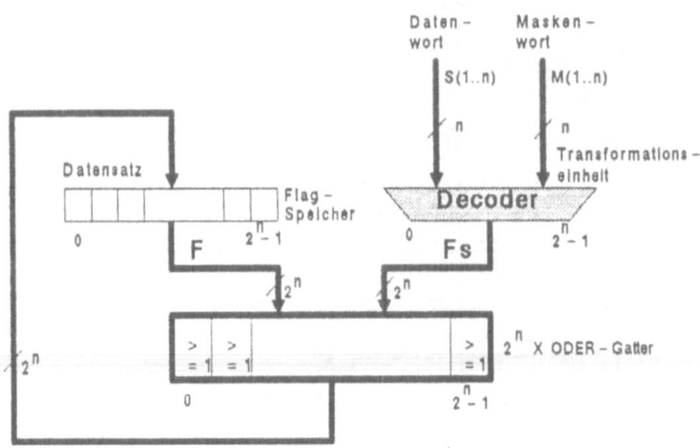

Abbildung 3.3.1: Schaltungsmodell zur Darstellung der Schreiboperation in einem flagorientierten Speicher

Die Schreiboperation kann durch die Vereinigung beider Flagvektoren
beschrieben werden:

$$F := F \lor Fs \quad , \quad d.h. \quad f_j := f_j \lor fs_j \quad mit \quad j=0,1,2,\ldots,2^n-1.$$

Das Ergebnis der Verknüpfung in dieser Beziehung ist wiederum durch
den Flagvektor F dargestellt. Der neue Vektor F enthält die Elemente
beider Vektoren.

Ein Schaltungsmodell, das die Schreiboperation durch eine
Blockschaltung darstellt, ist in Abb. 3.3.1 angegeben. Das Modell
beinhaltet einen Flagspeichervektor F, einen maskierten Decoder zur
Generierung des Flagvektors Fs für das am Eingang vorliegende Datum
mit dem zugehörigen Maskenwort sowie die Disjunktionsglieder zur
paarweisen Vereinigung der Flags beider Vektoren. Das Ergebnis wird im
Flagvektor F gespeichert.

3.3.2 Löschen von Daten

Bei einer inhaltsorientierten Verarbeitung eines Datensatzes $F=(f_j,$
$j=0..2^n-1)$ ist es notwendig, daß er während der Verarbeitung durch
Löschen bestimmter Daten aktualisiert wird. Die zu entfernenden Daten

sollen in einem weiteren Flagvektor $Fs = (fs_j, \quad j = 0..2^n - 1)$ spezifiziert werden. Das Löschen von Daten kann durch die unsymetrische Differenz beider Flagvektoren F und Fs beschrieben werden:

$$F := F - Fs \quad , \text{ d.h. } \quad f_j := f_j \wedge \overline{fs_j} \quad \text{ mit } j = 0,1,2,\ldots,2^n - 1$$

Mit dieser Funktion werden die Flags der zu entfernenden Daten jeweils durch "0" ersetzt. Dadurch wird angezeigt, daß die korrespondierenden Datenwörter als nicht vorrätig gelten.

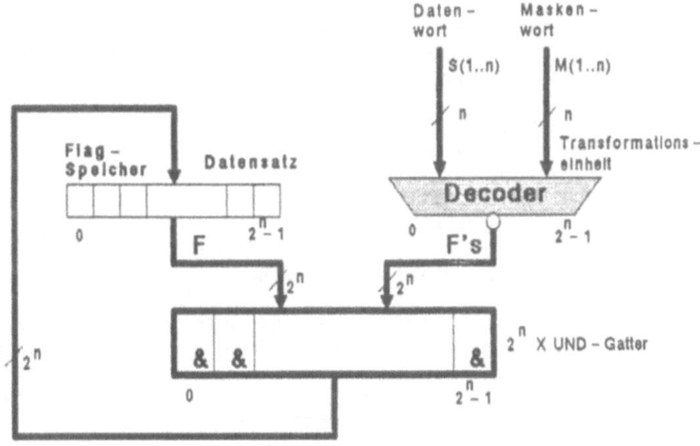

Abbildung 3.3.2: Schaltungsmodell zum Löschen von Daten aus einem flagorientierten Speicher

Ein Sonderfall liegt vor, wenn alle Elemente des Flagvektors F jeweils durch "0" ersetzt werden sollen, so daß ein leerer Flagvektor entsteht. Dieser Fall kommt einer Initialisierung eines (assoziativen) Speichers gleich (vgl. Kap. 3.4), die beim Einsatz oder Test solcher Speicher notwendig sein kann. Das Initialisieren des Flagvektors F kann mit einem vollbesetzten Flagvektor $Fs = (fs_j = 1, \quad j = 0..2^n - 1)$ vorgenommen werden.

Ein Schaltungsmodell zur Darstellung dieser Operation ist in Abb. 3.3.2 angegeben, das im Vergleich zu dem Modell in Abb. 3.3.1 zusätzlich eine Negation der Flags des Vektors Fs beinhaltet und anstelle von Disjunktionsgliedern Konjunktionsglieder beinhaltet.

3.3.3 Identitätsoperation

Die Identitätsoperation entspricht einem Suchvorgang nach bestimmten Datenwörtern (Treffern) in einem Datensatz, der hier durch einen Flagvektor $F = (f_j, \quad j = 0..2^n - 1)$ repräsentiert wird. In einem weiteren Flagvektor $Fs = (fs_j, \quad j = 0..2^n - 1)$ sollen die Suchargumente spezifiziert sein. Der Vektor Fs wird als **Vektor der Suchargumente** bezeichnet.

Zur Durchführung einer Identitätsoperation wird der Durchschnitt beider Vektoren F und Fs gebildet, der die Flags der möglichen Treffer liefert:

$$F_T = F \cap F_S \;, \qquad \text{d.h.} \quad f_{Tj} = f_j \wedge f_{Sj} \quad \text{mit } j=0,1,2,\ldots,2^n-1.$$

Das Ergebnis dieser Operation ist ebenfalls ein Flagvektor F_T, in dem die Treffer der Identitätsoperation durch ihre Flags vorliegen. Der Füllungsgrad G_T des Treffervektors F_T gibt die Anzahl der Treffers an:

$$G_T(F_T) = \sum_{j=0}^{2^n-1} \mathrm{INT}(f_{Tj})$$

Bei $G_T(F_T) \neq 0$ liegt mindestens ein Treffer vor. $G_{TMAX}(F_T)$ beträgt $L(F_T)$.

Die Überprüfung des Gesamttreffers (T_{ges}) im Speicher wird mittels einer Boole'schen Funktion vorgenommen, die durch Disjunktion aller Elemente des Treffervektors ermittelt werden:

$$T_{ges} = \bigvee_{j=0}^{2^n-1} f_{Tj} = \bigvee_{j=0}^{2^n-1} (f_j \wedge f_{Sj})$$

Ein entsprechendes Schaltungsmodell zur Durchführung dieser Operation ist in Abb. 3.3.3 angegeben. In diesem Modell berücksichtigt der maskierte Decoder jeweils ein Datenwort S mit dem zugehörigen Maskenwort M zur Generierung der Flags der Suchargumente. Falls das Datenwort nicht maskiert ist (M=0), liegt nur ein Suchargument vor. Andernfalls werden infolge der Maskierung die möglichen Kombinationen des Datums bei der Durchführung der Operation einbezogen. Mit dem Modell können neben einer Identitäts- und einer Teilidentitätsoperation auch die Bestimmung der Gesamttreffer vorgenommen werden.

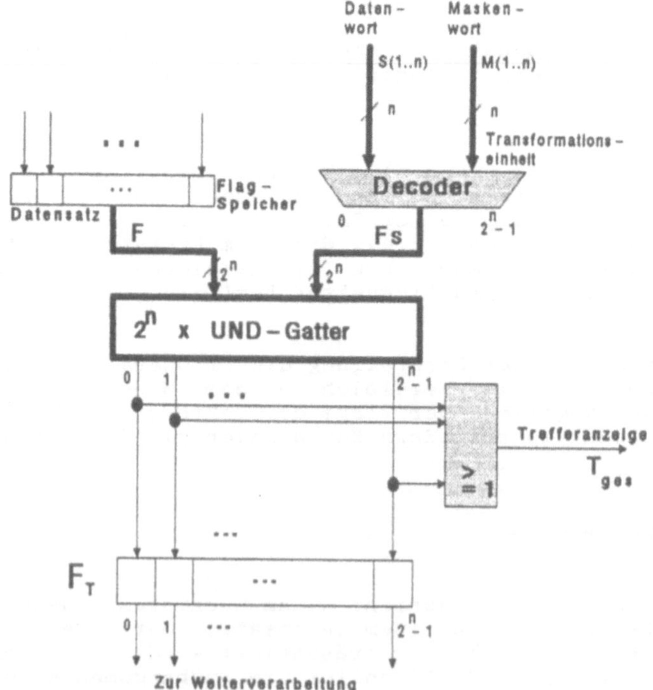

Abbildung 3.3.3: Schaltungsmodell zur Identitätsoperation und Bestimmung von Treffern

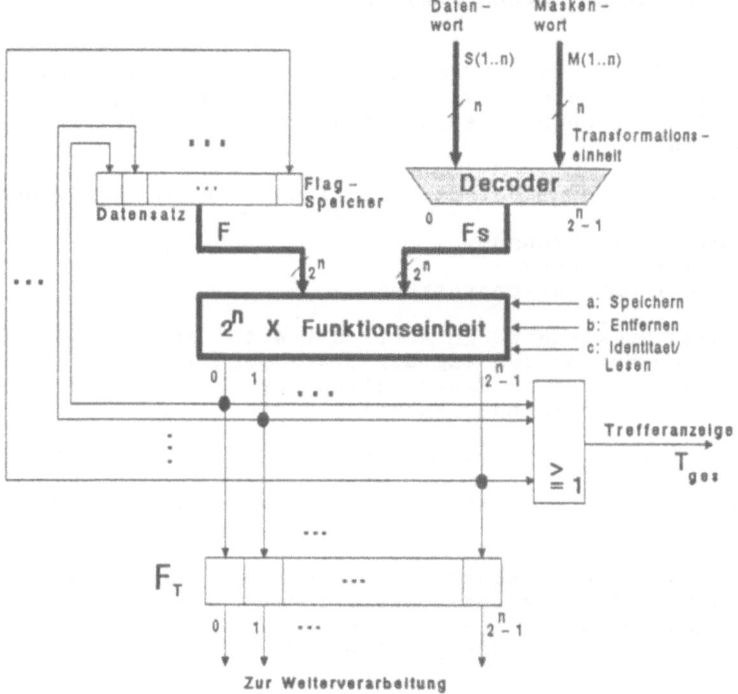

Abbildung 3.3.4.1a : Gesamtkonzept der Assoziativspeicher-grundschaltung

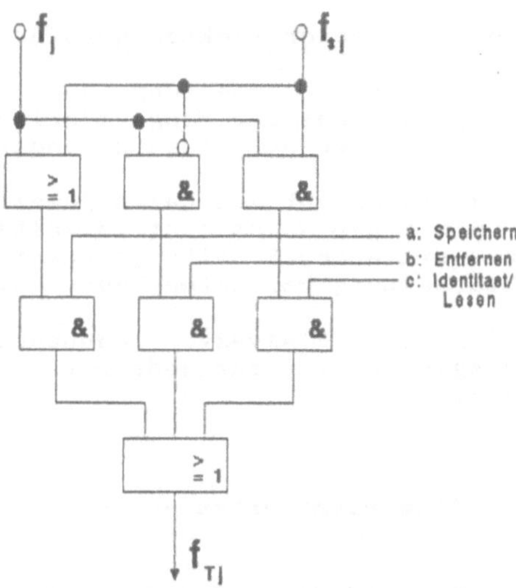

Abbildung 3.3.4.1b : Funktionseinheit für eine Flagposition in der Schaltung

3.3.4 Gesamtkonzept der Grundschaltung

Ein Schaltungsmodell, das die Speicherungs-, Entfernungs- und Identitätsoperation vereint, ist in Abb. 3.3.4.1a angegeben. In diesem Modell sind die Verknüpfungseinheiten von Abb. 3.3.1 bis 3.3.3 kombiniert worden.

Um eine Auswahl der Operationen zu ermöglichen, sind die Steuersignale

      a : für die Speicherungs-,
      b : für die Entfernungs-
und   c : für die Identitätsoperation

eingeführt. Das Schaltnetz in Abb. 3.3.4.1b stellt die logische Schaltungsstruktur zur Ausführung der o.a. Operationen in Abhängigkeit der Steuersignale für eine Flagposition der Flagvektoren dar. Das Schaltnetz wird durch folgende Funktion beschrieben:

$$f_{T_j} = [(f_j \vee fs_j) \wedge a] \vee [(f_j \wedge \overline{fs_j}) \wedge b] \vee [(f_j \wedge fs_j) \wedge c] \; ; \; \forall j \in \{0..2^n-1\}$$

Die hier beschriebenen Operationen stellen die wichtigsten Funktionen dar, die als Grundoperationen in einem Assoziativspeicher üblich sind.

Für flagorientierte Daten können jedoch weitere Operationen (sowohl Such- als auch Arithmetik/Logik-Operationen) definiert und in Verbindung mit den angegebenen Rechenvorschriften in einfacher Weise beschrieben und zur Entwicklung parallel arbeitender Hardware-Einrichtungen verwendet werden.

Zusammenfassend können die wichtigsten Eigenschaften der Flagtransformation und der Flagvektoren, die bei der Entwicklung und der Realisierung von derartigen assoziativen Hardwaresystemen von Bedeutung sind, angegeben werden:

- Nach der Flag-Abbildung und Speicherung der Daten einer Menge S' liegen sie automatisch durch die festgelegten Positionen der MIF-Speicherzellen im Speichervektor sortiert vor.

- Eine inhaltsorientierte Verarbeitung der Daten ist durch Abfragen und Manipulationen der Flags möglich und wird aufgrund der sortiert vorliegenden Flags besonders unterstützt.

- Da die Flags als Repräsentant von Daten jeweils durch eine 1-Bit-Information vorliegen, ist eine simultane Verarbeitung mehrerer Flags mit einfachen Schaltungskonstrukten möglich, was eine parallele Bearbeitung von Daten bedeutet.

- Die Daten werden in einem Flagvektor redundanzfrei gespeichert, d.h. in einem Flagvektor ist für jede Datenwortkombination nur ein Flag reserviert.

3.4 Grundschaltung eines flagorientierten Assoziativspeichers

Eine Speicheranordnung, mit der die Speicherungs-, Entfernungs- und Identitätsoperation jeweils für Flags eines Datensatzes mit n-Bit Daten durchgeführt werden kann, stellt einen linearen Speichervektor (1-Bit RAM) mit 2^n Speicherzellen (MIF-Speicherzellen) dar. Jede Speicherzelle wird für die Speicherung eines Flags reserviert, die über den maskierten Decoder zugänglich ist (Abb. 3.4.1). Dabei wird ein Datenwort als Adresseingang des Speichers betrachtet. Der Decoder führt die Transformation der Daten durch, indem er die Adresse der entsprechenden Flagzelle generiert. Will man ein Datum mit dem Wert S_j (wobei $S_j = j$ gilt) speichern, so wird die MIF-Speicherzelle in der Position j adressiert und der Inhalt der Zelle mit einem Flag $f_j = 1$ überschrieben. Beim Austragen des Datums aus dem Speicher wird die Zelle j mit $f_j = 0$ überschrieben.

Bei einem maskierten Suchargument sind mehrere Speicherzellen zu berücksichtigen. Mit der Bedingung, daß bei q maskierten Bitstellen eines Datums 2^q Flags als mögliche Kombinationen vorliegen, wird die Decoder-Schaltung derart erweitert, daß sie im Falle einer Maskierung des Suchargumentes die Flagtransformation auf die in Frage kommenden Flags erweitert und damit eine simultane Adressierung der Flagzellen ermöglicht.

In Abb. 3.4.1 ist als Beispiel die prinzipielle Grundschaltung eines 3 bit flagorientierten Assoziativspeichers angegeben, der auch als "ortsadressierbarer Assoziativspeicher" oder "Associative Random Access Memory" (ARAM) bezeichnet wird.

Die Anordnung entspricht der Schaltung eines konventionellen linearen 8x1 bit Schreib/Lese-Speichers (RAM), jedoch mit einem erweiterten Adressdecoder, der die Transformation von Daten übernimmt. Der Mehraufwand für den maskierten Decoder im Vergleich zu dem Adressdecoder ortsadressierbarer Speicher ist gering. Allgemein beträgt der Mehraufwand bei einem n bit Suchargument und einem n bit Maskenwort 2*n NAND-Gatter mit jeweils 2 Eingängen.

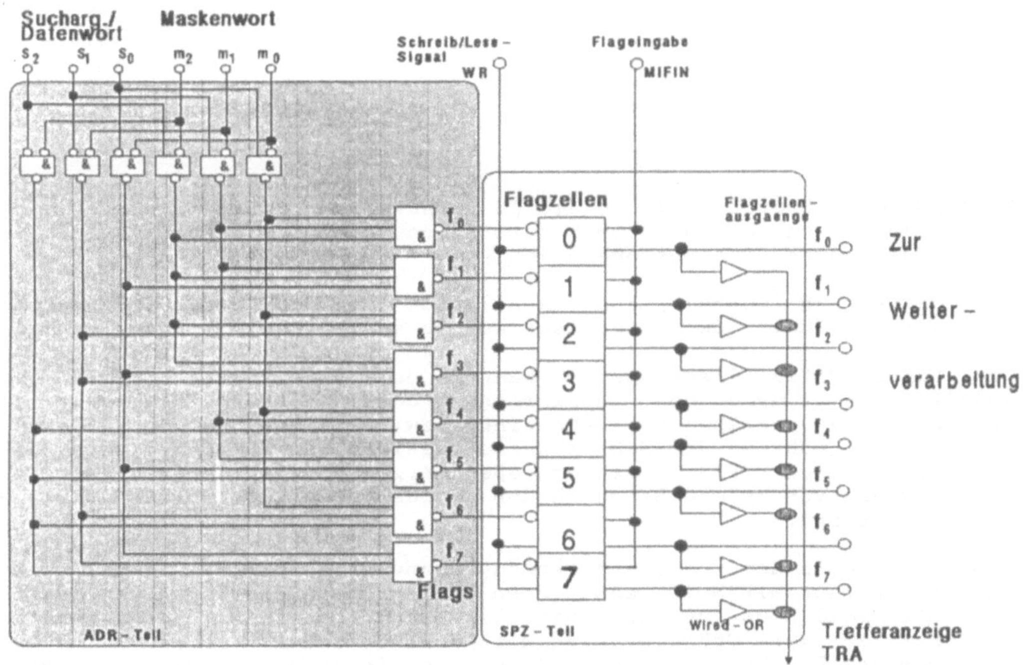

Abbildung 3.4.1: Grundschaltung eines 3 bit ARAM-Beispiels

Im Speicher können die Daten $S_0 = (000)_2$ bis $S_7 = (111)_2$ gespeichert werden, so daß die Kapazität des Speichers einem Umfang von 8 Datenwörtern mit je 3 bit Wortlänge entspricht.

Die Selektion (Adressierung) von Flagzellen erfolgt mit den Datenwörtern (S_0 bis S_7) selbst, die die Adressleitungen f_0 bis f_7 der Flagspeicherzellen generieren. Die Speicherzellen besitzen außer dem Adresseingang jeweils die Eingänge "WR" als Schreib-Lese-Signal und "MIFIN" als Flag-Eingabeinformation. Die Speicheroperationen sind in der Tab. 3.4.1 zusammengefaßt.

Flagoperation	Maskenwort	WR	MIFIN	Speicheroperation
Speicherung eines Flags	=0	1	1	Einfaches Schreiben (single write) mit 1
Speicherung von Flags	#0	1	1	Mehrfaches Schreiben (multiple write)mit 1
Entfernung eines Flags	=0	1	0	Einfaches Schreiben (single write) mit 0
Entfernung von Flags	#0	1	0	Mehrfaches Schreiben (multiple write) mit 0
Identitätsabfrage	=0	0	X	Einfaches Lesen (single read)
Identitätsabfrage	#0	0	X	Simultanes Lesen (multiple read)

Tabelle 3.4.1: Darstellung der Speicheroperationen

Während die Speicherung und die Entfernung von Flags jeweils eine Schreiboperation des Speichers darstellen, erfolgt eine Identitätsoperation durch eine Leseoperation.

Das Signal **WR (Schreib/Lese-Signal)** gibt an, ob eine Information gespeichert (WR=1) oder ausgelesen werden soll (WR=0).

Das Signal **MIFIN (Flageingabe)** kann in der Schreibphase (WR=1) den Inhalt der durch den maskierten Decoder (ADR) adressierten Speicherzellen verändern (Speicherung bzw. Entfernung der Flags). Falls ein S_j während der Schreibphase maskiert ist ($M_j \neq 0$), wird die Flag-Information MIFIN in mehrere Speicherzellen gespeichert, die in Abhängigkeit von M_j und S_j durch den Decoder bestimmt werden (Multi-Write-Funktion).

Wenn alle Bits des zu speichernden Datenwortes maskiert sind, wird die Information MIFIN in sämtlichen Zellen gespeichert. Der letztgenannte Fall kann auch zur Initialisierung (Löschen) des gesamten Speichers in einem Schreibzyklus mit MIFIN=0 dienen, so daß auf ein gesondertes Löschsignal (clear) zur Initialisierung des Speichers verzichtet werden kann.

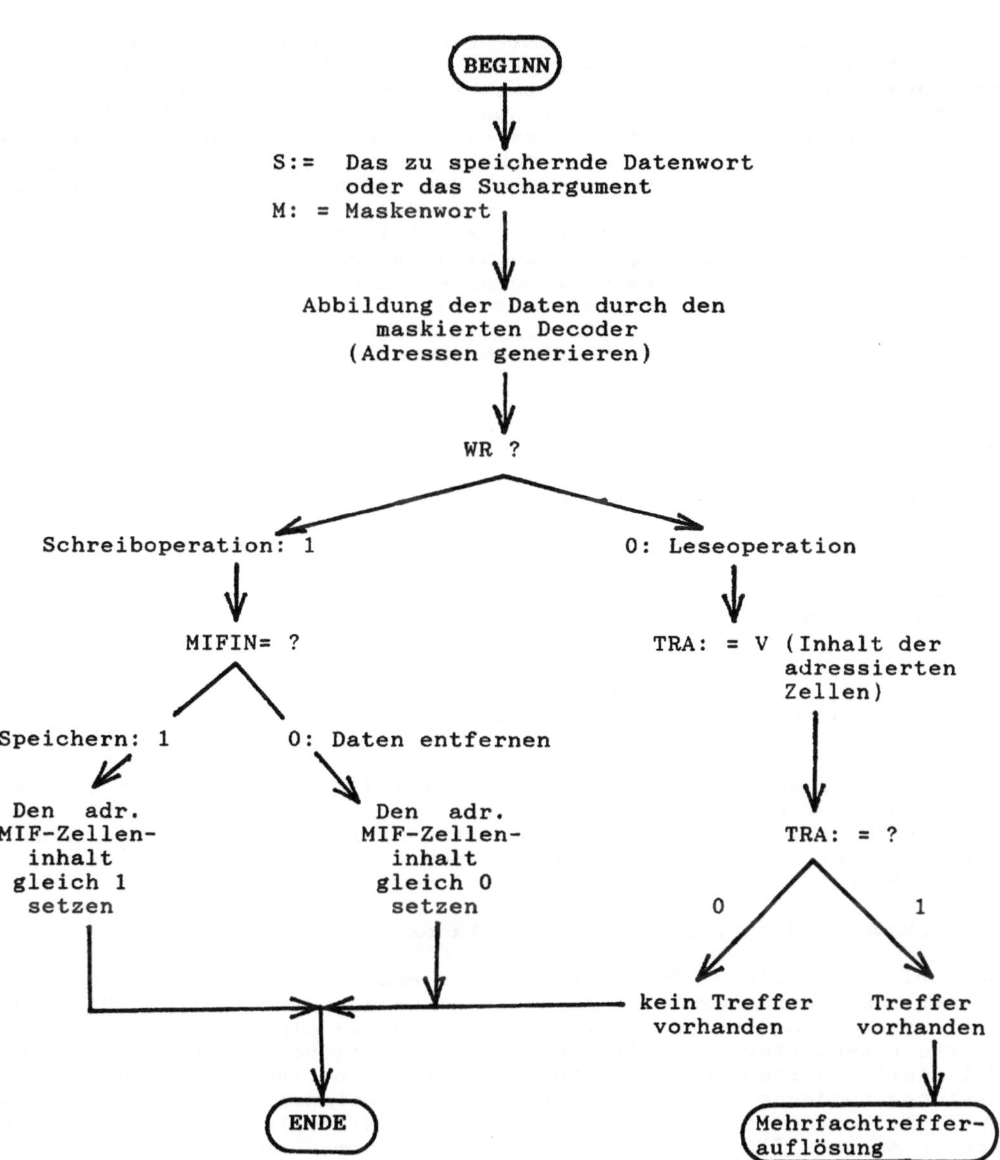

Abbildung 3.4.2: Ablauf der Operationen in ARAM-Grundschaltung

Eine Identitätsoperation liegt bei WR=0 (Lese- bzw. Suchphase) vor. In der Suchphase werden in Abhängigkeit des angelegten Suchargumentes S und des angelegten Maskenwortes M die Treffer durch simultane Adressierung der relevanten MIF-Speicherzellen mit dem Treffersignal TRA angezeigt. Ein Treffer liegt vor, sobald eine der adressierten MIF-Speicherzellen eine 1 als Inhalt führt, d.h., wenn mindestens eine der möglichen Kombinationen des Suchargumentes im Speicher vorliegt. Das Treffersignal TRA wird durch Zusammenschalten aller MIF-Zellenausgänge als Wired-OR realisiert. Damit erfolgt die Ermittlung der Treffer einer Identitätsabfrage für maskierte Suchargumente im Assoziativspeicher parallel in nur einem Lesezyklus, d.h. durch die simultane Adressierung der MIF-Speicherzellen und die Überprüfung ihrer Inhalte. Es sind im Vergleich zu den wortorientierten Speichern keinerlei Vergleichsoperationen zur Bestimmung der Treffer erforderlich.

In Abb. 3.4.2 sind die im der ARAM Grundschaltung vorgestellten Operationen mit ihren algorithmischen Abläufen zusammengefaßt.

Nach der Bestimmung des Treffersignals TRA=1 besteht die Notwendigkeit, eine Mehrfachtrefferauflösung durchzuführen, damit die gesuchten Daten isoliert und ausgegeben werden können. Zunächst wird jedoch die Erweiterung des Grundkonzeptes für den Fall, daß die Datenwörter jeweils aus einem assoziativem und einem nichtassoziativem Teil bestehen, diskutiert.

3.4.1 Speicherung indizierter Flags

In Kapitel 2 wurden die indizierten Flags definiert, die durch zwei Vektoren (Flagvektor und Indexvektor) beschrieben werden können. Mit indizierten Flags wird z.B. die Reihenfolge und/oder die Anzahl gleicher Daten in einem Datensatz spezifiziert. Derartige Informationen können durch eine Datenstruktur der Form

        (**Name**, Index_1, Index_2, ... , Index_k)

beschrieben werden. Dabei sollen zur Beschreibung von Daten nach dieser Datenstruktur der Name als ein inhaltsorientiertes Datenwort (Schlüssel) und die Indizes (Index_1..Index_k) als nicht inhaltsorientierte Datenwörter, die Attribute mit entsprechenden Werten aus einem definierten Wertebereich darstellen können, betrachtet werden. Eine Speicheranordnung zur Speicherung dieser Datenstruktur besteht aus zwei Teilen: einem inhaltsorientierten Speicherteil zur Speicherung von Namen als flagorientierte Daten und einem konventionellen Speicherteil (RAMs) zur Speicherung der Indizes mit entsprechenden Werten als wortorientierte Daten.

Beispielsweise seien in einem Laden mehrere Artikel mit unterschiedlichen Preisen und Anzahl zum Verkauf vorrätig. Eine Speicheranordnung, die die Artikel mit den entsprechenden Informationen speichern kann, umfaßt einen Flagvektor zur Speicherung von inhaltsadressierbaren Daten (Artikelbezeichnung) und k weitere Vektoren zur Speicherung von zusätzlichen Informationen (Preis und Anzahl).

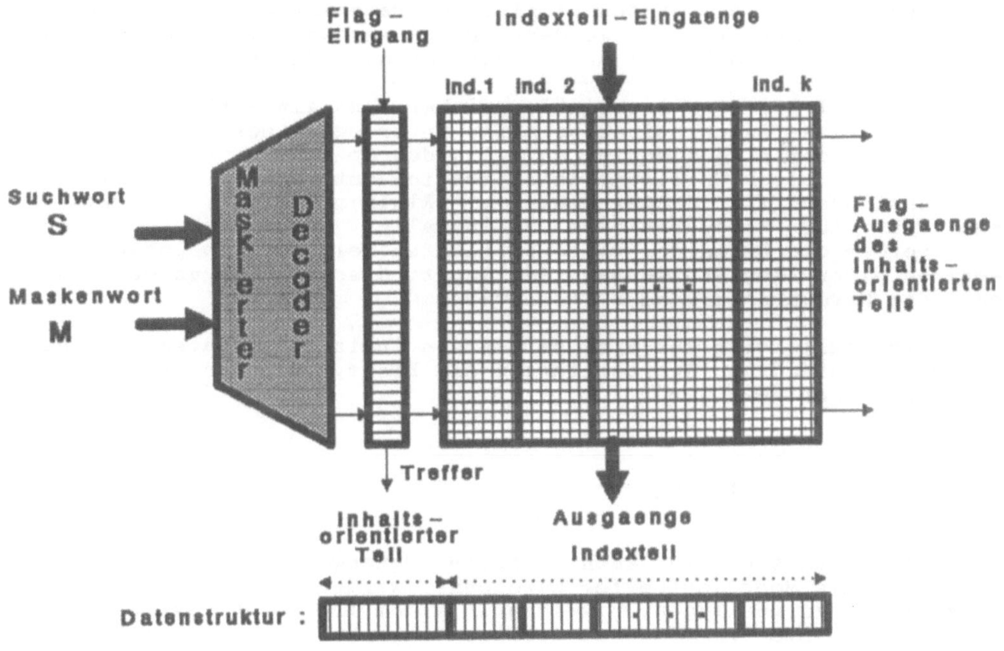

Abbildung 3.4.1.1: Speicherung indizierter Daten in einem
Flagspeicher

In Abbildung 3.4.1.1 ist die Blockschaltung eines flagorientierten
Speichers als eine mögliche Realisierung der Speicheranordnung zur
Speicherung indizierter Daten angegeben. Die Realisierung erfolgt
durch eine Erweiterung der Flagspeicherzellen mit jeweils
Speicherwörtern, die die Indizes mit entsprechenden Werten speichern
können. Damit erreicht man, daß im Flagvektor der inhaltsorientierte
Teil eines Wortes und in das Speicherwort die zugehörigen Informationen gespeichert werden. Bei der Speicherung von Daten werden durch
das Datenwort S und das Maskenwort M sowohl die entsprechenden
Flagzellen als auch die zugehörigen Speicherwörter simultan adressiert. Bei einer Identitäts- oder Teilidentitätsanfrage liefert der
Flagvektor die möglichen Treffer. Bei der Ausgabe der Treffer werden
gleichzeitig auch die zu jedem Treffer zugehörigen nicht inhaltsorientierten Teil des Treffers ausgegeben.

Eine Erweiterung dieses Realisierungsvorschlages stellt die Ausführung
des wortorientierten Teils der Speicheranordnung zur Speicherung von
Indizes jeweils als Schreib-Lese-Speicher (RAM), Zähler, Schiebere-
gister oder wortorientierter Assoziativspeicher dar /TAV84/, /HOC86/,
um eine Manipulation von Indizes auf Hardwareebene (z.B.
inhaltsorientierte Abfrage der Indizes, Zählen der Indizes etc.) zu
ermöglichen.

Da bei der ARAM-Grundanordnung die Daten redundanzfrei jeweils nur
einmal gespeichert werden, können mit einem Zähler oder Schiebe-

register beispielsweise die Anzahl gleicher Datenwörter spezifiziert und automatisch aktualisiert werden. Dabei werden z.B. durch den Zähler die Daten, die mehr als einmal vorliegen, aufgezählt.

Mit einem wortorientierten Assoziativspeicher kann ein Wort mit seinen beiden Teilen einer Assoziationsoperation unterzogen werden. Während für die Daten des flagorientierten Teils des Speichers außer einer Identitäts- und einer Teilidentitätsoperation unterschiedliche Assoziationsfunktionen wie Größer-Gleich-, Kleiner-Gleich-, Maximum-, Minimum u.ä. auf Hardware-Ebene vollparallel durchgeführt werden können, werden die Daten des wortorientierten Teils des Speichers im allgemeinen einer Identitäts- bzw. Teilidentitätsoperation unterzogen, da sonst der Hardware-Aufwand zu hoch wäre.

Eine weitere Möglichkeit zur Speicherung von indizierten Daten besteht in ihrer vollständigen Repräsentation als Flags, die in Kap. 6.2 ausführlich beschrieben wird.

3.5 Mehrfachtrefferauflösung

Eine Teilidentitätsabfrage kann mehrere Datenwörter als Treffer liefern, die als **Mehrfachtreffer** bezeichnet werden. Die Treffer, die wiederum als Flags vorliegen, werden in einem Treffer-Flagvektor F_T zusammengefaßt. Die Treffer im Treffer-Flagvektor (Zellen mit dem Inhalt="1") repräsentieren jeweils Wörter, die sich nur in ihrem maskierten Teil unterscheiden.

Wegen der Forderung, daß die als Treffer ermittelten Informationen im Speicher bedingt durch einen busorientierten Datenaustausch mit der Umwelt des Speichers sequentiell aufgerufen werden sollen, ist eine **Auflösung der Treffer** für die sequentielle Ausgabe der zugehörigen Datenwörter notwendig. Zur Auflösung von Mehrfachtreffern können zwei Lösungen gewählt werden, die durch unterschiedliche Hardware-Konzepte realisierbar sind.

- **Trefferauflösung im Bildbereich:**

    Bei dem ersten Verfahren wird der Auflösungsprozeß im Bildbereich unter Einsatz des Treffer-Flagvektors F_T durchgeführt. Dabei wird das erste Flag (f_j) im Treffer-Flagvektor, das den niederwertigsten Treffer repräsentiert, als ein Treffer mit höchster Priorität betrachtet und mit Hilfe eines Prioritätenalgorithmus isoliert /TAV85/, /THU76/, der durch einen Einelement-Flagvektor (F_{Tj}) dargestellt wird. Nach der Isolation eines Treffer-Flags wird die Umwandlung des Flags durch die inverse **Flag-Abbildung** vorgenommen. Mit der inversen Flag-Abbildung wird jenes Flag in das äquivalente Datenwort umgewandelt und zur Ausgabe bereitgestellt, d.h.

    $$\text{FLAG}^{-1}(F_{Tj}) = S'_j = \{S'_j\}$$

    Nach der Ausgabe wird das Flag des Treffers aus dem Treffer-Flagvektor entfernt, so daß das nächste Flag im Vektor als ein Treffer mit höchster Priorität gilt, das isoliert, rücktransformiert und ausgegeben werden kann. Dieser Vorgang wird so lange wiederholt bis ein leerer Treffer-Flagvektor vorliegt, d.h. keine Treffer mehr im Treffervektor existieren.

Eine Hardware-Einrichtung, die den Isolationsvorgang für die Treffer-Flags vornehmen kann, stellt eine Prioritätenschaltung dar, die bei der Diskussion der Speicherschaltung (Kap. 3.6) beschrieben wird.

- **Trefferauflösung außerhalb des Bildbereiches :**

Das Konzept des ARAM's erlaubt die Anwendung einer weiteren Methode zur Mehrfachtrefferauflösung durch einen **Zählvorgang**, der mit Hilfe eines **"maskierten Zählers"** realisiert werden kann. Mit dem maskierten Zähler werden in sukzessiver Form die Kombinationen eines maskierten[1] Suchargumentes (S), die als mögliche Treffer in Frage kommen können, generiert. Mit dem Zähler wird ein Zählvorgang nur für die maskierten Bitstellen des Suchargumentes durchgeführt, so daß mit jedem Zählschritt nur ein möglicher Treffer entsteht. Das in jedem Schritt generierte Wort wird als ein nichtmaskiertes Suchargument in einen Einelement-Flagvektor transformiert, der zur Durchführung einer Identitäts-abfrage eingesetzt wird. Liegt als Ergebnis der Abfrage ein Treffer vor, so wird das Wort als ein essentieller Treffer zur Ausgabe bereitgestellt. Falls das Wort kein Treffer darstellt, so wird das nächste mögliche Wort generiert und überprüft.

Nach diesem Verfahren werden bei k maskierten Bitstellen eines Suchargumentes 2^k Zählschritte zur Ausgabe aller Treffer be-nötigt. Im allgemeinen ist aber die Zahl der Treffer kleiner als die Zahl der notwendigen Zählschritte, so daß einige Zählschritte keine Treffer liefern.

Das Verfahren mit dem maskierten Zähler erfordert im allgemeinen eine höhere Bearbeitungszeit zur Auflösung von Mehrfachtreffern gegenüber dem Verfahren mit Prioritäteneinrichtung. Der Einsatz des maskierten Zählers ist dann vorteilhaft, wenn der Speicher mit geringem Funk-tions- und Hardwareumfang konzipiert werden soll, da der Zähler relativ einfach durch ein ortssequentielles Schaltnetz in Verbindung mit einem Dualzähler realisiert werden kann /TAV82/. Wenn aber weitere Suchoperationen außer der Identitätsabfrage realisiert werden sollen, ist es sinnvoll, eine Prioritätenschaltung einzusetzen, weil sie auch teilweise zur Durchführung weiterer Operationen verwendet werden kann. Eine solche Operation ist die Minimumsuche in einem Datensatz, die mit der gleichen Schaltung bewältigt werden kann (vgl. Kap. 4.2).

Der Vorteil in beiden Fällen (Prioritätenschaltung und maskiertem Zähler) liegt in der geordneten Ausgabe der als Treffer identifi-zierten Daten, so daß mit der Einrichtung auch eine Sortierung von Daten eines Datensatzes durchgeführt werden kann. Dabei werden die unsortierten Daten sequentiell gespeichert, durch eine vollmaskierte Identitätsabfrage der gesamte Speicherinhalt als Treffer ausgewiesen und wieder ausgegeben. Das Verfahren benötigt bei q Datenwörtern 2q+1 Schritte zur Sortierung, so daß eine lineare Komplexität von O(q) vorliegt.

---

[1] Ein nichtmaskiertes Suchargument kann im ARAM-Konzept nur einen Treffer liefern, da die Daten jeweils einmal gespeichert werden. Eine Mehrfachtrefferauflösung bei einer Identitäts-operation ist dann notwendig, wenn das Suchargument maskiert ist.

3.6 Vollständige Assioziativspeicherschaltung mit einer Prioritätenschaltung

Eine vollständige Schaltung eines flagorientierten Assoziativspeichers erhält man, wenn die in Abb. 3.4.1 angegebene Grundschaltung mit einer Einrichtung zur Mehrfachtrefferauflösung ergänzt wird. Als ein erster Vorschlag hierzu wird der Einsatz einer Prioritäteneinrichtung betrachtet (Abb. 3.6.1).

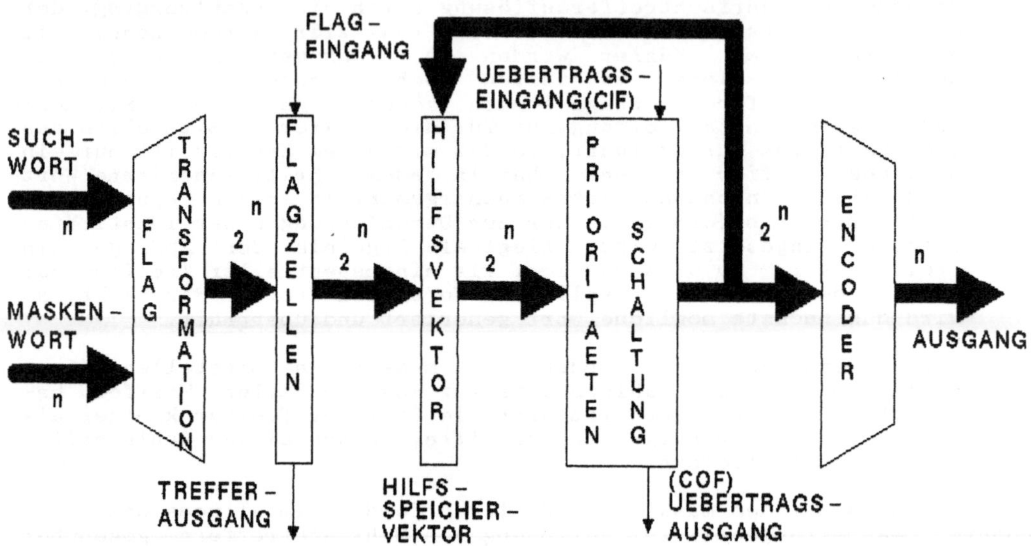

Abbildung 3.6.1: Aufbau eines flagorientierten Assoziativspeichers mit Prioritätenschaltnetz zur Mehrfachtrefferauflösung

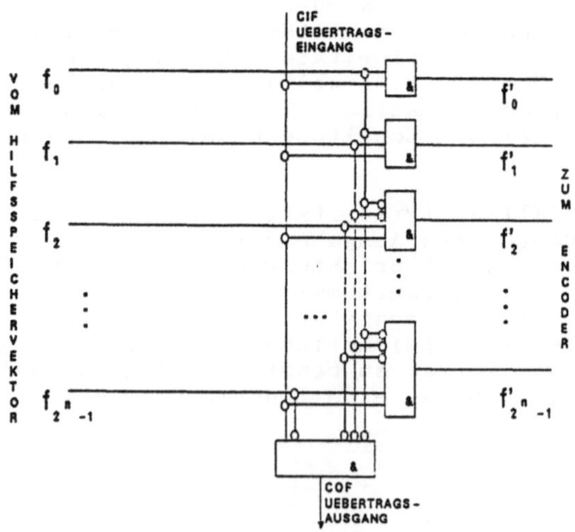

Abbildung 3.6.2: Aufbau eines Prioritätenschaltnetzes zur Mehrfachtrefferauflösung

Zur Realisierung der Prioritäteneinrichtung wird ein Hilfsspeichervektor (oder Flagpuffer), der die gleiche Länge wie der MIF-Vektor
besitzt, und ein Prioritätentenschaltnetz (Abb. 3.6.1) eingesetzt.

Der Hilfsspeichervektor ist notwendig, weil die gespeicherten Daten
zur Mehrfachtrefferauflösung manipuliert werden müssen, der Umfang
der gespeicherten Daten im MIF-Vektor für spätere Suchanfragen aber
nicht geändert werden darf.

Im ersten Schritt einer Mehrfachtrefferauflösung wird der durch die
Such- und Maskenwort adressierte Teil des MIF-Vektors in den Hilfsspeichervektor kopiert. Nach dem Kopieren liegen im Hilfsspeichervektor die identifizierten Treffer vor, die einzeln mit dem Priorita-
tenschaltnetz isoliert und zur Umwandlung bereitgestellt werden.

Das Prioritätenschaltnetz besitzt jeweils so viele Ein- und Ausgänge,
wie die Anzahl der MIF-Zellen (Abb. 3.6.2). Die Auflösung der
Mehrfachtreffer erfolgt derart, daß der erste Treffer im Vektor als
ein Ergebnis mit höchster Priorität betrachtet und isoliert wird.
Damit liegt nur der erste Treffer am Ausgang des Schaltnetzes vor.
Alle weiteren Treffer werden unterdrückt. Ein $(1-aus-2^n)$-zu-n-Encoder
kodiert das Ausgangssignal und stellt das zugehörige Wort als erstes
Ergebnis der Suchoperation für die Ausgabe bereit.

Nach der Ausgabe des ersten Treffers wird die zugehörige Speicherzelle des Hilfsspeichervektors rückgesetzt. Das Rücksetzen erfolgt
durch Rückkoppeln des isolierten Treffersignals vom Ausgang des Prioritätenschaltnetzes auf den Rücksetzeingang der entsprechenden Hilfs-
speicherzelle. Damit wird die Anzahl der Treffer im Hilfsspeichervektor um eins reduziert. Für das Schaltnetz erhält die nächste Zelle
mit einem Flag die höchste Priorität. Der Inhalt dieser Zelle wird
wiederum als isoliertes Ausgangssignal durch das Schaltnetz ausgegeben. Der Encoder generiert aus dem Signal das zweite aufgelöste
Wort für die Ausgabe u.s.w.

Der Vorgang wird so oft wiederholt, bis keine Treffer mehr im
Hilfsspeichervektor existieren. An dieser Stelle ist die Auflösung der
Mehrfachtreffer beendet.

Ein Signal COF (Carry Output Forward), das das Ende der Trefferauflösung anzeigt, wird vom Prioritätenschaltnetz generiert. Dieses
Signal wird gleichzeitig bei Kaskadierung solcher Bausteine als ein
Übertragssignal verwendet. Damit wird erreicht, daß die Trefferauflösung im darauffolgenden Baustein fortgesetzt wird. Somit ist, um die
Mehrfachtrefferauflösung in einem mit kaskadierbaren ARAM-Bausteinen
realisierten Speicherfeld durchführen zu können, beim Prioritätenschaltnetz sowohl ein **Übertragseingang** CIF (Carry Input Forward) als
auch ein **Übertragsausgang** (COF) für jeden Baustein erforderlich. Mit
dem Eintreffen eines Übertragssignals wird der Vorgang der Trefferauflösung in einem Baustein im Speicherfeld initiiert. Das Übertragsausgangsignal zeigt das Ende der Trefferauflösung im Baustein an. Das
Übertragsausgangssignal gilt gleichzeitig als Übertragseingangssignal
des nächsten Bausteins im Speicherfeld.

3.7 Vollständige Schaltung eines Assoziativspeichers mit einem maskierten Zähler

Ein maskierter Zähler, der die gleiche Wortlänge wie das Suchargument
S besitzt, generiert mit Hilfe des Maskenwortes nur die Datenwörter,
die bei einer Teilidentitätsabfrage als mögliche Treffer existieren

können. Die Zählschritte werden durch ein Taktsignal gesteuert. Bei jedem Zählschritt wird überprüft, ob ein Treffer vorliegt (TRA=1). In diesem Fall wird der Zählvorgang gestoppt, damit die gefundene Information ausgegeben werden kann. Ein neues Steuersignal "SW" (weitersuchen) zeigt an, daß weiter gesucht werden soll. Das Ende des Zählvorganges wird erreicht, wenn alle maskierten Stellen des Suchwortes durch den Zähler jeweils den Wert "1" aufweisen.

Als ein Realisierungsvorschlag des maskierten Zählers (Abb. 3.7.1) wird eine Schaltung mit zwei Teilen eingesetzt. Der erste Teil wird durch einen n-Bit-Dualzähler realisiert. Mit einem anschließenden Schaltnetz wird in Abhängigkeit des Maskenwortes bestimmt, welche der Bitstellen zur Generierung der Datenwörter berücksichtigt werden sollen. Das Schaltnetz beinhaltet die Eingänge

$$S=(s_n s_{n-1} \ldots s_1) \text{ für das Suchwort,}$$
$$M=(m_n m_{n-1} \ldots m_1) \text{ für das Maskenwort}$$
und $\quad Z=(z_n z_{n-1} \ldots z_1) \text{ für die Daten aus dem Zähler}$

sowie die Ausgänge $\quad S'=(s'_n s'_{n-1} \ldots s'_1)$, die die Eingänge für den Decoder des Speichers darstellen.

Für den Entwurf des Zählers wird die Tab. 3.7.1, die die Funktion des maskierten Zählers (MZ) festlegt, zur Hilfe genommen.

Maskenwort M	Suchargument S	Das generierte Wort S'
$00\ldots0000$	$s_n s_{n-1} \ldots s_4 s_3 s_2 s_1$	$s_n s_{n-1} \ldots s_4 s_3 s_2 s_1$
$00\ldots0001$	$s_n s_{n-1} \ldots s_4 s_3 s_2 X$	$s_n s_{n-1} \ldots s_4 s_3 s_2 z_1$
$00\ldots0010$	$s_n s_{n-1} \ldots s_4 s_3 X\ s_1$	$s_n s_{n-1} \ldots s_4 s_3 z_1 s_1$
$00\ldots0011$	$s_n s_{n-1} \ldots s_4 s_3 X\ X$	$s_n s_{n-1} \ldots s_4 s_3 z_2 z_1$
$00\ldots0100$	$s_n s_{n-1} \ldots s_4 X\ s_2 s_1$	$s_n s_{n-1} \ldots s_4 z_1 s_2 s_1$
$00\ldots0101$	$s_n s_{n-1} \ldots s_4 X\ s_2 X$	$s_n s_{n-1} \ldots s_4 z_2 s_2 z_1$
$00\ldots0110$	$s_n s_{n-1} \ldots s_4 X\ X\ s_1$	$s_n s_{n-1} \ldots s_4 z_2 z_1 s_1$
$00\ldots0111$	$s_n s_{n-1} \ldots s_4 X\ X\ X$	$s_n s_{n-1} \ldots s_4 z_3 z_2 z_1$
$00\ldots1000$	$s_n s_{n-1} \ldots X\ s_3 s_2 s_1$	$s_n s_{n-1} \ldots z_1 s_3 s_2 s_1$
.	.	.
.	.	.
.	.	.
$11\ldots111$	$X\ X \ldots X\ X\ X\ X$	$z_n z_{n-1} \ldots z_4 z_3 z_2 z_1$

Tabelle 3.7.1: Generierung möglicher Treffer in Abhängigkeit des Such- und des Maskenwortes zur Realisierung der Schaltung des maskierten Zählers

Das Schaltnetz, das strukturmäßig einer Auswahlschaltung entspricht, hat die Aufgabe, die Bitstellen eines Suchargumentes, die nicht maskiert sind (s_j in der Tabelle), direkt durchzulassen. Die Bitpositionen des Suchargumentes, die maskiert sind (in der Tabelle mit x dargestellt), werden durch Zählerausgänge Z mit der Bitposition z_1 beginnend ersetzt (s. dritte Spalte). Der Zählerausgang z_1 wird an der ersten maskierten Stelle des Suchwortes (Stelle mit der niedrigsten Wertigkeit) durchgelassen. Für die Stelle mit zweitniedrigster Wertigkeit wird der Zählerausgang z_2 genommen u.s.w.

Damit erreicht man, daß für die maskierten Stellen des Suchwortes ein Zählvorgang mit Hilfe des Zählers beginnend mit Z=00...000 eingeleitet wird, um die durch das vorliegende Maskenwort in Frage kommenden Speicherwörter zu generieren und auf Treffer zu überprüfen. Das neue Wort S' am Ausgang des Schaltnetzes wird als ein Suchargument zur Identitätsabfrage eingesetzt. Das Wort ist gleichzeitig die gesuchte Information, wenn der Flagspeicher ein Treffersignal (TRA=1) liefert.

Der Zähler wird mit einem Taktsignal ZT (Zählertakt) betrieben, das aus einem externen TAKT-Signal generiert wird. Die Steuerung (Zählen und Stoppen) des Zählers wird durch die Beziehung ZT=TAKT∧(TRAvSW) vorgenommen. Bei TRA=1 und SW=0 wird der Zählvorgang gestoppt, weil dann ZT=0 gilt. Nach der Ausgabe des ermittelten Wortes (S') wird mit einem Pulssignal SW=1, das die Länge der Taktperiode TAKT besitzt, der Zählvorgang fortgesetzt, bis wieder TRA=1 wird u.s.w.

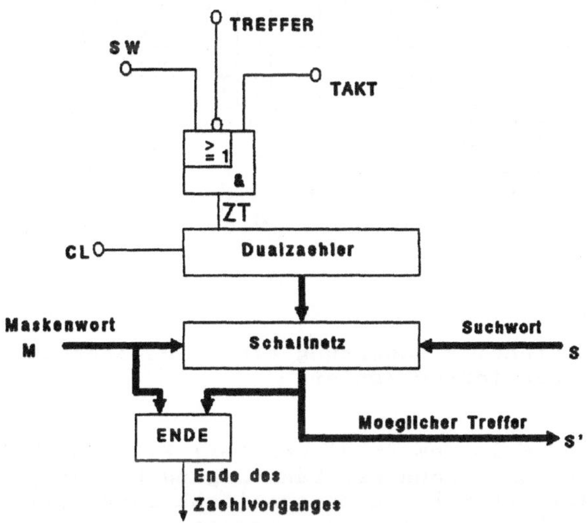

Abbildung 3.7.1: Blockschaltung des maskierten Zählers

s_i'	m_i	e_i
0	0	1
0	1	0
1	0	1
1	1	1

$$e_i = \overline{s_i'} \wedge m_i$$

$$E = e_1 \wedge e_2 \wedge e_3 \wedge \cdots = \bigwedge_{j=1}^{n} e_i$$

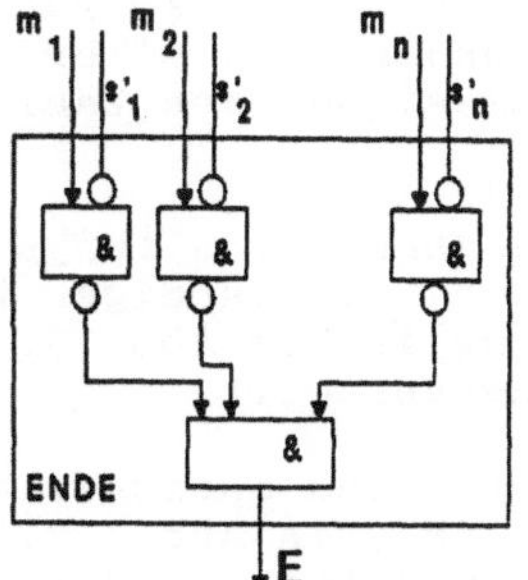

Tabelle 3.7.2:
Berechnung des Ende-Signals

Abbildung 3.7.2:
Schaltung zur Generierung des Ende-Signals

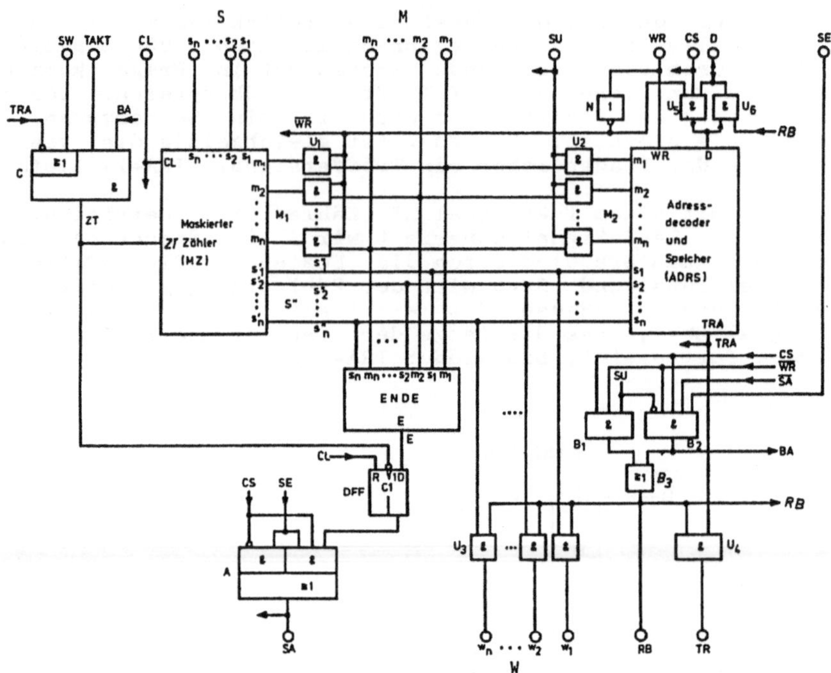

Abbildung 3.7.3: Vollständige Schaltung eines Speicherbausteins
mit maskiertem Zähler

Mit den Wörtern S' und M in dem Schaltungsteil ENDE in Abbildung 3.7.2
kann festgestellt werden, wann der Zählvorgang beendet ist. Das Ende
des Zählvorganges ist erreicht, wenn sämtliche maskierten Stellen des
Suchwortes, die durch Zählerausgänge ersetzt wurden, den Wert "1"
zeigen.

Zur Realisierung der Schaltung wird zunächst Tab. 3.7.2 zur
Ermittlung der Beziehung e_j für das j-te Bit des Such- und
Maskenwortes aufgestellt. Bei $m_j=0$ wird für $e_j=1$ eingesetzt. Bei $m_j=1$
folgt die s'_j-Stelle einem der Zählerausgänge, so daß hier $e_j=s'_j$
gilt. Durch die Konjunktion aller e_j-Signale mit $j=1,2,...,n$ erhält
man das Beendigungssignal des Zählvorganges E (vergl. Schaltung in
Abb. 3.7.2).

Mit den vorangegangenen Schaltungsteilen liegen die Komponenten zur
Realisierung eines vollständigen kaskadierbaren Assoziativspeichers
vor. Die Schaltung ist in Abb. 3.7.3 für einen Speicher-Baustein mit
n-Bit Wortlänge dargestellt.

Die Schaltungen für den Speicherteil in Abb. 3.4.1 bzw. für den
maskierten Zähler (MZ) in Abb. 3.7.1 und 3.7.2 sind als ADRS bzw. MZ
in der Gesamtschaltung Abb. 3.7.3 eingesetzt. Zum Zusammenwirken der
beiden Schaltungsteile MZ und ADRS werden weitere Signale eingeführt.

Lfd. Nr.	CS	SU	WR	SE	SA	S"	M_1	M_2	Arbeitsphasen des Speichers
1	1	1	1	x	x	S	0	M	paralleles Speichern (Schreiben)
2	1	0	1	x	x	S	0	0	Speichern eines Wortes
3	1	1	0	x	x	S	M=0	M=0	Lesen eines Wortes
4	1	1	0	x	x	S	M≠0	M≠0	Treffer-Bestimmung
5	1	0	0	1	0	S/Z	M	0	In Abh. des Taktsignals die Treffer nacheinander ausgeben
6	1	0	0	1	1	S/1	M	0	Zählen beendet, d.h. die Treffer des Bausteines sind alle ausgegeben. Keine Aktivität
7	1	0	0	0	x	S/0	M	0	keine Aktivität. Warten bis SE = 1 wird
8	0	x	x	x	x	x	x	x	Baustein inaktiv, Ausgänge W und TR gesperrt (High Z)

Tabelle 3.7.3: Die ausführbaren Operationen des Speichers mit maskiertem Zähler

Das Signal CS (=Chip select) wird zur Aktivierung des Speicherbausteines eingesetzt. Mit dem Signal CS wird einerseits die Kaskadierung solcher Speicherbausteine erreicht, andererseits wird mit Hilfe dieses Signals das Zusammenwirken mehrerer Ausgänge der Speicher-Bausteine, die busorientiert als eine Wired-OR-Schaltung verbunden sind, koordiniert.

Die Bestimmung des CS-Signals, die später bei der Kaskadierung solcher Speicherbausteine angegeben wird, ist jedoch aufwendiger als bei ortsadressierten Speichern, weil außer dem Suchwort S auch das Maskenwort M zur Bestimmung von CS herangezogen wird.

Das Signal "SU" (=Suchen) steuert in Verbindung mit dem Signal WR und dem Maskenwort M die Arbeitsgänge des Speicherbausteines, die in der Tab. 3.7.3 zusammengefaßt sind.

Der Speicher-Baustein wird mit dem Signal CS aktiviert. Die Ausgänge TR und W, die jeweils als Tri-State-Ausgänge zu einem Bus führen, werden mit CS=1 freigegeben. Bei CS=0 sind sie im hochohmigen Zustand. In der Initialisierungsphase des Speichers werden der Zähler MZ und das Flipflop DFF mit dem Signal CL (=Clear) und sämtliche Speicherinhalte des ADRS durch das Anlegen der Signale SU=1, WR=1, D=0 und M=11...11 gelöscht (=0). Beide Aktivitäten können simultan erfolgen.

Die Signale SU=1 und WR=1 ermöglichen unter Suchwörtern die parallele
Speicherung von Datenwörtern am Datenbus D, die in Abhängigkeit von M
durch die Decoderschaltung des Speichers im ADRS-Teil adressiert
werden. Die Speicherung unter einem einzigen Suchwort S erreicht man
mit den Signalen SU=0 und WR=1, die durch die Sperrung der UND-Ketten
U_1 und U_2 die Eingänge M_1 und M_2 zu Nullen werden lassen. Dadurch
wird nur das Suchwort S"=S im ADRS-Teil adressiert. Mit D=0 wird das
Datenwort unter dem Suchwort S im Speicher gelöscht. D#0 bewirkt die
Speicherung (Schreiben) des Datenwortes im Speicher.

Zur Ausgabe eines Datenwortes (Lesen) werden die Signale SU=1, WR=0
und M=0 angelegt (Zeile 3 der Tab. 3.7.3). Das Ausgangssignal TR gibt
an, ob die gesuchte, unter dem Suchwort S gegebene Information zuvor
im Speicher gespeichert wurde. Die ermittelten Informationen werden
über die Ausgänge W (inhaltsorientierter Teil) sowie die
bidirektionalen Ausgänge D (Indexteil) eines Gesamtwortes ausgegeben.
Die UND-Bausteine U_3, U_4 und U_6 werden für diesen Fall mit
$(CS\#WR \wedge SU)=1$ freigegeben (RB=1). Das Signal RB (Restbitbestimmung),
das später erläutert wird, gilt gleichzeitig als ein Ausgangssignal
zur Kaskadierung solcher Schaltungen.

Die Bestimmung eines Treffers für ein maskiertes Suchwort S erfolgt
durch die gleichen Konditionen der SU- und WR-Signale. Der
Unterschied zu dem letzten Arbeitsgang des Speichers besteht darin,
daß hier ein Maskenwort (M#0) existiert. Durch Aktivierung von U_1 und
U_2 liegt das Maskenwort M sowohl für den MZ als auch für den
Adressdecoder des ADRS vor, das zur Adressierung aller durch M
gegebenen Speicherplätze für die Bestimmung von TRA- und damit auch
TR-Signalen führt. Das Wort M_1 hat keine Wirkung, da der Inhalt der
maskierten Stellen des Suchwortes bei der Adressbestimmung im ADRS
nicht relevant ist (vergl. Tab. 3.7.1).

Die nächste Arbeitsphase des Speicher-Bausteins beinhaltet die Ausgabe
der durch den Treffer signalisierten Information aus dem Speicher. In
dieser Phase wird mit SU=0 die UND-Kette U_2 gesperrt, so daß $M_2=0$
wird. Mit WR=0 (WR=1) ist $M_1=1$. Der MZ-Teil mit Z=0 erzeugt das erste
mögliche Suchwort (maskierte Stellen=0). Falls das Wort ein Treffer
ist, wird TRA=1. Der Ausgang des ODER-Gatters in C wird mit TRA=0 und
SW=0 zu Null, so daß das UND-Gatter sperrt. Es wird so lange
gewartet, bis der Assoziationsteil W und der Datenteil D ausgegeben
sind. Die Freigabe der Ausgänge erfolgt in diesem Fall durch
$BA=(\overline{WR}\#\overline{SU}\#CS\#SE\#\overline{SA})=1$. Die Signale SE und SA in der Gleichung sind
Kaskadierungssignale. Der Empfang von Daten wird mit dem Signal SW=1
signalisiert. Mit SW=1 wird das UND-Gatter C für das TAKT-Signal zur
Erzeugung des Zählertaktes ZT freigegeben, wenn weiterhin BA=1 gilt.
Mit ZT wird der Zähler-Inhalt um eins erhöht. Die erste maskierte
Stelle des Suchwortes (die Stelle mit niedrigster Wertigkeit) wird zu
1. Hier wird auch SW=0 eingesetzt. Ist wiederum TRA=1, so wird der
Zähler angehalten, bis die Informationen ausgegeben sind. Bei TRA=0
wird der Zählerstand in Abhängigkeit des TAKT-Signals erhöht, bis
wieder ein Treffer gefunden wird (TRA=1) u.s.w. Wenn alle maskierten
Stellen von S in S' durch den Zähler zu jeweils 1 geworden sind,
signalisiert das Signal E=1, daß das Suchen in diesem Speicherteil
beendet ist. Mit dem nächsten TAKT-Signal wird das Signal E in das D-
Flipflop DFF übernommen, das das Signal SA=(CS SE F)=1 im
Schaltungsteil A erzeugt, da CS=1 und SE=1 für den Speicherbaustein
angenommen wurde. Das Signal SA=1 sperrt die UND-Gatter U_3, U_4 und U_6
sowie den Schaltungsteil C über die Gatter B_2 und B_3, so daß
einerseits die Ausgänge des Speichers vom D-, TR- und W-Bus
entkoppelt werden, andererseits der Zähler kein Taktsignal mehr
empfangen kann.

In einer durch Kaskadierung solcher Speicherbausteine gebildeten Speicheranordnung, wie sie in Kap. 6.1.1, Abb. 6.5 angegeben ist, dient das Ausgangssignal SA_i des i-ten Speicherbausteins ($ARAM_i$ in Abb. 6.5) als ein Übertragssignal und wird als Eingangssignal SE_{i+1} zu dem nächsten (i+1-ten) Baustein zugeführt. Durch $SE_{i+1}=SA_i=1$ wird im nächsten Baustein (Baustein i+1), falls der Baustein mit $CS_{i+1}=1$ adressiert ist, die Suche nach weiteren relevanten Datenwörtern fortgesetzt. Wurde jedoch der nächste Baustein nicht adressiert ($CS_{i+1}=0$), erzeugt der Schaltungsteil A des i+1-ten Bausteins mit dem UND-Gatter das Signal $SA_{i+1}=CS_{i+1}\wedge SE_{i+1}=1$ für den i+2-ten Baustein, wobei dann gilt $SE_{i+2}=SA_{i+1}=1$. Falls der Baustein mit CS_{i+2} adressiert ist, wird hier nach weiteren Treffern innerhalb des möglichen Adressraumes gesucht.

4. Konzeption komplexer Such- und Arithmetik-Logik-Operationen

Über die bereits vorgestellten Suchoperation als eine Identitäts- bzw.
Teilidentitätsabfrage hinaus ist die Konzeption weiterer komplexer
Such- und Arithmetik/Logik-Operationen in einer flagorientierten
Einheit möglich, die hardwaremäßig als vollparallele Operationen
realisierbar sind. Die Realisierung derartiger Operationen wird durch
die sortierte Abspeicherung von Flags besonders unterstützt.

Die Operationen in einem flagorientierten System lassen sich in zwei
Kategorien -adressorientierte und inhaltsorientierte Operationen-
aufteilen (Tab. 4.1). Die Orientierungen beziehen sich

    (a)   auf die Positionen der Flags in einem Flagspeichervektor,
        die durch ihre Adressen gegeben sind,

und (b) auf die Flaginhalte mit jeweils ihren Boole'schen Werten.

Operationen in einer flagorientierten Einheit				
Suchoperationen			**Arithm.-Logik-Op.**	
Operationen durch Positions-bestimmung der Flags	Operationen durch Abfrage von Flags		Operationen durch Abfrage und Manipulation von Flags	
	Ohne Such-argumente	Mit Such-argumente	Arithm.-Operationen	Logische Operationen
- Identität - Teilidentität - Größer - Kleiner - Kleiner-Gleich - Größer-Gleich - Suche innerhalb von Grenzen - Such außerhalb von Grenzen . . .	Maximum Minimum . .	- Nächst-Größer - Nächst-Kleiner . . .	Addition Subtraktion Multiplik. Division . .	Inversion Konjunktion Disjunktion . .

Tabelle 4.1 : Aufteilung von Operationen in einer
flagorientierten Einheit

Die erste Kategorie umfaßt Operationen, die durch eine **Selektion** der
für eine Operation relevanten Flagpositionen und die Überprüfung ihrer
Inhalte realisiert werden können. Diese Art der Operationen werden
den relationalen Suchoperationen wie Größer-Gleich-, Kleiner-Gleich-
Suchoperationen, Suche nach Daten innerhalb oder außerhalb von Grenzen
u.ä. (vgl. Kap. 1.3) zugeordnet. Bei diesen Suchoperationen will man
überprüfen, ob im Speicher Daten existieren, die die entsprechenden
Suchkriterien mit den gegebenen Grenzwerten erfüllen.

Beispielsweise sind bei einem gegebenen Suchargument j (Abb. 4.1) zur
Durchführung einer Größer-Gleich-Suchoperation alle Flags zu überprüfen, die im Flagvektor jeweils einen Wert größer oder gleich j
repräsentieren, d. h. alle Flagpositionen, die nach j positioniert
sind. Bei einer Suchoperation Kleiner-Gleich sind aber alle Flagsposi-
tionen zu überprüfen, die jeweils einen Wert kleiner oder gleich j
darstellen bzw. vor j angeordnet sind.

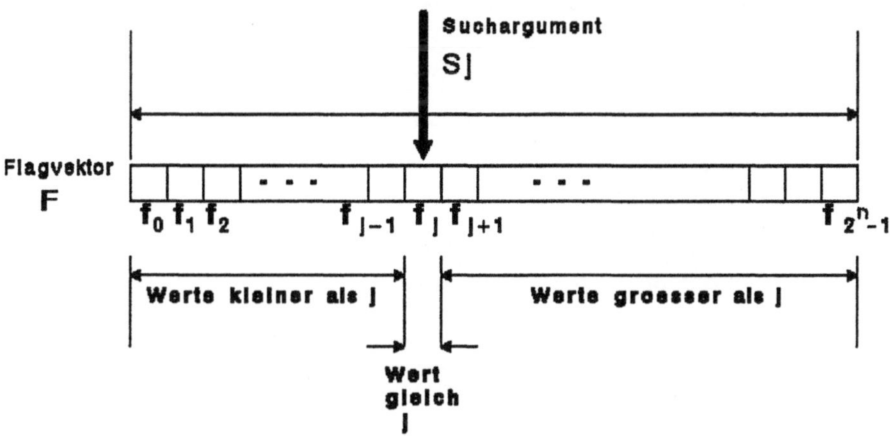

Abbildung 4.1: Überprüfung eines Flagvektors zur Durchführung
einer Suchoperation

In einer Hardware-Einrichtung (z.B. ARAM-Anordnung) können die Operationen vollparallel bewältigt werden, falls die dafür notwendigen
Flagzellen simultan überprüft werden. Dabei sind bei den o.a. Beispielen die relevanten MIF-Zellen simultan zu adressieren und die in dem
adressierten Bereich vorhandenen Flags zu überprüfen.

Auf ähnliche Weise können für weitere Suchoperationen die für die
Suche relevanten MIF-Zellen zu einer simultanen Überprüfung herangezogen werden. Das Ergebnis einer Suchoperation wird durch die MIF-
Speicherzelleninhalte bestimmt, die über ihre Adresse für die jewei-
lige Suchoperation selektiert wurden. Falls eine adressierte MIF-
Speicherzelle den Wert "1" beinhaltet, so liegt mindestens ein
Treffer als Ergebnis der Suche vor. Ein Mehrfachtreffer liegt vor,
wenn mehrere Zellen im adressierten Bereich mit jeweils "1" als Inhalt
existieren.

Mit der Überprüfung des Trefferausgangssignals wird in diesem ersten
Schritt einer Suchoperation festgestellt, ob im Speicher Daten
existieren, die das geforderte Suchkriterium erfüllen.

Für diese Operationen sind Hardware-Erweiterungen des ARAM-Grundkonzeptes notwendig, die **vor dem MIF-Speichervektor** eingesetzt werden und je nach Suchoperation die Selektion bzw. die Adressierung entsprechender MIF-Zellen für die Überprüfung ihrer Inhale vornehmen (Abb. 4.2). Beim Vorhandensein von Treffern kann das Prioritätenschaltnetz zur Vereinzelung, Rücktransformation und Ausgabe der Treffer herangezogen werden.

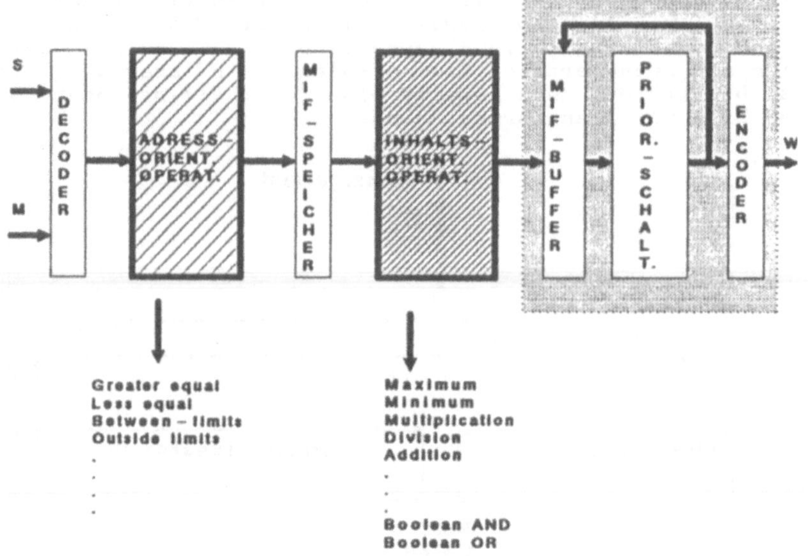

Abbildung 4.2 : Blockschaltung des ARAM's für einen erweiterten Operationsumfang

Die zweite Kategorie stellt Operationen dar, die jeweils mit der Verarbeitung von MIF-Zelleninhalten ausgeführt werden können. Die Operationen in dieser Kategorie werden selbst in zwei Gruppen aufgeteilt.

Der ersten Gruppe werden die Operationen zugeordnet, die durch nur eine Abfrage der MIF-Zelleninhalte ausführbar sind (z.B. Suche nach Maximum oder Minimum). Es wird später gezeigt, daß diese Operationen prinzipiell mit Hilfe der Prioritätenschaltung bewältigt werden können und keine besondere Hardware-Erweiterung erfordern.

Die Operationen der zweiten Gruppe sind dadurch gekennzeichnet, daß sie durch die **Manipulation der MIF-Zelleninhalte** bewältigt werden können. Zu dieser Gruppe von Operationen zählen arithmetisch-logische Operationen wie Addition, Multiplikation, Division, Konjunktion u.ä. Bei diesen Operationen werden im allgemeinen die Positionen der Flags im Flagspeichervektor verändert. Beispielsweise sind für eine Inkrementoperation die im Speicher vorhandenen Flags jeweils um eine Position zu verschieben.

Zur Realisierung dieser Operationen in einer ARAM-Anordnung werden Schaltungen eingesetzt, die **nach dem Flagspeichervektor** angeordnet werden. Als Eingangssignale werden die MIF-Zelleninhalte zugrunde gelegt. Nach der Ausführung einer Operation werden die Ergebnisse im Ergebnisflagspeicher zur Verfügung gestellt. Eine Ausgabe der Ergebnisse erfolgt mit Hilfe der Prioritätenschaltung.

Zur Durchführung der Operationen dieser Kategorie werden prinzipiell keine Selektionsmechanismen benötigt. Wenn aber eine Operation für nur einen bestimmten Teil von Daten ausgeführt werden soll, so kann durch eine Selektion der Bereich festgelegt werden. In diesem Fall kann durch die Adressierung der MIF-Zellen der zu berücksichtigende Bereich spezifiziert werden.

Auch eine Kombination von Operationen beider Kategorien ist möglich. Beispielsweise kann eine Maximumsuche innerhalb eines Bereiches vorgenommen werden, die ohne zusätzliche Hardware ausführbar ist.

Im folgenden werden die prinzipielle Konzeption einiger Operationen diskutiert und die entsprechenden Schaltungen entwickelt.

4.1 Adressorientierte Operationen

4.1.1 Größer-Gleich- und Kleiner-Gleich-Suchoperationen

Zur Erweiterung des ARAM-Grundkonzeptes mit einer Hardwareeinheit, die eine Größer-Gleich- (GE-: Greater Equal) oder Kleiner-Gleich- (LE-: Less Equal) Suchoperation durchführt, wird die ARAM-Schaltung in Abb. 3.6.1 zu Grunde gelegt. In dieser Schaltung seien die Daten eines Datensatzes $S=\{S_j,\ j=1..p\}$ im Flagspeichervektor durch den Flagvektor $F=(f_0,\ f_1,\ ...\ ,\ f_{2^n-1})$ gespeichert. Eine GE- oder LE-Suchoperation wird mit einem Suchargument S_{sk} ausgeführt. Für das Suchargument erhält man nach der Flag-Abbildung einen Einelement-Flagvektor F_{sk}. Bei einer GE-Suchoperation können nur die Positionen f_k bis f_{2^n-1} im Flagspeichervektor einen Treffer liefern, da sie jeweils einen Wert gleich oder größer als S_{sk} repräsentieren können. Die Ergebnisse einer GE-Suchoperation können selbst als Flags in einem Ergebnis-Flagvektor F_T erfaßt werden. Ein Treffer liegt vor, wenn im Bereich $(j=k..2^n-1)$ mindestens ein Flag $f_{Tj}=1$ existiert. Die Flags außerhalb dieses Bereiches können keine Treffer liefern, da sie jeweils einen Wert kleiner als Suchargument repräsentieren.

Mit dieser Betrachtung kann die Überprüfung des für die Suche relevanten Flags durch die Konjunktion zwischen dem Flagvektor F und einem neuen **Suchflagvektor**

$$F_{skGE} = (\ f_j=0,\ \forall j \in \{0..k-1\}\ \wedge\ f_j=1,\ \forall j \in \{k..2^n-1\}) \qquad (4.1)$$

vorgenommen werden:

$$F_T = F \wedge F_{skGE} \qquad (4.2)$$

In dieser Beziehung repräsentiert der Flagvektor F_{skGE} die Menge der Datenwörter, die als Treffer in Frage kommen.

Im Falle einer Kleiner-Gleich-Suchoperation mit dem gleichen Suchargument wird aber ein Suchflagvektor F_{SkLE} zugrunde gelegt, der wie folgt aussieht:

$$F_{SkLE} = (\ f_j=1,\ \forall j \in \{0..k\}\ \wedge\ f_j=0,\ \forall j \in \{k+1..2^n-1\}) \tag{4.3}$$

Das Ergebnis einer Kleiner-Gleich-Operation kann wiederum durch folgende Beziehung ermittelt werden :

$$F_T = F \wedge F_{SkLE} \tag{4.4}$$

Zur Veranschaulichung dieser Vorgehensweise wird ein Beispiel für beide Suchoperationen betrachtet:

Es sei ein Flagvektor F der Länge 16 gegeben, der einen Datensatz mit den Werten zwischen 0 und 15 repräsentiert:

$$\overset{0....}{F=(0101}\ 1100\ 1001\ \overset{15}{1000)}\quad \text{mit}\quad FLAG^{-1}(F)=(S)=\{1,3,4,5,8,11,12\}$$

Das Suchargument S_{Sk} sei gleich 6, d.h

$$F_{Sk} = (0000\ 0010\ 0000\ 0000)$$

Damit erhält man als Suchflagvektor für eine GE-Suchoperation

$$F_{SkGE} = (0000\ 0011\ 1111\ 1111)$$

mit $FLAG^{-1}(F_{SkGE}) = \{6,7,8,9,10,11,12,13,14,15\}$

und als Suchflagvektor für eine LE-Suchoperation

$$F_{SkLE} = (1111\ 1110\ 0000\ 0000)$$

mit $FLAG^{-1}(F_{SkLE}) = \{0,1,2,3,4,5,6\}$.

Für eine GE-Suchoperation erhält man den Ergebnisflagvektor

$$\begin{aligned} F_{TGE} = F \wedge F_{SkGE} &= (0101\ 1100\ 1001\ 1000) \wedge \\ &\quad \underline{(0000\ 0011\ 1111\ 1111)} \\ &= (0000\ 0000\ 1001\ 1000), \end{aligned}$$

wobei $FLAG^{-1}(F_{TGE}) = \{8,11,12\}$ die Treffer dieser Suchoperation spezifiziert.

Für eine LE-Suchoperation erhält man den Ergebnisflagvektor

$$\begin{aligned} F_{TLE} = F \wedge F_{SkLE} &= (0101\ 1100\ 1001\ 1000) \wedge \\ &\quad \underline{(1111\ 1110\ 0000\ 0000)} \\ &= (0101\ 1100\ 0000\ 0000) \end{aligned}$$

mit $FLAG^{-1}(F_{TLE}) = \{1,3,4,5\}$ als Treffer der Suche.

Für den Entwurf einer Schaltung, welche die Suchoperationen GE und LE ausführt, wird das Schaltungsmodell in Abb. 4.1.1 verwendet. In diesem Modell wurde das in Kap. 3.3.3 angegebene Modell um einen Schaltungsblock zur Generierung des Suchflagvektors ergänzt, das ein Schaltnetz darstellt. Er generiert die für eine Suchoperation erforderlichen Flags in Abhängigkeit des jeweiligen Suchargumentes. Eine Operation kann vollparallel ausgeführt werden, wenn die entsprechenden Flags im Suchflagvektor simultan generiert werden.

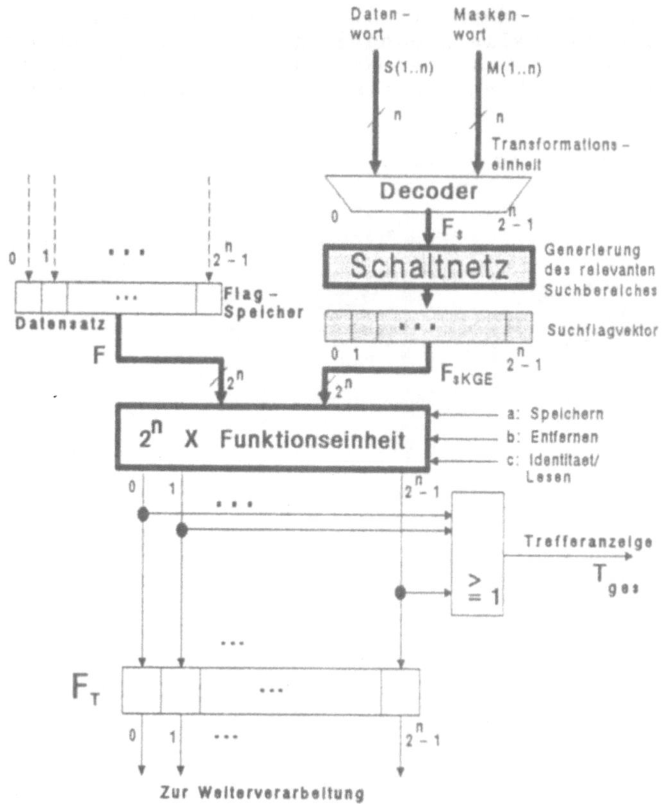

Abbildung 4.1.1: Schaltungsmodell zur Durchführung einer
GE- oder LE-Suchoperation

Es ist also ein Schaltnetz zu entwerfen und als eine Erweiterung in die ARAM-Grundschaltung einzusetzen, das die simultane Adressierung der für die Suche relevanten MIF-Speicherzellen ermöglicht. Das Schaltnetz beinhaltet als Eingänge die Flags fs_j, die das Suchargument spezifizieren, sowie die Steuersignale (Variable) GE und LE für die Wahl einer Suchoperation. Die Ausgänge des Schaltnetzes sind die neuen Flags

$$f_{GELEj} = (GE \wedge fs_{kGEj}) \vee (LE \wedge fs_{kLEj}) \quad ; \quad \text{mit} \quad j = 0..2^n - 1, \qquad (4.5)$$

die in Abhängigkeit der Steuerleitungen GE bzw. LE generiert werden. Die erweiterte ARAM-Blockschaltung ist in Abb. 4.1.2 angegeben.

Für den Entwurf des Schaltnetzes wird von folgender Überlegung ausgegangen:

Mit einem Suchargument S_k wird nach der Flagtransformation der Einelementflagvektor Fs_k mit dem Flag f_k generiert, das die MIF-Zelle k adressiert.

Für die Größer-Gleich-Suchoperation ist das Flag fs_{kGEj} zur Adressierung einer MIF-Speicherzelle j dann zu generieren, wenn das Flag des Suchargumentes f_k einen kleineren Wert als der für fs_j repräsentiert, d.h. fs_j liegt im Bereich von f_k bis f_{2^n-1}. Allgemein bedeutet das:

$$fs_{kGEj} = \overset{j}{\underset{i=0}{V}} fs_i = fs_j \, v(\overset{j-1}{\underset{i=0}{V}} fs_i) \quad ; \quad mit \quad j=0..2^n-1 \qquad (4.6)$$

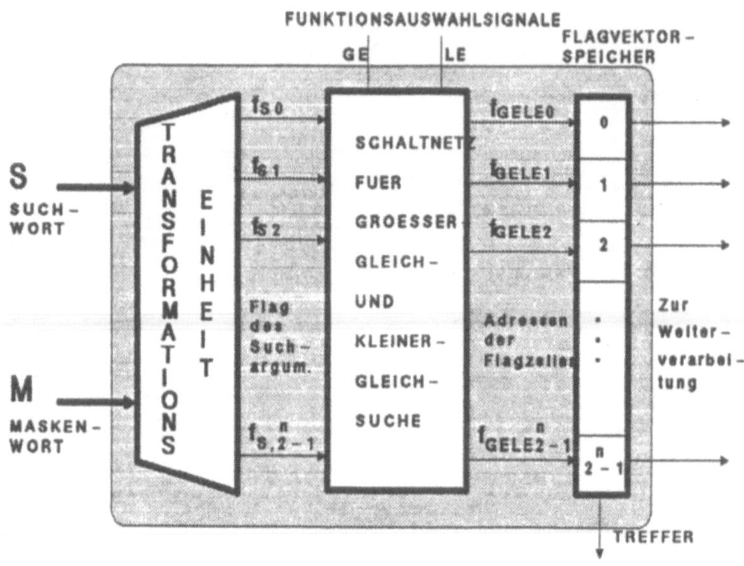

Abbildung 4.1.2 Erweiterte ARAM-Blockschaltung zur Durchführung von GE- und LE-Suchoperationen

Für die Kleiner-Gleich-Suchoperation wird das Flag f_{GELEj} für die Adressierung einer MIF-Zelle j dann generiert, wenn fs_j einen größeren Wert als f_k repräsentiert, d.h. fs_j liegt im Bereich von f_0 bis f_{k-1}:

$$fs_{kLEj} = \overset{2^n-1}{\underset{i=j}{V}} fs_i \quad ; \quad mit \quad j=0..2^n-1 \qquad (4.7)$$

Diese Gleichung kann auch mit einer anderen Betrachtung der Flags ermittelt werden: Das Flag einer Zelle j ist dann zu generieren, wenn keine der Flags f_0 bis f_{j-1} als Suchargument vorliegen, d.h. fs_i liegt nicht in diesem Bereich. Diese Überlegung führt zu folgender Beziehung:

$$fs_{kLEj} = \overset{j-1}{\underset{i=0}{\wedge}} \overline{fs_i} \quad ; \quad mit \quad j=0..2^n-1 \qquad (4.8)$$

Durch den Vergleich der beiden Gleichungen (4.6) und (4.8) für fs_{kGEj} und fs_{kLEj} wird festgestellt, daß die beiden Beziehungen teilweise komplementär zueinander sind, d.h.

$$f_{s k G E j} = \overline{f_{s j} \; v(\bigvee_{i=0}^{j-1} f_{s i})} = \overline{f_{s j}} \; v(\overline{\bigvee_{i=0}^{j-1} f_{s i}}) =$$

$$= \overline{f_{s j}} \; v \; (\bigwedge_{i=0}^{j-1} \overline{f_{s i}}) = \overline{f_{s j} \; v \; \overline{f_{s k L E j}}} \qquad (4.9)$$

Zur Spezifizierung der Art einer Suchoperation werden die Steuer-variablen GE und LE hizugefügt. Mit diesen Variablen und den Gl. 4.5 bis 4.9 erhält man die allgemeine Beziehung zur Adressierung der MIF-Speicherzellen:

$$f_{s G E L E j} = f_{s j} v(GE \wedge \overline{\bigvee_{i=0}^{j-1} f_{s i}}) v(LE \wedge \bigvee_{i=0}^{j-1} f_{s i}) \quad ; \quad \text{mit} \quad j=0..2^n-1 \qquad (4.10)$$

Der erste Teil der Gleichung mit $f_{s j}$ wurde ohne Steuervariable eingesetzt, da die MIF-Zelle j selbst mit $f_{s j}$ bei allen Suchoperationen adressiert werden soll. Damit wird, wenn keine der beiden Operationen GE und LE verlangt wird, nur die Adressierung der Zelle j mit $f_{s j}$ vorgenommen.

Die Realisierung des Schaltnetzes nach Gl. 4.10 stellt eine **vollparal-lele Schaltung** dar, die eine Suchoperation in nur einer Lesephase des Speichers durchführt. Die Schaltung für das angegebene Beispiel ist in Abb. 4.1.3 dargestellt.

Eine Realisierung des Schaltnetzes als eine **ortssequentielle Schaltung** ist möglich und erfordert einen geringeren Schaltungs- und Verdrahtungsaufwand. Die Bearbeitungszeit einer Suchoperation ist jedoch höher.

Abbildung 4.1.3:
Hardware-Realisierung der
parallelen GE- und
LE-Suchoperationen
in einem ARAM-Baustein

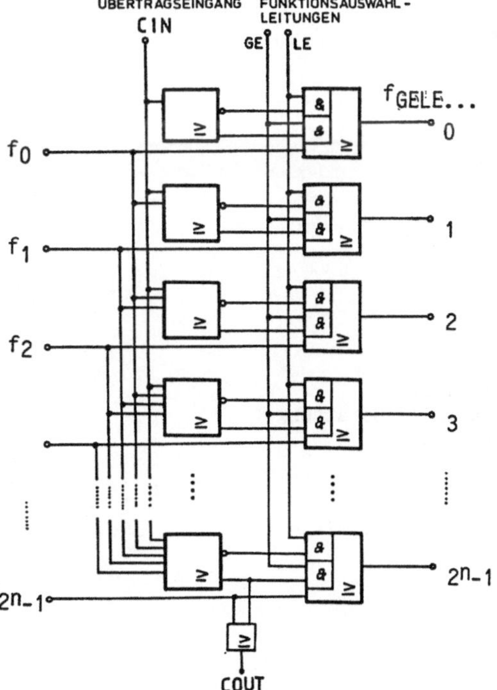

Zur Ermittlung der Schaltung werden die Gleichungen 4.9 derart umgeformt, daß die Funktionsausdrücke in der Beziehung für fs_{GELEj} (mit $j=0..2^n-1$) sich aus den vorherigen fs_{GELEi} (mit $i=0..j-1$) ergeben, so daß die Gleichungen rekursiv formuliert werden.

Die allgemeine Gleichung ist im folgenden angegeben:

$$fs_{GELEj} = fs_j \vee (GE \wedge (X_{j-1} \vee fs_{j-1})) \vee (LE \wedge \overline{(X_{j-1} \vee fs_{j-1})}) = fs_j \vee (GE \wedge X_j) \vee (LE \wedge \overline{X_j})$$

$$\text{mit } X_{j-1} = (X_{j-2} \vee fs_{j-2}) \tag{4.11}$$

Die ortssequentielle Schaltung, die aus diesen Beziehungen ermittelt wird, ist in Abb. 4.1.4 dargestellt.

Die Bearbeitungszeit zur Bestimmung eines Treffers bei diser Schaltung hängt von der Anzahl der Stufen ab, durch die ein Flagsignal durchläuft. Die minimale Zeit bei einer Gatterlaufzeit von t_g beträgt:

$$T_{min} = 3t_g$$

Die maximale Zeit beträgt:

$$T_{max} = (2^n-1)t_g + 2t_g = (2^n+1)t_g$$

Auch bei einer ortssequentiellen Schaltung ist der Zeitgewinn im Vergleich zu den reinen Software-Implementierungen beachtlich. Beispielsweise bei einem Flagspeichervektor mit einer Länge von $2^n=256$ und einer Gatterlaufzeit von 4 nS beträgt die maximale Zeit zur Durchführung einer GE- oder LE-Suchoperation etwa 1 µS.

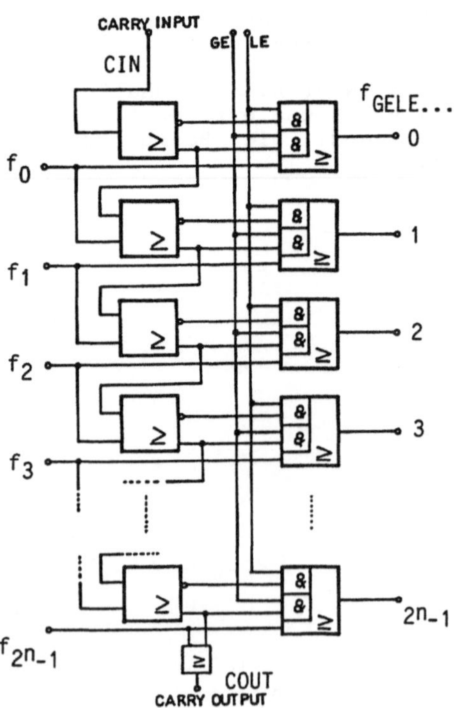

Abbildung 4.1.4:
Ortssequentielle Schaltung
für die GE- und
LE-Suchoperationen

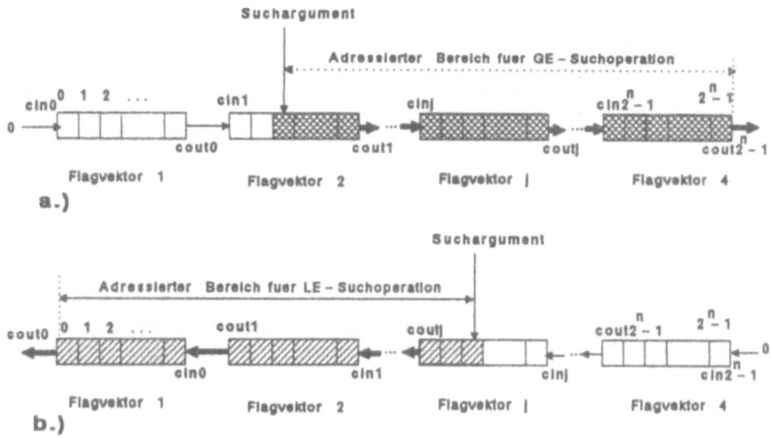

Abbildung 4.1.5: Erweiterung des Speichervektors durch Kaskadierung
gleichartiger Bausteine für
(a) GE-Suchoperation und (b) LE-Suchoperation

Eine aus der Beziehung der sequentiellen Schaltung abzuleitende
Besonderheit in bezug auf eine VLSI-Realisierung ist, daß für jede
Flagzelle die gleiche Schaltungsstruktur zur Durchführung der Opera-
tion einzusetzen ist. Diese Eigenschaft dokumentiert darüberhinaus die
Kaskadierbarkeit der Schaltung, da die Anzahl der beteiligten Stufen
in der Schaltung beliebig wiederholt eingesetzt werden kann.

In einem als integrierte Schaltung realisierten Modul kann jedoch
bedingt durch limitierte Chipfläche nur eine begrenzte Zahl von Flags
eingesetzt werden. Eine Erweiterung der Flag-Anzahl und damit eine
Erhöhung bearbeitbarer Datensätze kann in einem Feld durch Aneinanderreihung (Kaskadierung) von integrierten Schaltungsmoduln erreicht
werden. Da aber bei der Durchführung von Operationen das Suchargument
nur für ein Modul gilt (z.B. Modul j in Abb. 4.1.5), ist, um die
Durchführung einer Operation im gesamten Feld sicherzustellen, den
anderen Moduln die Position des Suchargumentes durch Übertragssignale
mitzuteilen. Hierfür werden ein Übertragseingang (CIN) und ein Übertragsausgang (COUT) für jedes Modul eingeführt.

Somit wird sowohl bei einer GE- als auch in entgegengesetzter Richtung
bei einer LE-Suchoperation der Übertragseingang CIN_j (Abb. 4.1.5)
eines Moduls j im Feld mit dem Übertragsausgang des (j-1)-ten Moduls
$(COUT_{j-1})$ verbunden. Der Übertragsausgang des j-ten Moduls $COUT_j$ wird
mit dem Übertragseingang des nächsten Bausteins CIN_{j+1} verbunden usw.
Der erste Baustein erhält als Übertragseingang den Wert "0".

Zur Schaltungsrealisierung des Übertragsausganges in einem Baustein
wird der nicht negierte Ausgang des letzten ODER-Gatters in der
Schaltung (Abb. 4.1.3 und 4.1.4) herausgeführt, der zu dem nächsten
Baustein als Übertragseingangssignal gilt. Der Übertragseingang des
Bausteins wird zu allen ODER-Gattern der Stufe geführt. Sobald ein
Übertragssignal eintrifft, ist das Signal bei der Adressierung aller
MIF-Zellen im Baustein zu berücksichtigen.

Mit dem Übertragsausgangsignal eines Bausteins im Feld wird dem folgenden Baustein gemeldet, daß das Suchargument entweder im Baustein selbst oder in einem der voranliegenden Bausteine vorliegt. Wenn ein Übertragssignal am Eingang eines Bausteins vorliegt, werden, im Falle einer Größer-Gleich-Suchoperation, alle MIF-Zellen des Bausteins zur Überprüfung ihrer Inhalte einbezogen bzw. adressiert. Im Falle einer Kleiner-Gleich-Suchoperation braucht aber keine der Zellen adressiert zu werden, so daß auch hier die Berücksichtigung der Überträge in nur einer Richtung ausreicht.

Die Schaltung generiert gleichzeitig auch ein Übertrag für den folgenden Baustein im Feld.

Die Übertragsverbindungen für die j-te Stufe eines ARAM-Feldes sind in Abb. 4.1.6 angegeben. In dieser Anordnung werden die Überträge extern sequentiell weitergegeben.

Eine Berechnung der Überträge für die Bausteine kann aber auch parallel erfolgen. Die parallele Berechnung eines Übertragseinganges CIN_j erfolgt durch die simultane Auswertung aller Übertragsausgänge $COUT_0$ bis $COUT_{j-1}$ der vor dem Modul j angeordneten Moduln. Ein Übertragssignal für das j-te Modul bei einer GE-Suchoperation wird generiert, falls ein Übertragsausgang $COUT_i$ mit $i=0..j-1$ vorliegt, d.h.

$$CIN_{GE\,j} = \bigvee_{i=0}^{j-1} COUT_{GE\,i} \qquad (4.12)$$

Entsprechend kann die Beziehung für die Berechnung der Überträge bei einer LE-Suchoperation bestimmt werden. Hier liegt ein Übertrag für das Modul j vor, wenn keine Überträge von den Moduln 0 bis $j-1$ vorliegen:

$$CIN_{LE\,j} = \bigvee_{i=0}^{j-1} \overline{COUT_{LE\,i}} \qquad (4.13)$$

Die Beziehungen 4.12 bzw. 4.13 entsprechen jeweils der Gleichung 4.6 bzw. der Gleichung 4.8, so daß nach den gleichen dort gestellten Überlegungen die allgemeine Beziehung in Abhängigkeit einer Suchoperation für die Überträge ermittelt werden kann:

$$CIN_{S\,GE\,LE\,j} = COUT_{S\,j} \vee (GE \wedge \bigvee_{i=0}^{j-1} COUT_{S\,i}) \vee \overline{(LE \wedge \bigvee_{i=0}^{j-1} COUT_{S\,i})} \qquad (4.14)$$

mit $j=0..2^n-1$.

Mit dieser Gleichung kann die parallele Berechnung der Überträge vorgenommen werden, die in einem weiteren Modul als **Übertragsvorausberechnungsbausteine (Carry-Look-Ahead=CLA)** realisiert werden kann.

Die Struktur eines Feldes mit CLA-Bausteinen ist in Abb. 4.1.6 angegeben. In der Schaltung werden die Übertragsausgänge der ARAM-Moduln zu dem CLA-Modul geführt. Hier erfolgt wiederum die parallele Berechnung aller Übertragseingänge der ARAM-Moduln des Feldes. Damit wird ein Konzept erstellt, mit dem die Operationen für das gesamte Feld vollparallel, d.h. in nur einem Zyklus ausgeführt werden können.

Eine Kombination der internen Berechnungsart der Flag-Adressen als eine ortssequentielle oder eine parallele Schaltung und der externen Weitergabe der Übertragssignale zwischen den Bausteinen führt zu folgenden Schaltungsarchitekturen des gesamten Feldes:

- **Serielle Architektur**, bei der sowohl die Flags innerhalb eines
  Bausteins ortssequentiell bearbeitet als auch die Überträge
  zwischen den Bausteinen seriell weitergegeben werden.

- **Parallel-serielle Architektur**, bei der die Flags innerhalb eines
  Moduls parallel und die Überträge seriell bearbeitet werden.

- **Seriell-parallele Architektur**, bei der die Flags ortssequentiell
  und die Überträge parallel bearbeitet werden.

- **Parallel-parallele Architektur**, bei der sowohl die für die Suche
  relevanten Flags innerhalb der Moduln als auch die Überträge
  zwischen ihnen parallel bestimmt werden.

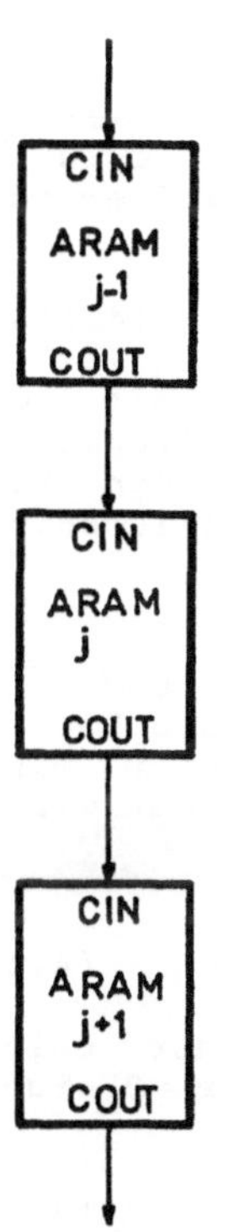

Abbildung 4.1.6:
Die Beschaltung der
Übertragseingänge und
-ausgänge in einem
ARAM-Feld

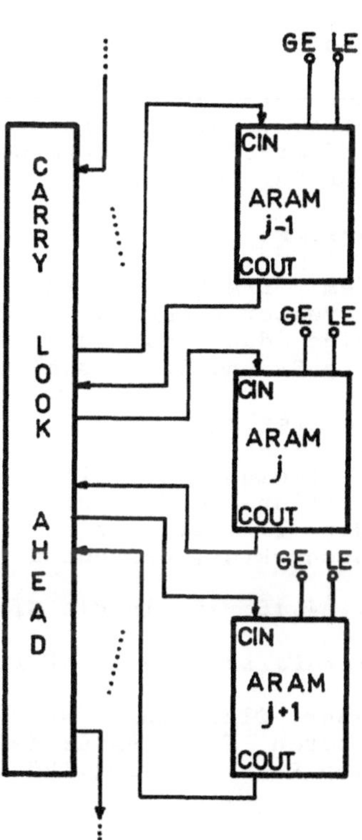

Abbildung 4.1.7:
Übertragsvorausberechnung
für die vollparallelen
Suchoperationen in
einem ARAM-Feld

4.1.2 Suchoperationen innerhalb und außerhalb von Grenzen

Die Suchoperationen innerhalb (BL:Between Limits) und außerhalb (OL:Outside Limits) von zwei gegebenen Grenzwerten (vgl. Kap.1.3) erfordern jeweils zwei Suchargumente S_1 und S_2 mit $S_1 < S_2$, die die Grenzwerte spezifizieren. Diese Operationen können unter Einbeziehung von Grenzwerten S_1 und S_2 prinzipiell durch eine Kombination von GE- und LE-Suchoperationen, wie im folgenden Beispiel dargestellt, bewältigt werden:

Gegeben sei ein Datensatz F. Es sind alle Treffer S_j zu ermitteln, die einen Wert (a) innerhalb ($S_1 \leq S_j \leq S_2$) bzw. einen Wert (b) außerhalb ($S_j \leq S_1$ oder $S_j \geq S_2$) zweier Grenzwerte S_1 und S_2 aufweisen. Dabei gilt:

$$FLAG(S_1) = F_1 \qquad \text{und} \qquad FLAG(S_2) = F_2$$

(a) Suche innerhalb zweier Grenzen (BL):

Nach der Gleichung 4.2 wird eine GE-Suchoperation mit S_1 durchgeführt. Dabei werden mit dem Suchflagvektor Fs_{1GE} für S_1 alle Treffer-Flags in F_{TGE} bestimmt, die einen Wert größer oder gleich S_1 darstellen:

$$F_{TGE} = F \wedge Fs_{1GE} \qquad\qquad (4.15)$$

Mit dem Ergebnis wird eine LE-Suchoperation mit dem Suchflagvektor Fs_{2LE} für S_2 durchgeführt. Im Ergebnisflagvektor F_{TBL} sind dann nur die Flags vorhanden, die einen Wert innerhalb S_1 und S_2 einschließlich S_1 und S_2 repräsentieren:

$$F_{TBL} = F_{TGE} \wedge Fs_{2LE} \qquad\qquad (4.16)$$

Die Bestimmung der Treffer mit Hilfe von GE- und LE-Suchoperationen erfordert zwei Berechnungsschritte. Die Bestimmung der Treffer aber in nur einem Schritt erfordert einen neuen Suchvektor, der aus den Gl. 4.15 und 4.16 bestimmt wird:

Die Gl. 4.15 wird in die Gl. 4.16 eingesetzt:

$$F_{TBL} = F_{TGE} \wedge Fs_{2LE} = F \wedge Fs_{1GE} \wedge Fs_{2LE} = F \wedge (Fs_{1GE} \wedge Fs_{2LE}) = F \wedge Fs_{BL} \qquad (4.17)$$

In dieser Gleichung wurde aus der Konjunktion der beiden Suchvektoren $Fs_{1GE} \wedge Fs_{2LE}$ der neue Suchflagvektor für BL-Suchoperation Fs_{BL} gebildet. Für den Suchvektor gilt:

$$Fs_{BL} = \qquad\qquad (4.18)$$
$$(fs_{BLj} = 1, \ \forall j \in \{S_1 .. S_2\}) \wedge (fs_{BLj} = 0, \ \forall j \in \{0 .. S_1\} \vee j \in \{S_2 .. L-1\})$$

Mit den Gleichungen 4.17 und 4.18 kann eine BL-Suchoperation in nur einem Schritt erfolgen. Es soll zur Demonstration für das in Kap. 4.1.1 angegebene Beispiel F=(0101 1100 1001 1000) eine BL-Suchoperation im Bereich $S_1 = 4$ und $S_2 = 10$ durchgeführt werden:

Für den Suchflagvektor erhält man

$$\overset{\displaystyle 0 \qquad 4 \qquad 8 \quad\ \, 12 \quad 15}{Fs_{BL} = (0000\ 1111\ 1110\ 0000)}$$

Als Ergebnis der Suchoperation wird bestimmt:

$$\begin{array}{llll} & & & 0 \quad\;\; 4 \quad\;\; 8 \quad\; 12 \;\; 15 \\ F_{TBL} = F \wedge F_{SBL} = & (0101 \;\; 1100 \;\; 1001 \;\; 1000) \\ & \wedge \underline{(0000 \;\; 1111 \;\; 1110 \;\; 0000)} \\ & = (0000 \;\; 1100 \;\; 1000 \;\; 0000) \end{array}$$

Oder mit $FLAG^{-1}(F_{TBL})=\{4,5,8\}$ erhält man die Menge der Ergebnisse.

(b) Suche außerhalb zweier Grenzen (OL):

Nach dem gleichen Verfahren wie in (a) beschrieben kann eine OL-Suchoperation für die Grenzwerte S_1 und S_2 in zwei Schritten durchgeführt werden, wenn die Grenzwerte bei den GE- und LE-Suchoperationen vertauscht werden, d.h. wenn eine GE-Suchoperation mit S_2, eine LE-Suchoperation mit S_1 durchgeführt wird. Zur Bestimmung der Treffer werden dann beide Ergebnisse konjunktiv verknüpft.

Eine parallele Ausführung der OL-Suchoperation kann auch hier mit Hilfe eines neuen Suchflagvektors durch eine simultane Adressierung von Flagzellen durchgeführt werden:

$$F_{TOL} = F \wedge F_{SOL} \tag{4.19}$$

Mit F_{TOL} als Flagvektor der Treffer, F als Flagvektor des zu überprüfenden Datensatzes und
$$F_{SOL} = \tag{4.20}$$
$$(fs_{OLj}=0, \; \forall j \in \{S_1+1..S_2-1\}) \wedge (fs_{OLj}=1, \; \forall j \in \{0..S_1\} \vee j \in \{S_2..L-1\})$$

als Suchflagvektor für OL-Suchoperation.

Eine Hardware-Lösung kann nach dem gleichen Konzept, wie bei GE- bzw. LE-Suchoperationen, für die BL- und OL-Suchoperationen aus den ermittelten Gleichungen 4.17 und 4.19 abgeleitet werden. Zur Bestimmung der Flags, die als Treffer in Frage kommen, werden auch hier die relevanten MIF-Zellen simultan adressiert. Die relevanten MIF-Zellen werden jeweils durch die Suchflagvektoren F_{SBL} und F_{SOL} spezifiziert. Sie geben den Bereich an, der simultan adressiert werden soll.

Um die Suchoperation in einem Speicherzyklus durchführen zu können, sind die beiden Grenzwerte S_1 und S_2 zur Bestimmung des für die Suche relevanten Bereiches und Generierung eines Suchflagvektors simultan bei der Flagtransformation zu berücksichtigen. Das erfordert zwei ARAM-Decoder in der Schaltung, jeweils einen für S_1 und einen für S_2. Die zwei Decoder (ADR 1 und ADR 2) sind in Abb. 4.1.8 angegeben. Die Flagadressen, die infolge der Abbildung für S_1 generiert werden können, sind als fs_{1j} $(j=0,1,\ldots,2^n-1)$ bezeichnet. Die Flags, die infolge S_2 generiert werden, sind als fs_{2j} $(j=0,1,\ldots,2^n-1)$ bezeichnet. Die beiden Flagvektoren für die Suchoperanden sind F_{S1j} und F_{S2j}.

In einer weiteren Hardware-Einheit werden die für die Suche relevanten Flags fs_{OLj} im Falle einer OL-Suchoperation bzw. fs_{BLj} im Falle einer BL-Suchoperation (mit $j=0,1,\ldots,2^n-1$) in Abhängigkeit der beiden Flagvektoren F_{S1j} und F_{S2j} gebildet, die simultan dem Flagspeichervektor zur Adressierung der relevanten MIF-Speicherzellen weitergegeben werden.

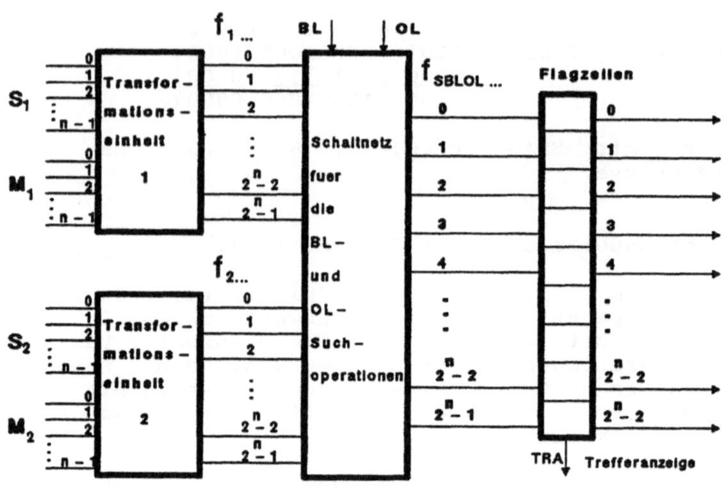

Abbildung 4.1.8: Blockschaltung des ARAM's zur Durchführung von BL- und OL-Suchoperationen

Die relevanten Zellen bei der BL-Suchoperation sind alle Zellen, die jeweils eine Adresse im Bereich von fs_1 für S_1 und fs_2 für S_2 aufweisen. Für die OL-Suchoperation sind alle MIF-Zellen zu adressieren, die außerhalb der beiden MIF-Zellen mit den Adressen für fs_1 und fs_2 liegen.

Zur Realisierung eines Schaltnetzes, das beide Operationen erfasst, geht man von der Überlegung aus, daß die beiden Suchoperationen BL und OL bis auf die Suchargumente komplementär zueinander sind. Damit sind bei einer OL-Suchoperation die MIF-Zellen zu adressieren, die im Falle der BL-Suchoperation nicht adressiert werden. Die MIF-Zellen der Suchargumente selbst sind jedoch in beiden Fällen zu adressieren. Aus dieser Überlegung heraus erhält man eine Beziehung (Gl. 4.21) zur Realisierung eines Schaltnetzes, das in Abhängigkeit der hier eingeführten Steuersignale BL und OL jeweils eine der beiden Suchoperationen durchführt (vgl. Abb. 4.1.9).

$$fs_{BLOLj} = (fs_{1j} \lor fs_{2j})$$
$$\lor \left[BL \land \left(\bigvee_{k=0}^{j-1} fs_{1k} \lor CIBB \right) \land \left(\bigvee_{k=j+1}^{2^n-1} fs_{2k} \lor CIBF \right) \right]$$

$$\lor \left[OL \land \left(\bigvee_{k=0}^{j-1} fs_{1k} \lor CIBB \right) \land \left(\bigvee_{k=j+1}^{2^n-1} fs_{2k} \lor CIBF \right) \right]$$
$$\text{mit} \quad j=0..2^n-1 \tag{4.21}$$

In dieser Gleichung stellt fs_{BLOLj} die Adresse der j-ten Flagspeicherzelle dar. Falls diese ein Flag beinhaltet, liegt ein Treffer vor.

Das Schaltnetz in Abb. 4.1.9 ist die Realisierung der Gl. 4.21, das eine vollparallele Lösung beider Suchoperationen OL und BL ermög-

95

licht. Mit dem Schaltnetz
wird die Überprüfung des
gesamten Datensatzes innerhalb oder außerhalb der Grenzwerte S_1 und S_2 in nur einem
Speicherzyklus durchgeführt.
Eine Lösung für die Realisierung eines ortssequentiellen
Schaltnetzes kann durch die
Umformung und rekursive Beschreibung der Gl. 4.21 nach
dem gleichen Verfahren wie bei
den GE- und LE-Suchoperationen
(Gl. 4.11) gewonnen werden.
Zur Kaskadierung der Bausteine
für diese Operationen werden
ebenfalls Übertragssignale
verwendet. Da hier aber zwei
Suchargumente existieren, ist
für jedes Suchargument ein
Übertragseingang und ein
Übertragsausgang erforder-
lich, die in der Schaltung mit
CIBF (Carry Input Between
limits Forward) und COBF
(Carry Output Between limits
Forward) für das erste
Suchargument S_1 sowie CIBB
(Carry Input Between limits
Backward) und COBB (Carry Out-
put Between limits Backward)
für das zweite Suchargument
S_2 berücksichtigt wurden.

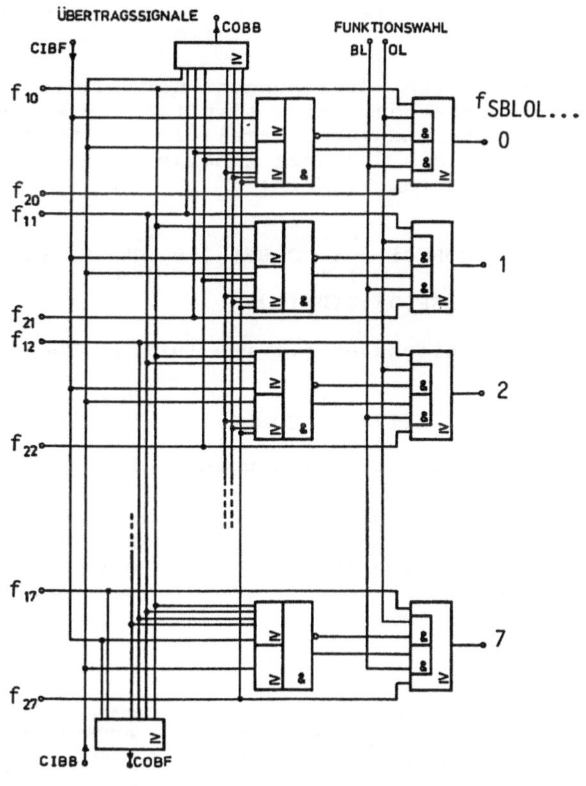

Abbildung 4.1.9:
Die Schaltung zur parallelen Durchführung von BL- und OL-Suchoperationen
in einem ARAM-Speicher

Der Übertragsausgang eines Moduls h in einem Feld mit H Moduln gilt
als Übertragseingang des benachbarten Moduls (Abb. 4.1.10):

In Vorwärtsrichtung :   CIBF(h)=COBF(h-1)   (4.22)
und in Rückwärtsrichtung   CIBB(h)=COBB(h+1)   (4.23)

Ein Übertrag COBF(h) in Vorwärtsrichtung, d.h. für das Modul h+1, wird
im Modul h generiert, falls das Suchargument S_1 eine Flagzelle in
einem der Moduln 1 bis h-1 adressiert, was mit dem Übertragseingang
CIBF(h) dokumentiert wird, oder falls die zu adressierende Flagzelle
im Modul h selbst vorliegt:

$$COBF(h)=CIBF(h) \vee \bigvee_{j=0}^{2^n-1} f_{s1}(j) =COBF(h-1) \vee \bigvee_{j=0}^{2^n-1} f_{s1}(j) \qquad (4.24)$$

Analog dazu gilt für COBB(h) in Verbindung mit dem zweiten
Suchargument S_2 in umgekehrter Richtung:

$$COBB(h) = CIBB(h) \ v \bigvee_{j=0}^{2^n-1} f_{s2}(j) = COBB(h+1) \ v \bigvee_{j=0}^{2^n-1} f_{s2}(j) \qquad (4.25)$$

Mit diesen Gleichungen werden die Überträge im Feld sequentiell weitergegeben. Eine simultane Berechnung aller Überträge in Vorwärtsrichtung und ihrer parallelen Weitergabe wird erreicht, wenn in einem Modul h ein Übertrag generiert wird, sobald eines der Moduln 0 bis h-1 ein Übertrag liefert:

$$COBF(i) = \bigvee_{j=0}^{i-1} COBF(j) \ v \bigvee_{j=0}^{2^n-1} f_{s1}(j) \ ; \ i=1..H(\text{Modulanzahl}) \quad (4.26)$$

$$COBF(0) = CIBF(1) = 0$$

Analog hierzu erhält man für die Überträge in umgekehrter Richtung:

$$COBB(i) = \bigvee_{j=i+1}^{H-1} COBB(i) \ v \bigvee_{j=0}^{2^n-1} f_{s2}(j) \ ; \ i=1..H \qquad (4.27)$$

$$COBB(H+1) = CIBB(H) = 0$$

Mit diesen Gleichungen können die Überträge vorausschauend in Abhängigkeit der beiden Suchargumente S_1 und S_2 bestimmt werden, die eine vollparallele Ausführung der beiden BL- und OL-Suchoperationen ermöglichen.

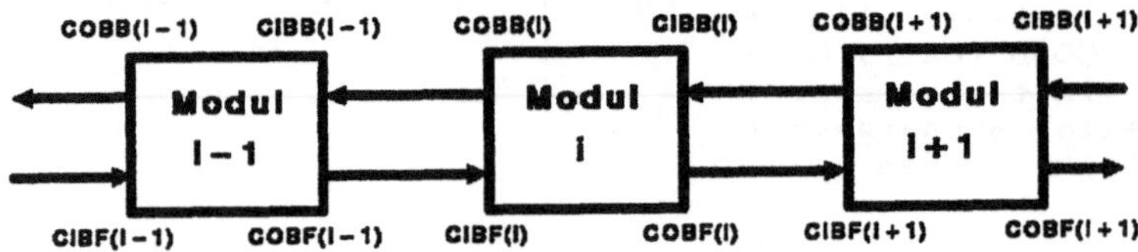

Abbildung 4.1.10: Weitergabe von Überträgen für BL- und OL-Suchoperationen zwischen den Moduln in einem Feld

4.2 Inhaltsorientierte Operationen

Die zweite Gruppe von Operationen, die durch Abfrage und Manipulation von Flag-Zelleninhalten konzipiert und realisiert werden können, umfaßt im allgemeinen die arithmetisch-logischen Operationen. Beispiele derartiger Operationen sind insbesondere Maximum- bzw. Minimumbestimmung sowie Addition, Multiplikation, Division oder auch Boole'sche Konjunktion, Disjunktion u.ä. Eine solche Operation kann für die Daten eines im Speicher durch die korrespondierenden Flags gespeicherten Datensatzes simultan durchgeführt werden /TAV86/.

4.2.1 Maximum- und Minimum-Suche in einem Datensatz

Bei Maximum- (MAX-) und Minimum- (MIN-) Suchoperationen werden die Inhalte der MIF-Zellen eines Flagvektors $F=(f_j,\ j=0..2^n-1)$ zur Überprüfung herangezogen (Abb. 4.2.1).

Da die Daten durch ihre Flags im MIF-Speichervektor sortiert vorliegen, ist bei der Suchoperation MIN (MAX) die MIF-Zelle zu bestimmen, die als erste (letzte) Zelle des MIF-Speichervektors ein Flag gleich "1" beinhaltet. Mit anderen Worten: Bei einer MIN-Suchoperation repräsentiert ein Flag f_j die kleinste Größe im Speicher, wenn $f_j=1$ ist und die Zellen bis dahin, d.h. von 0 bis $j-1$, jeweils keine "1" beinhalten:

$$f_{j\,MIN} = f_j \wedge \left(\bigwedge_{k=0}^{j-1} \overline{f_k} \right) \quad ; \quad j=0..2^n-1 \tag{4.28}$$

Analog hierzu repräsentiert bei der MAX-Suchoperation die MIF-Zelle j nur dann das Maximum, wenn sie eine "1" beinhaltet und die darauf folgenden MIF-Zellen, d.h. die MIF-Zellen $j+1$ bis 2^n-1, jeweils keine "1" beinhalten:

$$f_{j\,MAX} = f_j \wedge \left(\bigwedge_{k=j+1}^{2^n-1} \overline{f_k} \right) \quad ; \quad j=0..2^n-1 \tag{4.29}$$

Zur Kaskadierung von Bausteinen, die diese Operationen durchführen, werden ebenfalls Übertragssignale eingeführt, die die Fortsetzung der Funktionen zwischen den Bausteinen in einem Speicherfeld z.B. mit H Speichermoduln ermöglichen. Sobald in einem linearen Speicherfeld ein Baustein h das Maximum bzw. das Minimum liefert, sind im Falle einer MAX-Suche die Bausteine unterhalb (h-1..1) und im Falle einer MIN-Suche die Bausteine oberhalb des Bausteins h (h+1..H) zu sperren. Die Überträge können in den o.a. Gleichungen entsprechend berücksichtigt werden:

Für die MIN-Suchoperation in einem Modul h (h=1..H) unter Berücksichtigung des Übertragseinganges CIF_h (Carry Input Forward) gilt:

$$f_{h\,j\,MIN} = f_{h\,j} \wedge \left(\bigwedge_{k=0}^{j-1} \overline{f_{h\,k}} \right) \wedge \overline{CIF_h} \quad ; \quad j=0..2^n-1 \tag{4.30}$$

Ein Übertrag COF_h (Carry Output Forward) liegt für das benachbarte Modul (h+1) vor, wenn weder im Modul selbst noch in einem der vorherigen Moduln (1..h-1) ein Minimum bestimmt wurde:

$$COF_h = CIF_h \wedge \left(\bigwedge_{k=0}^{2^n-1} \overline{f_k} \right) \tag{4.31}$$

Analog dazu wird die Beziehung für eine MAX-Suchoperation mit CIB_h (Carry Input Backward) als Übertragseingang erweitert:

$$f_{h\,j\,MAX} = f_{h\,j} \wedge \left(\bigwedge_{k=j+1}^{2^n-1} \overline{f_{h\,k}} \right) \wedge \overline{CIB_h} \quad ; \quad j=0..2^n-1 \tag{4.32}$$

Für das Übertragsausgangssignal COB_h (Carry Output Backward) gilt:

$$COB_h = CIB_h \wedge \left(\bigwedge_{k=0}^{2^n-1} \overline{f_k} \right) \tag{4.33}$$

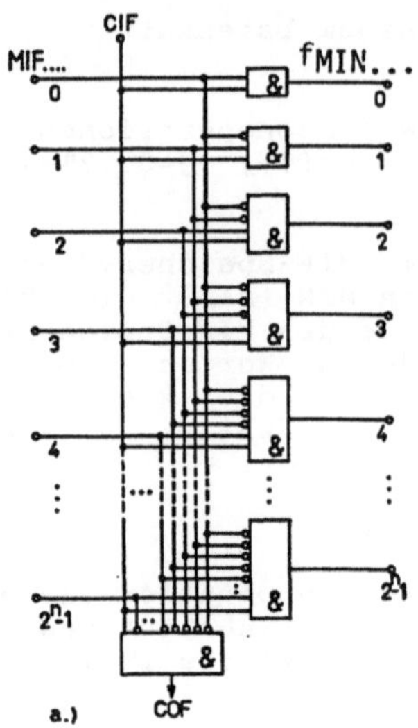
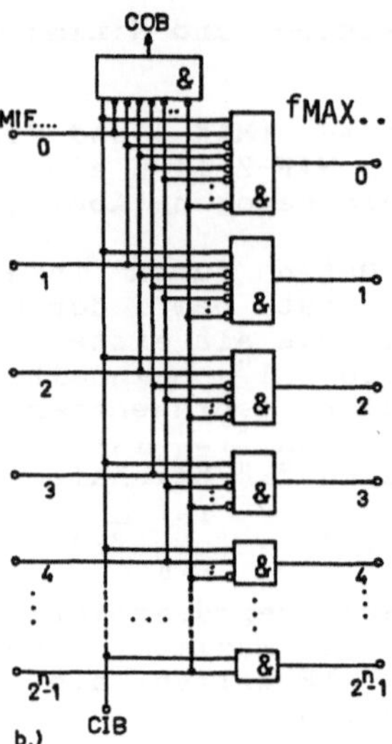

Abbildung 4.2.1: Schaltungen zur Durchführung paralleler MIN- (a.) und paralleler MAX-Suchoperationen (b.)

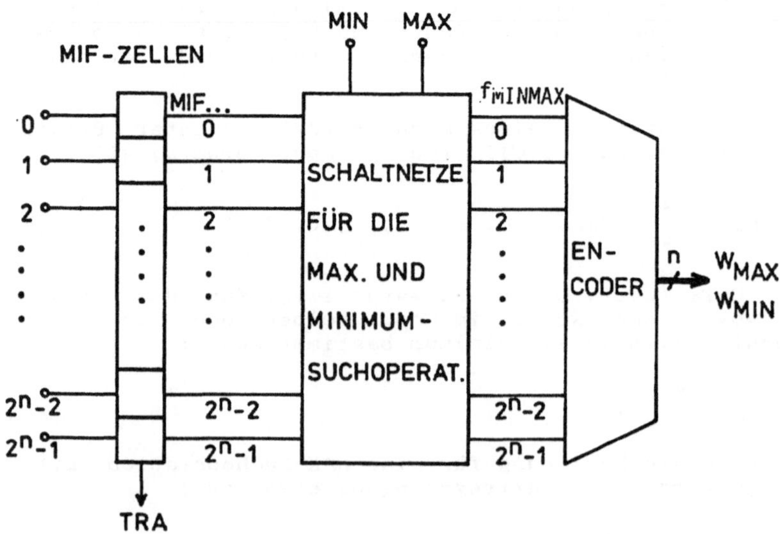

Abbildung 4.2.2: Blockschaltung zur MAX- bzw. MIN-Suchoperation

Die Hardware-Realisierungen zur Durchführung von MAX- bzw. MIN-Suchoperationen sind in den Abb. 4.2.1a bzw. 4.2.1b angegeben. Die Eingänge einer Schaltung sind die Flagzellenausgänge f_j mit $j=0..2^n-1$. Die Ausgänge sind die Flags f_{hjMIN} bzw. f_{hjMAX} mit $j=0..2^n-1$. Bei einer Suchoperation kann nur ein Ausgang ein Ergebnis liefern, d.h. sobald das Flag für Minimum (bzw. Maximum) vorliegt, werden die Zellen danach (bzw. davor) gesperrt. Die Schaltungen entsprechen jeweils einer Prioritätenschaltung, die aber entgegengesetzte Prioritäten bei der Bearbeitung der Daten zugrunde legen. In den Schaltungen sind ebenfalls die Überträge berücksichtigt.

Eine Schaltung, die die beiden Suchoperationen vereinigt, ist in Abb. 4.2.2 als Blockschaltung angegeben. Zur Auswahl der Suchoperationen sind zwei Steuerleitungen (MAX und MIN) in der Schaltung vorgesehen. Die Gleichung zur Realisierung der Gesamtschaltung wird aus der Zusammenfassung beider Gleichungen 4.30 und 4.31 unter Berücksichtigung von MAX und MIN als Steuervariable gewonnen:

$$f_{jMINMAX}=\{MIN\wedge[f_j\wedge(\overset{j-1}{\underset{k=0}{\wedge}}\overline{f_k})\wedge\overline{CIF}]\}v\{MAX\wedge[f_j\wedge(\overset{2^n-1}{\underset{k=j+1}{\wedge}}\overline{f_k})\wedge\overline{CIB}]\} \qquad (4.34)$$

mit $j=0..2^n-1$.

In dieser Gleichung wurde der Index h nicht berücksichtigt, da die Gleichung für jedes Modul in einem Feld gilt. CIF bzw. CIB sind die Übertragseingänge für Minimum- bzw. Maximum-Suche im Modul.

Für die Überträge werden ebenfalls die o.a. Gleichungen (Gl. 4.31 und 4.33) verwendet.

Eine Schaltung nach der Gleichung 4.34 führt eine Suchoperation parallel durch. In ähnlicher Form wie im Kap. 4.1.1 können auch hier die Beziehungen zur seriellen (ortssequentiellen) oder parallel-seriellen Hardware-Realisierung durch rekursive Formulierung obiger Gleichung ermittelt werden. Es ist auch hier möglich, durch geeignete Carry-Look-Ahead-Bausteine die Suchoperationen in einem ARAM-Feld vollparallel durchzuführen.

4.2.2 Flagorientierte Arithmetik-Logik-Operationen

Die klassischen Verfahren zur Durchführung arithmetischer und logischer Operationen mit Hilfe einer Arithmetik-Logik-Einheit sind zur Bearbeitung von nur zwei Operanden konzipiert. Im allg. bestehen die Operanden aus mehrstelligen Binärgrößen. Eine Operation kann sowohl seriell als auch parallel für die binären Stellen der Operanden durchgeführt werden.

Beispielsweise wird die Schaltung eines Addierwerkes zur Addition von zwei mehrstelligen Binäroperanden durch einen Halbaddierer für die Binärstellen mit niedrigster Wertigkeit (LSB-Stelle) und Volladdierer für die restlichen Binärstellen der Operandenpaare realisiert. Dabei können Überträge in den einzelnen Stufen entstehen, die in der folgenden Stelle berücksichtigt werden müssen. Zur parallelen Addition beider Operanden kann eine Übertragsvorausberechnung (carry look ahead) durchgeführt werden. Will man simultan für mehr als ein Operandenpaar eine Summation mit Hilfe solcher Addierwerke durchführen, so ist die Zahl der Addierwerke zu erhöhen.

Das Verfahren gilt auch für weitere arithmetische und logische Operationen, z.B. Multiplikation, Subtraktion usw., die nach dem o.g. Konzept organisiert sind.

Bei einem flagorientierten Arithmetik-Logik-Rechenwerk handelt es sich aber um eine Einheit, die die Operationen für mehrstellige Binärgrößen parallel durchführt und in der Lage ist, eine Operation für mehrere Operanden simultan zu bewältigen.

Als Beispiel sei ein assoziativer Datensatz durch die Menge {S} gegeben, der die Elemente S_j mit j=1..p beinhaltet, die jeweils durch mehrstellige Binärgrößen darstellbar sind. Sollen die Elemente der Menge {S} als erste Operandengruppe mit einer weiteren Größe Q als ein zweiter Operand verknüpft werden, so entstehen folgende Operandenpaare zur Durchführung einer Operation (OP):

$$(S_1 \text{ OP } Q), (S_2 \text{ OP } Q), \ldots , (S_j \text{ OP } Q), \ldots , (S_p \text{ OP } Q)$$

Der Vorgang der notwendigen Verknüpfungen kann mit einer Ein-Prozessor-Maschine nur sequentiell in p-Schritten bewältigt werden, wenn die Operationen für die Bitstellen der Operanden parallel erfolgen. In einer skalaren Programmiersprache (z.B. Pascal) bedeutet dies:

```
VAR S,Z : ARRAY (1..p) OF INTEGER;
    Q    : INTEGER;  j : 1..p;
FOR j:=1 TO p DO
    BEGIN
      Z(j):= S(j)  ** OP **  Q
    END;
  .
  .
  .
```

Eine simultane Durchführung obiger Operationen erfordert p gleichartige Operationseinheiten, die parallel arbeiten.

Zur Erläuterung der in einer flagorientierten Arithmetik-Logik-Einheit zugrunde gelegten Methode wird eine Vorbetrachtung mit Hilfe eines Modells vorgenommen, das den Ablauf einer Operation im Bildbereich mit Hilfe von Flags zeigt.

Nehmen wir an, daß ein Feld mit f Löchern vorliegt. Die Löcher dieses Feldes seien von 0 beginnend fortlaufend numeriert (Abb. 4.2.3a). Möchte man eine Größe k definieren, so steckt man eine Kugel in das betreffende Loch. Umgekehrt, wenn eine Kugel in einem Loch mit der Position k existiert, wird die Größe k als vorrätig interpretiert. Soll nun z.B. die Größe k um die Größe j erhöht werden, so wird die Kugel aus dem Loch k herausgenommen und in das Loch mit der Bezeichnung l=k+j gesteckt. Wenn man jetzt das Feld betrachtet, so liegt die Größe l, die gleich k+j ist, als Ergebnis der Addition vor. Nach diesem Verfahren wird also eine Addition durch nur eine Verschiebeoperation des Flags im Feld bewältigt.

Das Verfahren gilt auch, wenn mehrere Löcher im Feld jeweils eine Kugel beinhalten. Sollen die vorhandenen Größen im Feld jeweils um die Größe j erhöht werden, so können alle Kugeln simultan jeweils um j Löcher verschoben werden, was einer parallelen Addition mehrerer Operanden mit dem selben Addenden gleichkommt (Abb. 4.2.3b).

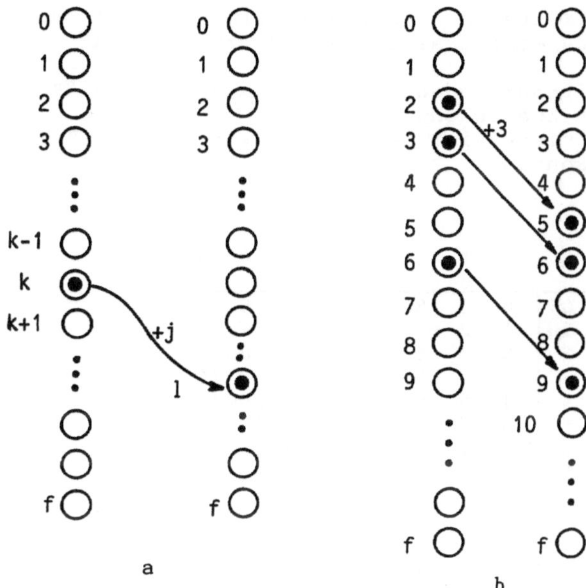

Abbildung 4.2.3: a) Modell zur Darstellung flagorientierter Daten
b) Vorgang der parallelen Addition von Daten mit
Hilfe von korrespondierenden Flags

Eine Hardware-Architektur, die nach dem beschriebenen Modell arbeitet,
verwendet eine Einheit zur Durchführung arithmetischer und logischer
Operationen, die im wesentlichen aus einer Auswahlschaltung
(Multiplexer) besteht und eine Verschiebung von Flags eines Datensatzes in Abhängigkeit (a) der verlangten Operation und (b) des
zweiten Operanden vornimmt.

Die Blockschaltung eines flagorientierten Systems, die zur Durchführung arithmetischer und logischer Operationen ausgelegt ist, beinhaltet ebenfalls gemäß Abb. 2.2, Kap. 2 drei Einheiten
(Transformationseinheit, Speicher- und Verarbeitungseinheit sowie
Rücktransformationseinheit) zur Bewältigung der o.g. Schritte.

4.2.2.1 Konzept eines flagorientierten Addierwerkes

Als Beispiel einer Operation soll das Konzept eines flagorientierten
Addierwerkes für Operanden mit jeweils 3-Bit-Wortlänge entworfen
werden.

Tabelle 4.2.1 wird als Grundlage zur Realisierung des Addierwerkes
verwendet. In der Tabelle sind die möglichen Ergebnisse zweier 3-Bit-
Operanden zusammengefasst. Die möglichen Werte zweier Operanden S und
Q sind jeweils in der linken Spalte und der obersten Zeile der
Tabelle aufgeführt. Bei 3 bit Wortlänge kommen die Größen 0 bis 7 für
die Operanden in Betracht. Die resultierenden Ergebnisse sind in der
Ergebnismatrix angegeben. Jedes Feld der Matrix ist als Summe der
Zahlenpaare S und Q zu betrachten, die in der zugehörigen Zeile bzw.

Spalte der Matrix stehen. Zur Ermittlung der allgemeinen Gleichungen des Addierwerkes ergibt sich aus der Tabelle, daß

- bei n-Bit-Summanden die Zahlen von 0 bis 2^n-1 als Operanden vorkommen können und
- die Ergebnisse sich im Bereich von 0 bis $(2^n-1)+(2^n-1)=2^{n+1}-2$ bewegen können.

	Q	0	1	2	3	4	5	6	7
S	0	0	1	2	3	4	5	6	7
	1	1	2	3	4	5	6	7	8
	2	2	3	4	5	6	7	8	9
	3	3	4	5	6	7	8	9	10
	4	4	5	6	7	8	9	10	11
	5	5	6	7	8	9	10	11	12
	6	6	7	8	9	10	11	12	13
	7	7	8	9	10	11	12	13	14

Tabelle 4.2.1: Die möglichen Ergebnisse bei der Addition von 3-Bit-Operanden

Wenn die redundanten Ergebnisse, d.h. die in der Matrix mehrfach auftretenden Ergebnisse, jeweils nur einmal berücksichtigt werden, so erhält man für das Beispiel die Zahlenmenge

$$R = \{R_j \mid j\in\{0..14\}\} = \{R_0, R_1, R_2, \ldots, R_{14}\}$$
$$= \{0, 1, 2, 3, 4, 5, 6, 7, 8, 9, 10, 11, 12, 13, 14\}$$

als mögliche Ergebnisse einer Addition zweier Zahlen zwischen 0 bis 7. Nach dieser Betrachtung kann ein Ergebnis R_j von unterschiedlichen Operanden geliefert werden. Beispielsweise erhält man das Ergebnis $R_6=6$ aus der Addition von 0+6, 1+5, 2+4, 3+3, 4+2, 5+1 oder 6+0, wobei die erste Zahl bei den angegebenen Additionen jeweils eine Variable aus (S) und die zweite Zahl jeweils die Variable Q darstellt. Die allgemeine Beziehung für das Ergebnis R_6 kann nun angegeben werden:

$$R_6 = (S_0+Q_6) \vee (S_1+Q_5) \vee (S_2+Q_4) \vee (S_3+Q_3) \vee (S_4+Q_2) \vee (S_5+Q_1) \vee (S_6+Q_0)$$

Unter Berücksichtigung, daß die Operanden nach der Flagtransformation jeweils eine 1-Bit-Information darstellen, können die "+"-Zeichen in der obigen Beziehung durch log. "$\wedge$"-Zeichen ersetzt werden. Damit wird das Vorhandensein des Flags eines Ergebnisses durch das Vorhandensein der Flags von entsprechenden Operandenpaaren mit Hilfe des UND-Gatters signalisiert:

$$f_{R6} = (f_{S0}\wedge f_{Q6})\vee(f_{S1}\wedge f_{Q5})\vee(f_{S2}\wedge f_{Q4})\vee$$

$$(f_{S3}\wedge f_{Q3})\vee(f_{S4}\wedge f_{Q2})\vee(f_{S5}\wedge f_{Q1})\vee(f_{S6}\wedge f_{Q0})$$

Diese Beziehung liefert das Flag f_{R6} für die Zahl $R_6=6$ als Ergebnis einer Addition, wenn eine der Operandenpaare S_k UND Q_l jeweils durch ihre zugehörigen Flags f_{sk} und f_{ql} vorliegen. Damit können die Gleichungen für die Realisierung der Schaltung formuliert werden:

$$f_{R\,i} = \bigvee_{j=0}^{i} ((f_{S\,i-j}) \wedge f_{Q\,j}) \qquad \text{für} \qquad i \in \{0,1,2,\ldots, 2^n-1\} \qquad \text{und}$$

$$f_{R\,i} = \bigvee_{j=2^{n+1}-i}^{2^n-1} ((f_{S\,j}) \wedge f_{Q\,i-j}) \qquad \text{für} \qquad i \in \{2^n,\ldots, 2^{n+1}-2\}.$$

Ein Schaltnetz, das mit Hilfe dieser Gleichungen realisiert wird, kann zur simultanen Addition von allen Variablen eines assoziativen Vektors (S) mit einer skalaren Größe Q mit Hilfe ihrer Flags verwendet werden.

Die Schaltung eines solchen flagorientierten Addierwerkes ist in der Abb. 4.2.4 angegeben. Der Additionsteil stellt ein zweistufiges Schaltnetz dar, das in Abhängigkeit der Größe Q die Ergebnisse R_i als Flags generiert.

Die Ergebnisse, die simultan am Ausgang des Schaltnetzes vorliegen, werden in einem Flagvektor gespeichert, der als Ergebnisflagvektor bezeichnet wird. Er stellt eine Speicherspalte mit $2^{n+1}-1$ Speicherzellen für n-Bit-Operanden dar.

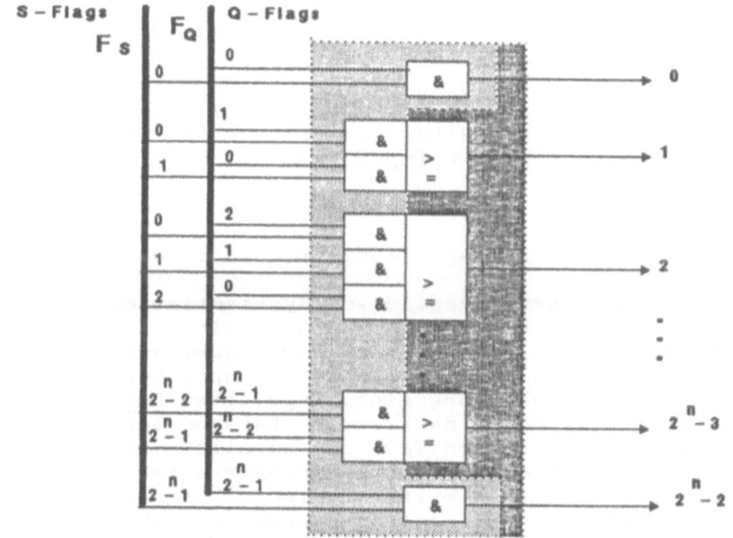

Abbildung 4.2.4: Schaltung eines flagorientierten Addierers

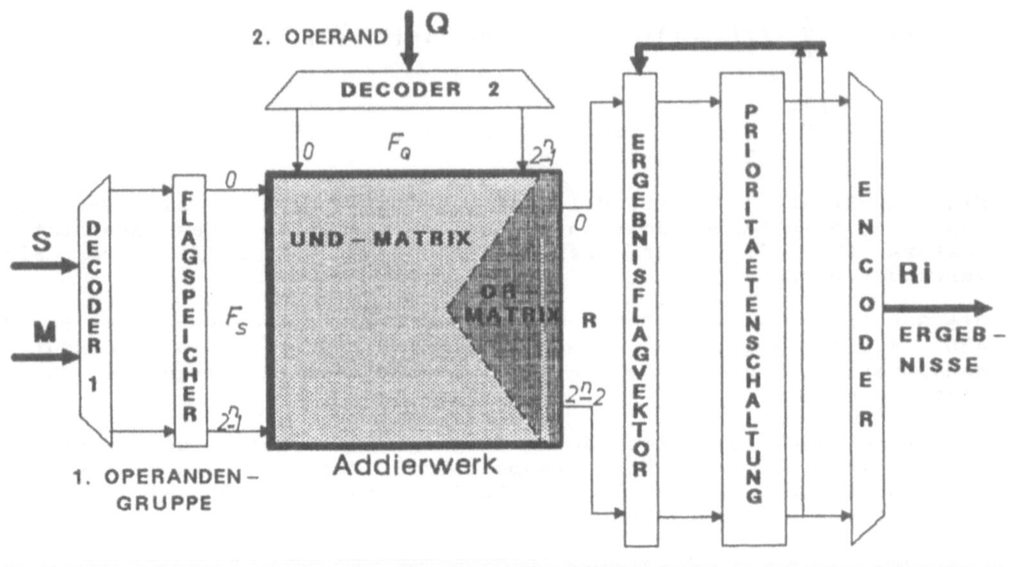

Abbildung 4.2.5: Gesamtschaltung des flagorientierten
Addierwerkbeispieles

4.2.2.2 Gesamtkonzept eines flagorientierten Addierwerkes

Abb. 4.2.5 zeigt das Gesamtkonzept des flagorientierten Addierwerks-
beispiels. Die Schaltung besteht aus drei Teilen. Im ersten Teil
werden die Elemente des Vektors (S) nach der Flag-Transformation durch
das Setzen von korrespondierenden Flags im Flagspeichervektor gespeichert. Im Falle einer Maskierung eines angelegten Datums S_j werden
sämtliche Kombinationen des maskierten Datenwortes gespeichert
(vergl. Kap. 3.2.1). Im zweiten Teil der Schaltung wird die Addition
der Vektorelemente (S) mit einer weiteren skalaren Variablen Q durch
die Verknüpfung ihrer Flags simultan durchgeführt. Ein Taktsignal
ermöglicht die Übernahme der Flags der Ergebnisse in den Ergebnis-
speichervektor. Die gespeicherten Flags der Ergebnisse werden im
dritten Teil mit Hilfe der Prioritätenschaltung selektiert, umgewandelt und sequentiell ausgegeben.

4.2.2.3 Kaskadierung von flagorientierten Addierwerksmoduln

Ziel einer Modul-Kaskadierung ist, daß durch Einsatz von mehreren
gleichartigen Bausteinen (a) die Wortlänge und (b) die Anzahl der
Operanden bei der Durchführung einer Operation erhöht werden.

Es wird mit dem o.a. Addierwerksbeispiel vorausgesetzt, daß Moduln für die Addition von Operanden mit jeweils 3-Bit-Wortlänge (n=3) existieren (s. Abb. 4.2.5). Es soll ein Feld mit diesen Bausteinen realisiert werden, das Operanden mit jeweils 4 Bit Wortlänge (n+1=4) bearbeitet. In der Tab. 4.2.2 ist die Ergebnismatrix für das gesamte Feld, d.h. für den Zahlenbereich 0 bis $2^{n+1}-1$, angegeben. Die Matrixelemente stellen jeweils die Ergebnisse einer Addition der entsprechenden Zeilen- und Spaltenoperanden dar.

		0								1							
	q / s	0	1	2	3	4	5	6	7	8	9	10	11	12	13	14	15
0	0	0	1	2	3	4	5	6	7	8	9	10	11	12	13	14	15
	1	1	2	3	4	5	6	7	8	9	10	11	12	13	14	15	16
	2	2	3	4	5	6	7	8	9	10	11	12	13	14	15	16	17
	3	3	4	5	6	7	8	9	10	11	12	13	14	15	16	17	18
	4	4	5	6	7	8	9	10	11	12	13	14	15	16	17	18	19
	5	5	6	7	8	9	10	11	12	13	14	15	16	17	18	19	20
	6	6	7	8	9	10	11	12	13	14	15	16	17	18	19	20	21
	7	7	8	9	10	11	12	13	14	15	16	17	18	19	20	21	22
1	8	8	9	10	11	12	13	14	15	16	17	18	19	20	21	22	23
	9	9	10	11	12	13	14	15	16	17	18	19	20	21	22	23	24
	10	10	11	12	13	14	15	16	17	18	19	20	21	22	23	24	25
	11	11	12	13	14	15	16	17	18	19	20	21	22	23	24	25	26
	12	12	13	14	15	16	17	18	19	20	21	22	23	24	25	26	27
	13	13	14	15	16	17	18	19	20	21	22	23	24	25	26	27	28
	14	14	15	16	17	18	19	20	21	22	23	24	25	26	27	28	29
	15	15	16	17	18	19	20	21	22	23	24	25	26	27	28	29	30

Tabelle 4.2.2 : Ergebnismatrix zur Realisierung eines Additionsfeldes mit kaskadierbaren Bausteinen

Ein "Grundbaustein" führt jedoch nur die Additionen des ersten Quadranten der Matrix aus (Quadrant (0,0) der Matrix). Die Ergebnisse in den drei weiteren Quadranten erfordern den Einsatz weiterer Bausteine.

Es wird eine Lösung angestrebt, die die Verwendung von gleichartigen Grundbausteinen für alle Quadranten zuläßt. Aus der Tabelle 4.2.2 werden folgende Punkte festgestellt:

- Die auftretenden Ergebnisse sind symmetrisch zu der Hauptdiagonale der Matrix, d.h.

  $E(i,j)=E(j,i)$ für $\forall\ i,j \in \{0..15\}$.

- Die Ergebnisse aus dem Feld besitzen bis zu 5 Bit Wortlänge, da die Operanden (S) und Q jeweils 4 bit Wortlänge umfassen.

- Durch die Anwendung der Modulo-8-Funktion auf die Ergebnisse der Quadranten (0,1), (1,0) und (1,1) entstehen die gleichen Ergebnisse, wie sie im Quadranten (0,0) existieren, d.h.

  $MOD(E^{k,l}(i,j),8) = MOD(E^{0,0}(i,j),8)$
  für $\forall\ i,j \in \{0..7\}$ und $\forall\ k,l \in \{0,1\}$.

Damit sind in den Quadranten die korrespondierenden Ergebnisse
($W=w_4 w_3 w_2 w_1 w_0$), d.h. das Ergebnis im Feld i,j (i,j$\in\{0..7\}$) des
Quadranten (0,0), im Feld i+8,j des Quadranten (1,0), im Feld i,j+8
des Quadranten (0,1) und im Feld i+8,j+8 des Quadranten (1,1), in
den drei niederwertigsten Bitpositionen (w_2 w_1 w_0) gleich. Die
restlichen zwei Bitstellen (w_4 w_3) sind unterschiedlich und müssen
von jedem Baustein individuell geliefert werden.

Es ist jedoch durch die Überprüfung der Max.- bzw. der Min.-Werte der
Ergebnisse einzelner Quadranten leicht feststellbar, daß für die
einzelnen Quadranten jeweils nur zwei Kombinationen der höherwertigen
Bitstellen in Betracht kommen(s. Tab. 4.2.3).

```
Gruppe              |   G1              G2
--------------------|--------------------------
Quadrant (0,0)      |   0 0     und     0 1
Quadrant (0,1)      |   0 1      "      1 0
Quadrant (1,0)      |   0 1      "      1 0
Quadrant (1,1)      |   1 0      "      1 1
```

Tabelle 4.2.3: Zuordnung der höherwertigen Bitstellen zu
den Quadranten

Die zwei Kombinationen der höherwertigen Bitstellen teilen die
Ergebnisse eines Quadranten in zwei Gruppen G1 und G2, die durch eine
1-Bit-Information (z.B G1=0 und G2=1) dargestellt werden können. Diese
Information wird als "**Restbitidentifikator (RB)**" bezeichnet.

Der Gruppe G1 wird RB=0 und der Gruppe G2 RB=1 zugeordnet. Der
Restbitidentifikator RB kann gleichzeitig als Übertrag einer Addition
zweier Operanden aus einem Grundbaustein interpretiert werden.

Die RB-Information kann somit zur Generierung der restlichen
(höherwertigen) Bitstellen eines Ergebnisses verwendet werden. Man
muß jedoch sicherstellen, von welchem Baustein die RB-Information
stammt, damit die entsprechenden Bitstellen generiert werden können.

Wegen der Forderung, daß die Ergebnisse sequentiell aufgerufen werden
sollen (Read-Phase), kann zu jedem Zeitpunkt nur ein Baustein ein
Ergebnis liefern, d.h. zu jedem Zeitpunkt ist nur ein Baustein des
Gesamtfeldes aktiv.

Ein Signal (ACT), das die Aktivierung eines Bausteines anzeigt, dient
zur Spezifizierung des aktiven Bausteines im Feld. Die Ermittlung des
ACT-Signals ist einfach, da ein Baustein nur dann aktiv ist, wenn
seine Prioritätenschaltung die Ergebnisse zur Ausgabe selektiert und
vorbereitet. Das ist nur dann der Fall, wenn ein Übertragssignal von
dem vorherigen Baustein vorliegt (d.h. Carry-Input : CIN=1) und der
Baustein selbst noch kein Übertragssignal für den folgenden Baustein
generiert hat (Carry-Output: COUT=0). Ein Übertragssignal wird vom
Baustein dann generiert, wenn ein Übertrag von der vorigen Stufe
vorliegt und keine Ergebnisse mehr im Baustein vorliegen. Der Übertragsausgang gilt als Übertragseingang des nächsten Bausteins. Damit
erhält man für das Aktivierungssignal eines Bausteines $ACT^{k,l}$ (k=0,1,
l=0,1) folgende Beziehung:

$$ACT^{k,l} = CIN^{k,l} \wedge \overline{COUT^{k,l}}$$

Die beiden Signale RB und ACT eines Moduls werden zur Generierung der höherwertigen Bitstellen der Ergebnisse aus dem Baustein eingesetzt.

Baustein 0,0				Baustein 0,1				Baustein 1,0				Baustein 1,1			
ACT 0,0	RB 0,0	w4	w3	ACT 0,1	RB 0,1	w4	w3	ACT 1,0	RB 1,0	w4	w3	ACT 1,1	RB 1,1	w4	w3
0	X	X	X	0	X	X	X	0	X	X	X	0	X	X	X
1	0	0	0	1	0	0	1	1	0	0	1	1	0	1	0
1	1	0	1	1	1	1	0	1	1	1	0	1	1	1	1

Tabelle 4.2.4 : Berechnung der restlichen Bitstellen der Ergebnisse

Tab. 4.2.4 wird als Grundlage zur Berechnug von restlichen Bitstellen eines Ergebnisses verwendet. Mit Hilfe der Tabelle wird ein weiterer Baustein entworfen, der in Abhängigkeit der Eingangssignale $ACT^{k,l}$ und $RB^{k,l}$ (mit k=0,1 und l=0,1) die höherwertigen Bitstellen der Additionsergebnisse generiert. Dieser Baustein wird als "Restbitgenerator" bezeichnet. Das Signal $ACT^{k,l}$ zeigt die Aktivierung des zugehörigen Bausteines an. In diesem Fall sind nur die Ausgänge dieses Bausteines von Relevanz. Die Ausgänge weiterer Bausteine im Feld sind ohne Bedeutung, da sie keine Ergebnisse ausgeben. Damit können die Ausgänge der Bausteine als Tri-State-Ausgänge organisiert und mit Busleitungen beschaltet werden. Die Ausgänge der Bausteine, die keine Ergebnisse liefern, sind im hochohmigen Zustand. Die Steuerung der Ausgänge eines Bausteins (k,l) kann durch das Signal $ACT^{k,l}$ des Bausteines vorgenommen werden. In einem Feld mit solchen Bausteinen werden die Ausgänge w_2, w_1 und w_0 sowie RB der Bausteine auf Busleitungen geführt. Damit kann die Anordnung des Gesamtfeldes mit den 4 Bausteinen sowie dem Restbitgenerator zur Generierung von w_4 und w_3 angegeben werden, die in Abb. 4.2.6 dargestellt ist. Die Schaltung des Restbitgenerators stellt ein Schaltnetz dar, das mit folgenden Gleichungen für w_4 und w_3 realisiert werden kann:

$$w_3 = w_3^{0,0} \vee w_3^{0,1} \vee w_3^{1,0} \vee w_3^{1,1}$$

$$= (ACT^{0,0} \wedge RB) \vee ((ACT^{0,1} \vee ACT^{1,0}) \wedge \overline{RB}) \vee (ACT^{1,1} \wedge RB)$$

$$w_4 = w_4^{0,0} \vee w_4^{0,1} \vee w_4^{1,0} \vee w_4^{1,1}$$

$$= ((ACT^{0,1} \vee ACT^{1,0}) \wedge RB) \vee (ACT^{1,1})$$

In diesen Gleichungen wurde berücksichtigt, daß das RB-Signal durch die Wired-OR-Schaltung aller RB-Tri-State-Ausgänge der Bausteine vorliegt. Die Schaltung des Restbitgenerators ist in Abb. 4.2.7 angegeben.

Das Gesamtfeld kann einen Vektor (S) mit bis zu 2**4 Elementen, die jeweils 4 Bit lang sind, speichern und mit einem weiteren 4 Bit Operanden addieren.

Von den 2**4 Elementen des Vektors (S) können jeweils eine Hälfte in einem Baustein gespeichert werden, d.h. vor der Durchführung einer Addition ist dafür zu sorgen, daß die Operanden zu den richtigen Bausteinen gelangen und dort gespeichert werden, was einer Auswahl der Bausteine (Chipselect) bei der Speicherung der Daten entspricht.

Die Operanden, die in einem Baustein gespeichert werden können, bestehen aus jeweils 3 Bitstellen. Die vierte Bitstelle wird zur Auswahl der Bausteine verwendet, d.h. mit dem vierten Bit eines Operanden wird entschieden, in welchem Baustein die ersten 3 Bitstellen des Operanden gespeichert werden sollen. Mit den beiden Bitpositionen s_3 aus S und q_3 aus Q wird ein neues Signal CS (Chipselect) ermittelt. Das CS-Signal aktiviert die Bausteine, die zur Speicherung des Operanden heranzuziehen sind.

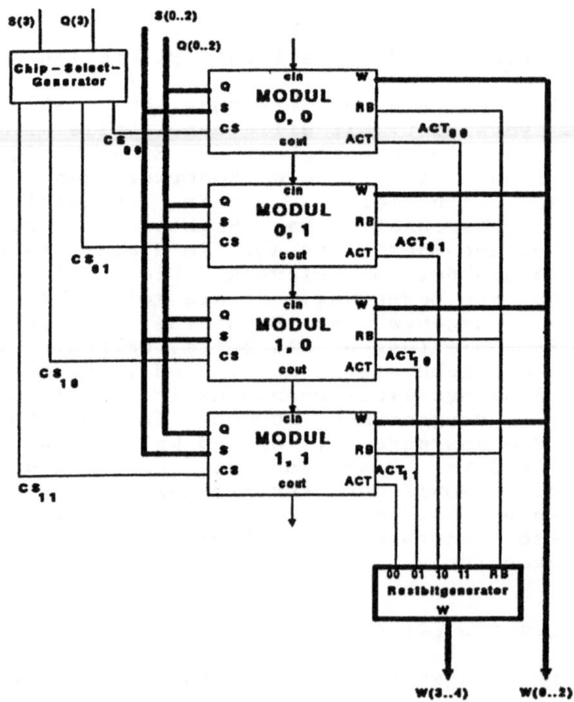

Abbildung 4.2.6: Blockschaltung eines Additionsfeldes mit kaskadierbaren Additionsmoduln

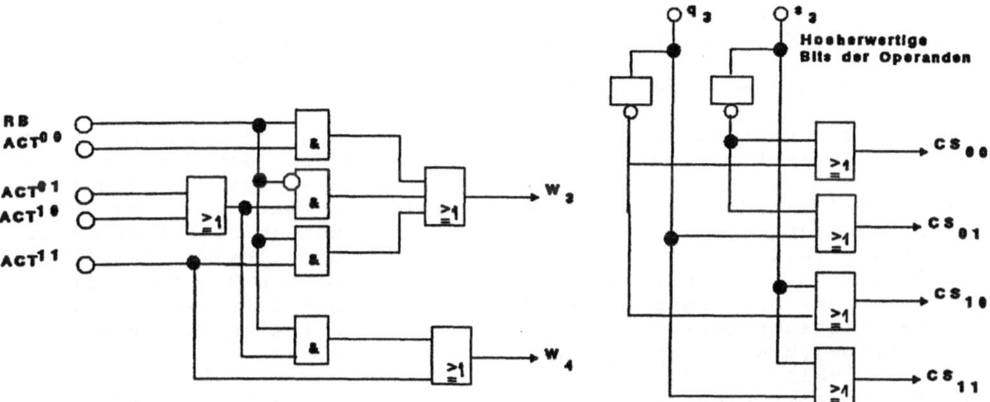

Abbildung 4.2.7:
Schaltung des Restbitgenerators
für das Addierwerk

Abbildung 4.2.8:
Schaltung des CS-Generators

Aufgrund der matrixförmigen Anordnung des Feldes werden die Operanden
des (S)-Vektors jeweils simultan in den Bausteinen der ersten und in
den Bausteinen der zweiten Spalte des Feldes gespeichert, so daß zur
Speicherung einer Größe zwei Bausteine gleichzeitig aktiviert werden
müssen. Das Signal CS muß demnach simultan für zwei Bausteine
generiert werden. Tab. 4.2.5 zeigt die Berechnung der CS-Signale in
Abhängigkeit der Bitstellen s_3 und q_3 für die Bausteine an.

			B a u s t e i n e		
		$CS^{0,0}$	$CS^{0,1}$	$CS^{1,0}$	$CS^{1,1}$
Bitposition					
s_3	0	1	1	0	0
	1	0	0	1	1
q_3	0	1	0	1	0
	1	0	1	0	1

Tabelle 4.2.5: Berechnung der CS-Signale der Bausteine

Aus der Tab. 4.2.5 werden die Beziehungen der CS-Signale ermittelt:

$$CS^{0,0} = (\overline{s_3} \lor \overline{q_3}) \quad , \quad CS^{0,1} = (\overline{s_3} \lor q_3),$$

$$CS^{1,0} = (s_3 \lor \overline{q_3}) \quad und \quad CS^{1,1} = (s_3 \lor q_3).$$

Die Schaltung zur Generierung der CS-Signale ist in Abb. 4.2.8
angegeben. Mit dem erstellten Feld können

- ein Vektor (S) mit 2**4 Elementen, die jeweils 4 Bit Wortlänge
  aufweisen, gespeichert,

- die Elemente des Vektors (S) mit einer Variable Q, die
  ebenfalls 4-Bit Wortlänge aufweist, simultan addiert und

- die Ergebnisse sequentiell ausgegeben werden.

Die ermittelte Schaltung des Gesamtfeldes (Abb. 4.2.6) kann jedoch um
die Hälfte reduziert werden. Der Grund liegt darin, daß die Variable
Q nur einen einzigen Wert annehmen kann. Damit ist bei der Addition
des Vektors (S) mit dem Wert Q nur eine Spalte der Matrix in der Tab.
4.2.2 von Bedeutung. Mit dieser Randbedingung können die Ergebnisse
der Bausteine (0,1) und (1,1) des Feldes durch die Bausteine (0,0)
und (1,0) ermittelt werden. Dadurch können die beiden Bausteine (0,1)
und (1,1) in der Anordnung weggelassen werden. Dabei ist zu beachten,
daß die verbliebenen Bausteine auch mit den CS-Signalen der weggelas-
senen Bausteine (zeilenweise) ausgewählt werden müssen. Weiterhin sind
auch die ACT-Signale der eliminierten Bausteine von den restlichen
Bausteinen zu generieren. Die Berechnung der ACT-Signale ist einfach,
da die restlichen Bitstellen des Q-Operanden einbezogen werden kann.
Damit entsteht eine Anordnung, die in der Abb. 4.2.9 angegeben ist.

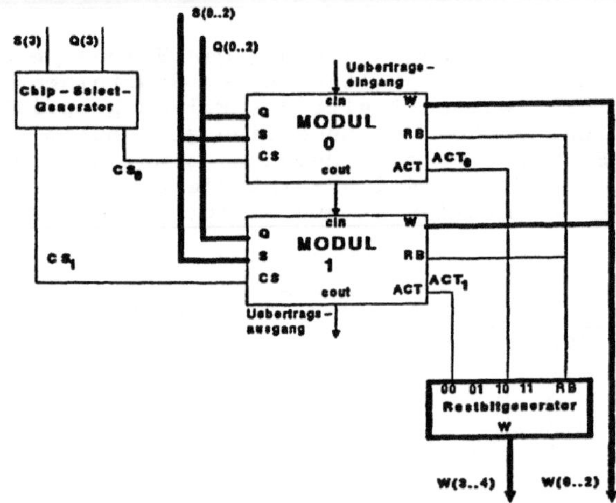

Abbildung 4.2.9: Blockschaltung des minimierten Addierfeldes

Das mit dem Beispiel entworfene Addierwerk kann verallgemeinert
werden, d.h. es können Bausteine entwickelt werden, die jeweils n-Bit-
Operanden addieren. Mit solchen Bausteinen können Felder aufgebaut
werden, die Operanden mit jeweils n+m bit Wortlängen addieren. Für
die weiteren m Bitstellen sind in einem solchen Feld 2^m Bausteine
erforderlich.

Bei der Speicherung von Operanden werden die ersten n Bitstellen der
Operanden direkt zu allen Bausteinen des Feldes geführt. Mit den
weiteren m Bitstellen der Operanden wird durch die Generierung
entsprechender CS-Signale festgestellt, in welchem Baustein die
Operanden zu speichern sind (wie bei RAMs).

In dieser Anordnung können bis zu 2^{n+m} Operanden gespeichert werden. Nach der Speicherung der Operanden wird die Addition der Vektorelemente mit der Variable Q durchgeführt. Anschließend werden die Ergebnisse sequentiell ausgegeben. Die Ergebnisse bestehen aus $n+m+1$ Bitstellen. Jeder Baustein liefert direkt $n+1$ Bitstellen eines Ergebnisses, wobei n Bitstellen als endgültige Teilergebnisse und eine Bitstelle als RB-Signal gilt. Jeder Baustein liefert darüberhinaus ein Aktivitätssignal ACT. Mit Hilfe des ACT-Signals und des RB-Signals eines Bausteins, die die Position des Bausteins im Feld repräsentieren, werden die restlichen $m+1$ Bitstellen des Ergebnisses generiert.

4.2.3 Realisierung weiterer Arithmetik/Logik-Operationen

Nach dem gleichen Prinzip wie beim Addierer können Rechenschaltungen für weitere arithmetische und Boole'sche Operationen ermittelt werden. Die Rechenschaltungen für verschiedene Operationen unterscheiden sich in ihrer Verknüpfungsschaltung und in der Länge des Ergebnisflagvektors.

In der Tab. 4.2.6 sind die Ergebnismatrizen für weitere Beispiele arithmetischer und Boole'scher Operationen mit jeweils 3-Bit-Operanden angegeben.

Der Hardware-Aufwand zur Realisierung eines Subtrahierers ist mit dem eines Addierers vergleichbar. Den Ergebniszellen werden hier andere Größen zugeordnet. Sie speichern die Werte von $-(2^n-1)$ bis $+(2^n-1)$, wenn die Operanden jeweils n Bit lang sind.

Der Schaltungsaufwand für einen Multiplizierer ist höher als der für einen Addierer. Ein Multiplizierer benötigt die höchste Anzahl von Flagspeicherzellen zur Speicherung der Ergebnisse, da in der Ergebnismatrix einer Multiplikation weniger identische Ergebnisse existieren. Aufgrund der Kommutativität der Multiplikation ist die Anzahl der unterschiedlichen Ergebnisse jedoch weniger als die halbe Anzahl der Matrixelemente $(2^n*2^n/2)$, da in der Hälfte der Matrix mehrere gleiche Ergebnisse existieren /TAV86/.

Eine arithmetische Rechenschaltung, die am wenigsten Flagspeicherzellen zur Speicherung der Ergebnisse benötigt, ist die für eine Division von ganzzahligen Operanden (Integer-Division). Die Anzahl der Flagzellen für die Ergebnisse in diesem Fall beträgt 2^n+1, da die Ergebnisse im gleichen Zahlenraum der Divisionsoperanden bleiben. Lediglich eine zusätzliche Zelle ist für eine Fehleranzeige bei der Division der Variablen durch 0 vorzusehen.

Die Boole'schen Operationen zeichnen sich durch ihre relativ einfache Verknüpfungsschaltung aus. Um die Ergebnisse in den Ergebnismatrizen für Boole'sche Operationen interpretieren zu können, sind die Operanden S und Q jeweils als binäre Größen zu betrachten, die stellenweise verknüpft werden. Das Ergebnis der Verknüpfung ist dann durch die äquivalente dezimale Größe in der Tabelle dargestellt.

Arithmetische Operationen

Subtraktion (S-q)

s \ q	0	1	2	3	4	5	6	7
0	0	-1	-2	-3	-4	-5	-6	-7
1	1	0	-1	-2	-3	-4	-5	-6
2	2	1	0	-1	-2	-3	-4	-5
3	3	2	1	0	-1	-2	-3	-4
4	4	3	2	1	0	-1	-2	-3
5	5	4	3	2	1	0	-1	-2
6	6	5	4	3	2	1	0	-1
7	7	6	5	4	3	2	1	0

Multiplikation (S*q)

s \ q	0	1	2	3	4	5	6	7
0	0	0	0	0	0	0	0	0
1	0	1	2	3	4	5	6	7
2	0	2	4	6	8	10	12	14
3	0	3	6	9	12	15	18	21
4	0	4	8	12	16	20	24	28
5	0	5	10	15	20	25	30	35
6	0	6	12	18	24	30	36	42
7	0	7	14	21	28	35	42	49

Division (S/q), ohne Rest

s \ q	0	1	2	3	4	5	6	7
0	F*	0	0	0	0	0	0	0
1	F	1	0	0	0	0	0	0
2	F	2	1	0	0	0	0	0
3	F	3	1	1	0	0	0	0
4	F	4	2	1	1	0	0	0
5	F	5	2	1	1	1	0	0
6	F	6	3	2	1	1	1	0
7	F	7	3	2	1	1	1	1

*) F = Fehler (Division durch 0)

Boole'sche Operationen

AND-Funktion (S∧q)

s \ q	0	1	2	3	4	5	6	7
0	0	0	0	0	0	0	0	0
1	0	1	0	1	0	1	0	1
2	0	0	2	2	0	0	2	2
3	0	1	2	3	0	1	2	3
4	0	0	0	0	4	4	4	4
5	0	1	0	1	4	5	4	5
6	0	0	2	2	4	4	6	6
7	0	1	2	3	4	5	6	7

OR-Funktion (S∨q)

s \ q	0	1	2	3	4	5	6	7
0	0	1	2	3	4	5	6	7
1	1	1	3	3	5	5	7	7
2	2	3	2	3	6	7	6	7
3	3	3	3	3	7	7	7	7
4	4	5	6	7	4	5	6	7
5	5	5	7	7	5	5	7	7
6	6	7	6	7	6	7	6	7
7	7	7	7	7	7	7	7	7

EXOR-Funktion (S#q)

s \ q	0	1	2	3	4	5	6	7
0	0	1	2	3	4	5	6	7
1	1	0	3	2	5	4	7	6
2	2	3	0	1	6	7	4	5
3	3	2	1	0	7	6	5	4
4	4	5	6	7	0	1	2	3
5	5	4	7	6	1	0	3	2
6	6	7	4	5	2	3	0	1
7	7	6	5	4	3	2	1	0

Tabelle 4.2.6:
Ergebnismatrizen und Blockschaltung weiterer flagorientierter Recheneinheiten für arithmetische und Boole'sche Operationen

Für die Boole'schen Operationen sind jeweils 2^n Flagspeicherzellen bei n-Bit-Operanden zur Speicherung von Ergebnissen erforderlich, da die Ergebnisse ebenfalls n-Bit lang sein können. Eine Kaskadierung der Bausteine und Realisierung von Feldern ist in allen Fällen möglich. Die Generierung der CS-Signale für die Bausteine ist bei allen Operationen gleich. Ebenfalls werden die ACT-Signale der Bausteine für unterschiedliche Operationen nach dem gleichen Verfahren bestimmt, wie beim Addierer beschrieben. Die Berechnung der restlichen Bitstellen in einem Feld hängt von der realisierten Operation ab und erfordert teilweise mehrere RB-Signale, die von den Bausteinen des Feldes geliefert werden müssen.

4.2.4 Realisierung mehrerer Operationen in einem Modul

Die o.a. Matrizen weisen für Daten aus dem gleichen Wertebereich die gleiche quadratische Struktur auf, d.h. bei n bit Operanden werden Matrizen mit 2^n Zeilen und 2^n Spalten, die 2^{2n} Elemente beinhalten, aufgestellt. Die Elemente der Matrizen sind jedoch für unterschiedliche Operationen verschieden. Da aber die Operanden jeweils durch Flags repräsentiert werden, kann das Flag eines Ergebnisses durch eine Konjunktion beider Flags der Operanden generiert werden und in die entsprechende Position im Ergebnisflagvektor gespeichert werden. Für eine andere Operation mit dem gleichen Operandenpaar stellt die Konjunktion beider Flags ein anderes Ergebnis dar und ist einer anderen Position im Ergebnisflagvektor zuzuordnen bzw. dort zu speichern.

Aufgrund dieser Überlegung kann zur Hardwarerealisierung von einer Operationseinheit ausgegangen werden, die im wesentlichen aus zwei Teilen besteht:

- Einem Feld zur konjunktiven Verknüpfung von Flags, das durch eine Matrix von UND-Gattern realisiert werden kann. Die UND-Schaltkreise verknüpfen jeweils paarweise die Operandenflags, die jeweils als ein Flag der Zeile und ein Flag der Spalte einer Ergebnismatix vorliegen.

  Ergebnis einer Operation als ein Ergebnisflag liegt am Ausgang eines UND-Gatters vor, wenn die Flags der entsprechenden Operanden an den Eingängen des Gatters angelegt sind. Jedes Ergebnis am Ausgang eines UND-Gatters wird für verschiedene Operationen unterschiedlich interpretiert und entsprechend verteilt. Beispielsweise liefert ein UND-Gatter ein Verknüpfungsergebnis zweier Flags für die Datenwörter 2 ($=010)_2$ und 3 ($=011)_2$. Bei einer EXOR-Verknüpfung entspricht das Ergebnis dem Wert 1 ($=001)_2$ und ist in die Flagzelle 1 des Ergebnisvektors zu speichern. Bei einer OR-Verknüpfung beider Größen entspricht das Flag am Ausgang desselben UND-Gatters aber dem Wert 3 ($=011)_2$, der in die Zelle 3 des Ergebnisvektors gespeichert werden muß. Die Verteilung der Ergebnisflags zu den zugehörigen Speicherzellen des Ergebnisflagvektors wird im zweiten Teil vorgenommen.

- Einer Anordnung von Multiplexern, die in Abhängigkeit der gewünschten Operation die korrekte Verteilung der Ergebnisflags zu den Zellen des Ergebnisflagvektors vornimmt. Beispielsweise wird das Ergebnisflag aus o.a. Operationen mit den zugehörigen Zahlenwerten einmal in die Ergebnisflagzelle 1 für die EXOR- und in die Zelle 3 für die OR-Operation gespeichert.

Abbildung 4.2.11 zeigt die Blockschaltung einer flagorientierten Arithmetik-Logik-Einheit. Zur Realisierung einer Anzahl unterschiedlicher Operationen ist in dieser Blockschaltung nur die Multiplexer-Einheit und der Ergebnisflagvektor entsprechend zu dimensionieren. Alle anderen Einheiten sind unabhängig von der implementierten Operation. Sie werden durch die Wortlänge der Flagvektoren bestimmt.

Sollen die Ergebnisse einer Operation ausgegeben werden, so wird analog zu der Grundschaltung des ARAMs (Kap. 3.1) die Umwandlung und die Ausgabe der im Ergebnisvektor vorliegenden Flags mit Hilfe der Prioritätenlogik vorgenommen.

Nach diesem Verfahren wurden zwei Testschaltungen entworfen und als integrierte kaskadierbare Schaltkreise realisiert /TuW87/. Der eine Baustein stellt ein Multiplizierwerk dar, das einen 3 bit Flagvektor mit einer weiteren 3 bit Größe parallel multipliziert. Der zweite Baustein ist eine Logik-Einheit, die zwei 3 bit Flagvektoren verknüpfen kann. Insgesamt können hier über 50 unterschiedliche Operationen ausgeführt werden.

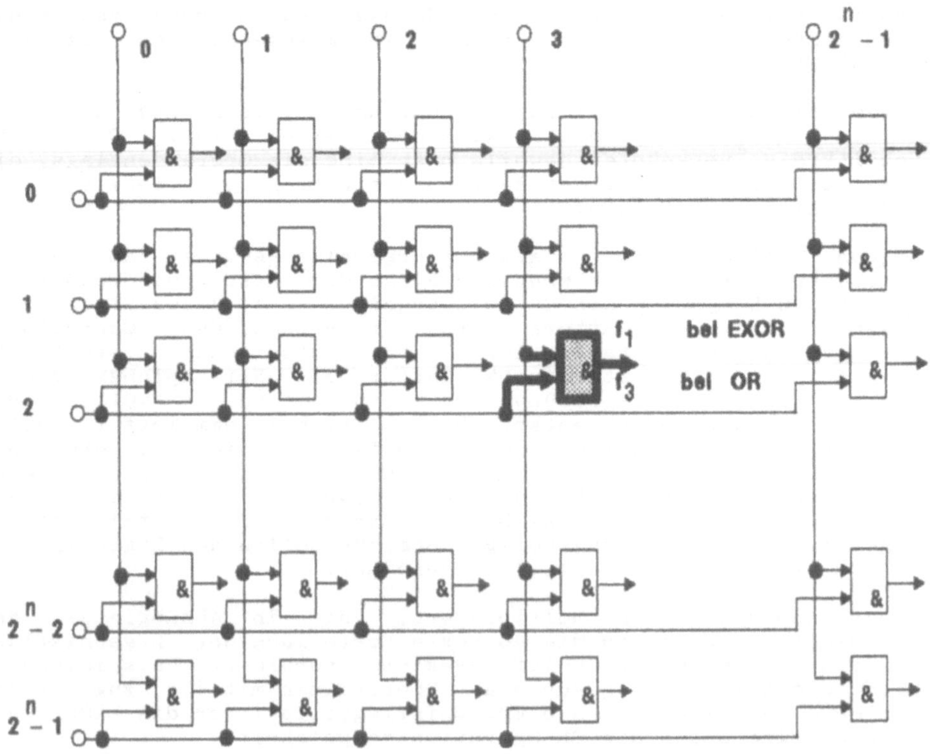

Abbildung 4.2.10: Interpretation von Flagergebnissen für
verschiedene Operationen

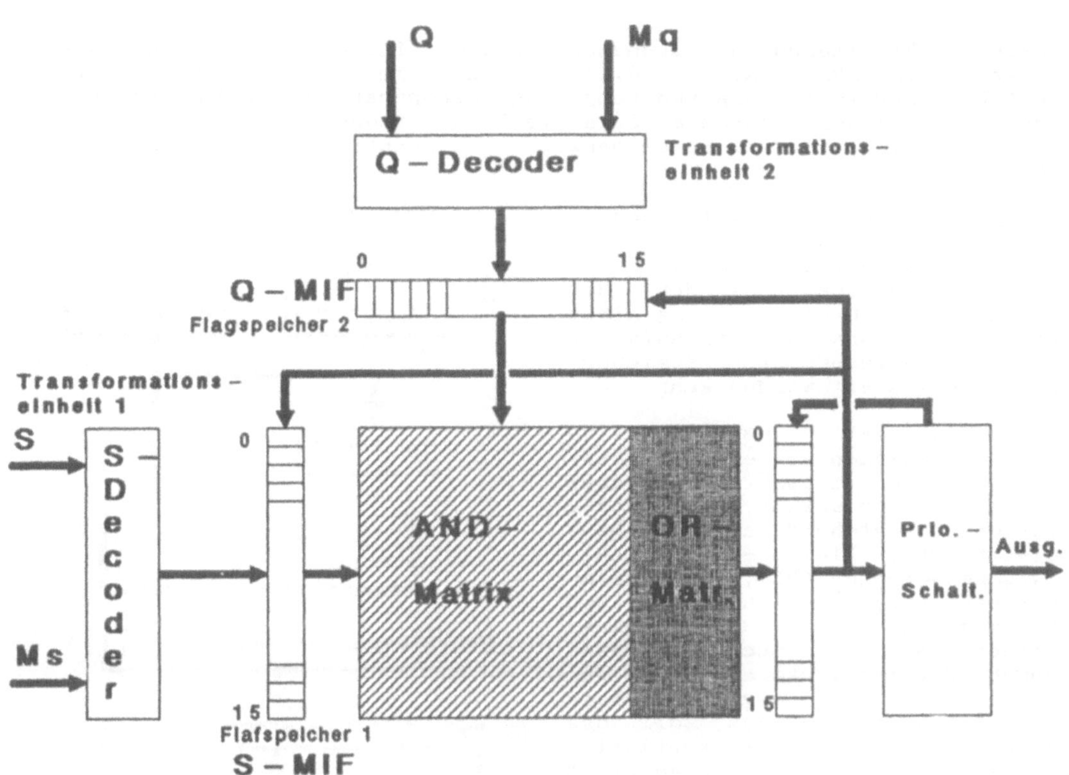

Abbildung 4.2.11: Blockschaltung einer flagorientierten
Arithmetik-Logik-Einheit

5. Flagorientierte Assoziativspeicher mit erweitertem Funktionsumfang

Durch die Erweiterung der Grundschaltung des flagorientierten Assoziativspeichers ARAM (Abb. 3.6.1) mit den im Kap. 4 entwickelten Verfahren zur Ausführung von komplexen Suchoperationen und Arithmetik-Logik-Operationen können assoziative Speichermoduln mit unterschiedlich großem, eventuell problemangepassten Funktionsumfang realisiert werden.

Im folgenden soll die vollständige Schaltung eines kaskadierbaren parallel arbeitenden Assoziativspeichers entwickelt werden, der gegenüber der Grundschaltung einen erweiterten Funktionssatz aufweist und als ein integriertes Speichermodul realisiert werden kann.

Das Modul soll außer Schreib-Lese-Operationen sowie Identitäts- und Teilidentitätsabfragen über einen Funktionsumfang von Suchoperationen bestehend aus Größer-Gleich (GE), Kleiner-Gleich (LE), Zwischen-Grenzen (BL), Außerhalb-Grenzen (OL), Maximum (MAX) und Minimum (MIN) sowie der Kombinationen dieser Suchoperationen sowohl für maskierte als auch für nichtmaskierte Suchargumente verfügen. Darüber hinaus soll das Modul Mechanismen zur vertikalen und zur horizontalen Kaskadierung derartiger Bausteine beinhalten, die im nächsten Kap. diskutiert werden.

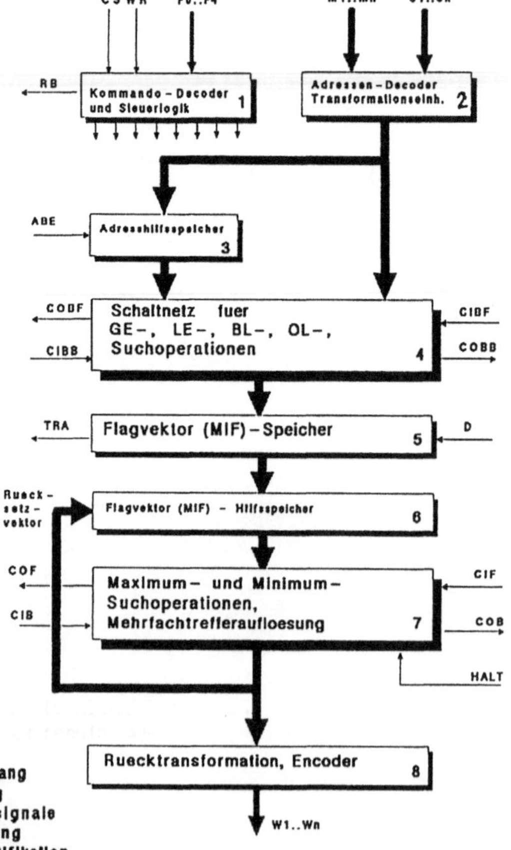

C S	:	Chip-Select	TRA	:	Trefferausgang
W R	:	Write/Read	D	:	Flageingang
F0..F4	:	Instruktionscode	C...	:	Uebertragssignale
S1..Sn	:	Suchargument/	W1..Wn	:	Datenausgang
		Datenwort	R B	:	Restbildebtifikation
M1..Mn	:	Maskenwort	ABE	:	Suchargumenten-uebernahme

Abbildung 5.1: Blockschaltung einer ARAM-Realisierung mit einem erweiterten Satz von ausführbaren Operationen

Die Gesamtschaltung eines solchen Speichers für n bit Wortlänge ist in Abb. 5.1 dargestellt. Sie setzt sich aus den Transformations- und Speicherteilen (Abb. 3.4.1), der Prioritätenschaltung zur Mehrfachtrefferauflösung, der Rücktransformationseinheit zur Ausgabe von Daten und Treffern sowie den Schaltnetzen für die angegebenen Suchoperationen zusammen.

Ein Vergleich zwischen den Schaltungen zur Durchführung der GE- und LE-Suchoperationen einerseits sowie BL- und OL-Suchoperationen anderseits ergibt, daß die ermittelten Gleichungen teilweise identisch sind. Diese Tatsache führt zur Beschreibung dieser vier Suchoperationen mit nur einer allgemeinen Gleichung. Wenn man davon ausgeht, daß zu jedem Zeitpunkt nur eine der vier Funktionen ausgewählt und durchgeführt wird, können die Gleichungen der einzelnen Suchoperationen mit entsprechenden Steuervariablen erweitert und zu einer allgemeinen Gleichung für die vier Suchoperationen zusammengefaßt werden:

$$
\begin{aligned}
fs_{GESj} = {} & (fs_{1j} \vee (\overline{GE} \vee \overline{LE}) \wedge fs_{2j}) \vee \\
& \vee \left[\left(\bigvee_{k=0}^{j-1} fs_{1k} \vee CIBB \right) \wedge \left(GE \vee BL \wedge \left(\bigvee_{k=j+1}^{2^n-1} fs_{2k} \vee CIBF \right) \right) \right] \vee \\
& \vee \left[(LE \vee OL) \wedge \overline{\left(\bigvee_{k=0}^{j-1} fs_{1k} \vee CIBB \right)} \vee \left(OL \wedge \overline{\left(\bigvee_{k=j+1}^{2^n-1} fs_{2k} \vee CIBF \right)} \right) \right] \\
& \text{mit} \quad j = 0 .. 2^n - 1
\end{aligned}
$$

$$(5.1)$$

Dabei gilt:

> fs_{GESj} : Das j-te Flag des Suchflagvektors, das in Abhängigkeit einer Suchoperation in Verbindung mit den Suchargumenten S_1 und S_2 zur Adressierung der Flagzelle j generiert werden soll.
>
> $fs_1 \ldots$: Flag des Suchargumentes S_1.
>
> $fs_2 \ldots$: Flag des Suchargumentes S_2.
>
> GE, LE, OL und BL : Steuervarariablen zur Auswahl von Suchoper.
>
> CIBB, CIBF : Übertragssignale.

In dieser Beziehung werden die vier adressorientierten Suchoperationen (Größer-Gleich, Kleiner-Gleich, Innerhalb-Grenzen und Außerhalb-Grenzen) in Abhängigkeit der eingeführten Steuervariablen (GE, LE, OL und BL) und der zugehörigen Gleichungen, die einer der Gleichungen 4.2.10 oder 4.2.21 entspricht, gewonnen. Die Steuervariablen werden hardwaremäßig direkt als Steuersignale eingesetzt, die die entsprechenden Hardwareteile exklusiv aktivieren.

Weiterhin kann ein Decoder, der zur Transformation des zweiten Suchargumentes bei BL- und OL-Suchoperationen notwendig ist, eingespart werden. Als eine Alternative hierzu wird ein "Argumenten-Flagspeichervektor" mit der Länge von 2^n eingesetzt. Diese Änderung ist insofern günstig, da der Hardwareaufwand für den Decoder höher ist als für diesen Speichervektor. Die beiden Suchargumente S_1 und S_2 werden für den Alternativfall zur Durchführung einer BL- oder OL-Suchoperation sequentiell an den Speicher angelegt. Das Argument S_2 wird zuerst angelegt und nach der Transformation durch den Decoder im Argumenten-Flagspeichervektor durch ein neues Steuersignal (das ABE-Übernahmesignal) gespeichert (vgl. Abb. 5.1).

Im zweiten Schritt wird das Argument S_1 mit dem Decoder transformiert und direkt weitergegeben. Damit stehen die Flags beider Suchargumente zur Durchführung der BL- bzw. OL-Suchoperation zur Verfügung. Dieser Schaltungsteil generiert in Abhängigkeit der angelegten Suchargumente die Flags zur Adressierung der Flagzellen des MIF-Speichers und zur Durchführung von Suchoperationen.

Ein Vergleich zwischen der Prioritätenschaltung für die Mehrfachtrefferauflösung und der Schaltung zur MIN-Suchoperation liefert, daß beide Schaltungen identisch sind. Damit kann für beide Operationen nur eine der beiden Schaltungen eingesetzt werden. Zur Realisierung des Schaltungsteils kann also die Gl. 4.28 direkt übernommen werden.

Die Voraussetzung zur Durchführung einer MAX- bzw. MIN-Suchoperation ist, daß erst der gesamte Inhalt oder ein durch zwei Grenzwerte gegebener Bereich des MIF-Vektors in den Hilfsspeichervektor der Prioritätenschaltung kopiert wird. Bei der Mehrfachtrefferauflösung werden dagegen nur die Inhalte der durch das maskierte Suchargument adressierten Zellen des MIF-Vektors in den Hilfsspeichervektor kopiert.

Zur Durchführung der Suchoperationen und für das gemeinsame Wirken der Schaltungsteile sowie zur Kaskadierung von ARAM-Moduln sind weitere Steuersignale (zusätzlich zu den bisher verwendeten) notwendig:

- **Modul-Auswahl:**

  Ein Signal CS (chip select) wird zur Aktivierung eines Moduls (Bausteins) eingesetzt. Mit dem Signal CS wird einerseits die Auswahl der Bausteine in einem Speicherfeld bei der Kaskadierung erreicht, anderseits wird mit Hilfe dieses Signals das Zusammenwirken mehrerer Ausgänge der Speicher-Bausteine, die als eine Wired-OR-Schaltung verbunden sind, koordiniert. Die Bestimmung des CS-Signals, die später bei der Kaskadierung solcher Bausteine angegeben wird, ist jedoch aufwendiger als bei ortsadressierbaren Speichern, weil außer dem Suchargument S auch das Maskenwort M zur Bestimmung von CS herangezogen wird.

- **Funktionsauswahl**

  Die Auswahl einer Operation im Speicher erfolgt mit den Funktionsauswahlsignalen F0 bis F4. Die wählbaren Funktionen in Abhängigkeit des Maskenwortes und des Schreib-/Lese-Signals WR umfassen die einfachen und parallelen Schreib-/Lese-Operationen, Suchoperationen sowie die Auflösung und Ausgabe der Treffer aus dem Speicher.

- **Übertragssignale**

  Die zur Bearbeitung von Suchoperationen eingesetzten Schaltungsteile 4 und 7 beinhalten jeweils Übertragsein- bzw. Übertragsausgänge, die bei der Durchführung der Suchoperationen notwendig sind bzw. von den Schaltungsteilen generiert werden. Sie ermöglichen die Kaskadierung solcher Bausteine zur Realisierung von Speicherfeldern.

  Der Schaltungsteil 4 beinhaltet insgesamt 2 Übertragseingänge (CIBF und CIBB) und 2 Übertragsausgänge (COBF und COBB), die in o.a.

Gleichung bei den GE-, LE-, OL- und BL-Suchoperationen benutzt werden (vgl. Gl. 4.22 bis 4.27 im Kap. 4.2).

Der Schaltungsteil 7 umfaßt ebenfalls 2 Übertragseingänge (CIF und CIB in Gl. 4.28) und 2 Übertragsausgänge (COF und COB in Gl. 4.25 und 4.27), die sowohl bei den MAX- und MIN-Suchoperationen als auch bei der Vereinzelung, Rücktransformation und Ausgabe von Treffern verwendet werden.

Zur Reduzierung von Pins einer integrierten Schaltung können die Überträge des Schaltungsteiles 4 einerseits und die Überträge des Schaltungsteils 7 anderseits jeweils paarweise mit Hilfe von Multiplexern zusammengefasst werden. Die Zusammenfassung der Überträge bewirkt keine Einschränkung bei den Speicherfunktionen, weil in jedem Block und zu jedem Zeitpunkt eine der möglichen Operationen ausgeführt werden kann und dadurch auch nur die zugehörigen Übertragssignale in einer Richtung zu berücksichtigen sind. Die Wahl der Überträge kann ebenfalls durch die Steuerung der Multiplexer mit den Funktionsauswahlsignalen erfolgen.

- **Restbitsignal:**

Das Ausgangssignal RB (Restbitbestimmung) wird bei der Bausteinkaskadierung verwendet. Das Signal ist bei der Ausgabe der Treffer mit Hilfe der Prioritätenschaltung dominant. Das RB-Signal eines Bausteins gibt an, ob in einer Lesephase, in der bedingt durch die sequentielle Ausgabe von Treffern nur ein Modul aktiv sein kann, das auszugebende Wort aus dem Baustein stammt. Das RB-Signal wird in Abhängigkeit der CS- und Übertragssignale des Schaltungteils 7 bestimmt: Ein Baustein liefert nur dann ein Datenwort zur Ausgabe, wenn der Baustein durch das CS-Signal aktiviert ist, die Übertragssignale aus den anderen Bausteinen bekannt und noch keine Übertragssignale im Baustein für Folge-Bausteine generiert worden sind.

Die Anwendung des RB-Signals wird bei der Kaskadierung von ARAM-Bausteinen (Kap. 6.1) erläutert.

In Abb. 5.2a und 5.2b sind die Arbeitszyklen des Speichers zusammengefasst, die durch die Funktionsauswahlsignale F0 bis F4 (Abb. 5.1), das Read/Write-Signal (WR) und das Maskenwort (M) ausgewählt und parallel durchgeführt werden können. Die Ausführung einer Operation erfordert nur ein oder zwei Arbeitszyklen. Einige Funktionen können auch kombiniert gewählt werden. Z. B. kann eine MAX- bzw. MIN-Operation innerhalb oder außerhalb zweier Grenzwerte, die durch eine BL- bzw. OL-Operation festgelegt sind, ablaufen. Das Modul führt mehr als 45 unterschiedliche Operationen für die als Flags gespeicherten Flags eines Datensatzes aus.

WRITE					
				Single-Write: Abspeichern eines Datums S durch das Setzen des betreffenden Flags	
	MULTIWRITE	Mit nicht maskierten Suchargumenten	GE	Erzeugen und Abspeichern sämtlicher Daten ab Grenzwert S	
			LE	Erzeugen und Abspeichern sämtlicher Daten bis zum Grenzwert S	
			BL	Erzeugen und Abspeichern sämtlicher Daten zwischen zwei Grenzwerten S_1 und S_2	
			OL	Erzeugen und Abspeichern sämtlicher Daten außerhalb zweier Grenzwerte S_1 und S_2	
		Mit maskierten Suchargumenten	DIR	Abspeichern von sämtlichen durch S und M erzeugten Daten	
			GE	Erzeugen und Abspeichern sämtlicher Daten ab einem durch S und M bestimmten Grenzwert	
			LE	Erzeugen und Abspeichern sämtlicher Daten bis zu einem durch S und M bestimmten Grenzwert	
			BL	Erzeugen und Abspeichern sämtlicher Daten innerhalb zweier durch (S_1, M_1) und (S_2, M_2) bestimmten Grenzwerten	
			OL	Erzeugen und Abspeichern sämtlicher Daten außerhalb zweier durch (S_1, M_1) und (S_2, M_2) bestimmten Grenzwerten	

Abbildung 5.2a: Zusammenfassung möglicher Schreibzyklen des flagorientierten Assoziativspeichers (ARAM),

S, S_1, S_2 : Suchargumente bzw. Datenworte und
M, M_1, M_2 : Maskenargumente im Originalbereich

READ bzw. SUCHOPERATION	MULTIREAD				
		Single-Read: Suchoperation für ein Datum im Speicher			
		Mit nicht maskierten Suchargumenten	GE	Trefferüberprüfung Mehrfachtrefferausgabe MIN-Suchoperation MAX-Suchoperation	Operationen für die Daten ab Grenzwert S
			LE	– " –	Operationen bis zum Grenzwert (S) im MIF-Speichervektor
			BL	– " –	Operationen für die Daten innerhalb zweier Grenzwerte S_1 und S_2
			OL	– " –	Operationen für die Daten außerhalb zweier Grenzwerte S_1 und S_2
		Mit maskierten Suchargumenten	DIR	– " –	Operationen für die durch S und M selektierten MIF-Zellen
			GE	– " –	Operationen für die Daten ab einem durch S und M bestimmten Grenzwert
			LE	– " –	Operationen für die Daten bis zu einem durch S und M bestimmten Grenzwert
			BL	– " –	Operationen für die Daten innerhalb zweier durch (S_1, M_1) und (S_2, M_2) bestimmten Grenzwerten
			OL	– " –	Operationen für die Daten außerhalb zweier durch (S_1, M_1) und (S_2, M_2) bestimmten Grenzwerten

Abbildung 5.2b: Zusammenfassung möglicher Lesezyklen des flagorientierten Assoziativspeichers (ARAM),

S, S_1, S_2 : Suchargumente bzw. Datenworte und
M, M_1, M_2 : Maskenargumente im Originalbereich

6. Kaskadierung flagorientierter Assoziativspeicher

Eine Realisierung der beschriebenen flagorientierten Assoziativspeicher als integrierte Schaltkreise ist bedingt durch die technologischen Randbedingungen (Chipfläche, Strukturgrößen u.ä) nur mit einer begrenzten Kapazität möglich. Zur Realisierung von Assoziativspeicheranordnungen ,mit erhöhter Speicherkapazität, die durch den Umfang und/oder Wortlänge abspeicherbarer Daten charakterisiert wird, sind Mechanismen in den Speicherbausteinen zur Kaskadierung gleichartiger Moduln (Bausteine) vorzusehen.

Durch ein Flagvektorsystem kann der Kaskadierungsvorgang und die architekturelle Struktur eines assoziativen Speicherfeldes mit Hilfe der Flag-Algebra beschrieben werden. Dabei können verschiedene Kaskadierungsarten zugrunde gelegt werden, die durch ein- oder zweidimensionale Flagvektorsysteme dargestellt werden können. Im folgenden sollen jedoch die Verfahren für ein Spalten- und für ein Zeilen-Flagvektorsystem behandelt werden, da aus diesen Konstrukten auch andere Formen einer Kaskadierung abgeleitet werden können. Während ein Spalten-Flagvektorsystem einer vertikalen Kaskadierung von Speichermoduln entspricht, wird ein Zeilen-Flagvektorsystem für eine horizontale Kaskadierung gleichartiger Moduln eingesetzt. Eine Kombination beider Kaskadierungsarten ist ebenfalls möglich und sinnvoll.

6.1 Vertikale Kaskadierung flagorientierter Assoziativspeicher

Ein Spalten-Flagvektorsystem wird als

$$F = (F_0, F_1, F_2, \ldots, F_j, \ldots, F_{Ls-1}) \qquad (6.2)$$

mit $\quad L = |F| = 2^k \quad$ als Länge des Flagvektors F
und $\quad F_j = (f_{j0}, f_{j1}, f_{j2}, \ldots, f_{j2}{}^{n}{}_{-1}) \quad$ mit $\quad j = 0..L-1 \quad (6.3)$

dargestellt. Diese Beziehung faßt ein lineares Speicherfeld mit $L = 2^k$ Speichermoduln, die jeweils 2^n Flags speichern, zusammen. Ein derartiges Speicherfeld umfaßt insgesamt 2^{k+n} Flagzellen, so daß Datenwörter mit jeweils k+n bit Wortlängen gespeichert und bearbeitet werden können, d.h. der Speicher weist eine Kapazität von 2^{k+n} verschiedenen Wörtern der Länge (k+n) bit auf.

Die Anordnung kann als ein Flagvektorsystem betrachtet werden, das eine zweistufige (hierarchische) Struktur aufweist: Die 2^k Flags der ersten Stufe können selbst als Flags interpretiert und jeweils als Zeiger für die Flagvektoren der zweiten Stufe betrachtet werden. Eine Flagposition in dieser Stufe ist belegt, falls ein Modul in der zweiten Stufe für diese Position existiert. Es soll hier von einem vollständigen Feld mit 2^k Moduln ausgegangen werden, das zu einem vollbesetztem Flagvektor F der ersten Stufe führt.

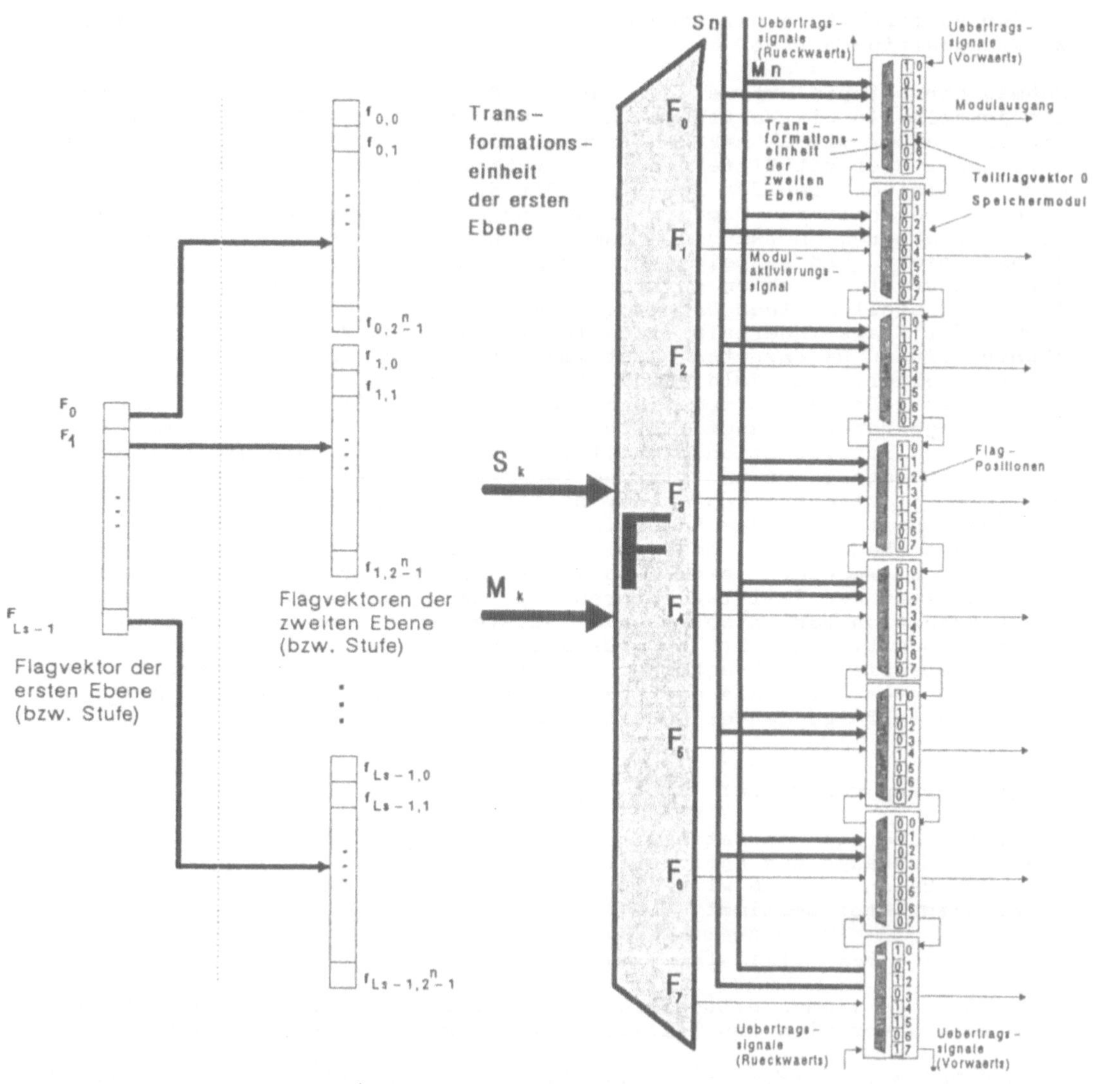

Abbildung 6.1: Zweistufige Darstellung eines Flagvektorsystems

Abbildung 6.2: Beispiel eines vertikal kaskadierten Speicherfeldes

In der zweiten Stufe umfaßt jedes Modul einen der Teilflagvektoren mit 2^n Flagpositionen (Abb. 6.1).

Nehmen wir beispielsweise an, daß ein Datensatz Elemente beinhaltet, die jeweils 3+n bit Wortlänge (k=3) aufweisen. Bei 3+n bit Daten ist ein Flagvektor mit $2^{3+n}=8*2^n$ Flagpositionen erforderlich. Der Datensatz soll aber mit Hilfe eines Flagvektorsystems beschrieben werden, das Teilflagvektoren für jeweils n Bit Wortlänge, d.h. $2^n=$ Flagpositionen, beinhaltet. Demnach sind insgesamt 8 vertikal angeordneten Teilflagvektoren notwendig, damit die n Bit Daten des Datensatzes transformiert und gespeichert werden können. Um die Verteilung der Flags korrekt vornehmen zu können, werden die 3 (zu n bit) zusätzlichen Bitstellen eines Datenwortes eingesetzt. Während die Positionierung der Flags innerhalb eines Teilflagvektors durch die n Bitpositionen eines Datenwortes bestimmt wird, wird die Position eines Teilflagvektors im Feld durch die k Bitpositionen des Datenwortes festgelegt. Diese Informationen können jedoch direkt durch in zwei Stufen angeordnete Transformationseinheiten (Abb. 6.2) gewonnen werden: Eine Transformationseinheit in erster Stufe, die die k Bitpositionen transformiert und mit dem generierten Flag den entsprechenden Baustein selektiert, und in der zweiten Stufe jeweils eine Transformationseinheit in jedem Baustein, die die Position des Flags in den jeweiligen Bausteinen bestimmt. Falls die k Bitpositionen eines Datenwortes maskiert sind, so werden nach der Flagtransformation mehrere Flags der Teilflagvektoren simultan generiert, die zur simultanen Selektion von entsprechenden Bausteinen führen. Eine Maskierung der n Bitpositionen führt zur Adressierung von mehreren Flagzellen in allen selektierten Bausteinen. Diese Vorgänge gelten sowohl beim Speichern von Daten als auch bei einer Trefferbestimmung im gesamten Feld, die im folgenden erläutert werden.

- **Speicherung von Daten:**

Zur Speicherung von Daten wird ein Datenwort $S=(S_k\ S_n)$ mit $0 \leq S \leq 2^{k+n}$ an die Eingänge des Speicherfeldes angelegt. Mit den n Bitpositionen S_n des Datenwortes S wird einerseits die Position des Flags in einem Teilflagvektor bestimmt, d.h.

$$\text{FLAG}(S_n) = F_{sn} = (f_{s0}\quad f_{s1}\quad \ldots\quad f_{sj}\quad \ldots\quad f_{s2^n-1}) \qquad (6.4)$$

Mit den restlichen Bitpositionen S_k des Datenwortes S wird andererseits die Position des Teilflagvektors im Feld bestimmt, d.h.

$$\text{FLAG}(S_k) = F_{sk} = (F_{s0}\quad F_{s1}\quad \ldots\quad F_{sj}\quad \ldots\quad F_{s2^k-1}) \qquad (6.5)$$

In dieser Position wird dann das angelegte Datenwort durch sein Flag gespeichert.

Das im folgenden aufgeführte Beispiel soll den Vorgang der Datenspeicherung in einem vertikalen Feld darstellen:

Es sei ein Feld für Daten mit einer Wortlänge von 6=3+3 bit (k=3 und n=3) gegeben, das aus $2^k=2^3=8$ vertikal angeordneten Moduln mit je $2^n=2^3=8$ Flagpositionen besteht. Im Feld sollen die Daten eines (willkürlich gewählten) Datensatzes D durch ihre Flags gespeichert werden (Abb. 6.2).

Als erstes Datenwort soll beispielsweise die Zahl $S=(37)_{10}=(100101)_2$ gespeichert werden. Die niederwertigen drei Bits (101) führen also zu der fünften Flagzelle (f_{s5}) im vierten Modul des Feldes (F_4), das mit den restlichen Bitpositionen (100) bestimmt wird, d.h.

$$FLAG(S_k)=FLAG(100)=F_{sk}=(F_{s0}\ \ F_{s1}\ \ F_{s2}\ \ F_{s3}\ \ F_{s4}\ \ F_{s5}\ \ F_{s6}\ \ F_{s7})$$
$$=(0\quad 0\quad 0\quad 0\quad 1\quad 0\quad 0\quad 0\ )$$
und
$$FLAG(S_n)=FLAG(101)=F_{sn}=(f_{s0}\ \ f_{s1}\ \ f_{s2}\ \ f_{s3}\ \ f_{s4}\ \ f_{s5}\ \ f_{s6}\ \ f_{s7})$$
$$=(0\quad 0\quad 0\quad 0\quad 0\quad 1\quad 0\quad 0\ ).$$

Die beiden Vektoren sind jeweils ein Einelementflagvektor, da das Datenwort nicht maskiert ist.

Die Schreiboperation erfolgt durch die Disjunktion des (am Anfang leeren) Flagvektors F_4 mit dem Flagvektor F_{sn}:

$$F_4 = F_{s4}\wedge(F_4 \vee F_{sn}) = 1\wedge(F_4 \vee F_{sn})=(0\ 0\ 0\ 0\ 0\ 1\ 0\ 0) \tag{6.6}$$

Als nächstes soll ein Datenwort (01x x0x), das in drei Bitpositionen durch ein Maskenwort M=(001 101) maskiert ist, gespeichert werden:

$$FLAG(S_k)=FLAG(01x)=F_{sk}=(F_{s0}\ \ F_{s1}\ \ F_{s2}\ \ F_{s3}\ \ F_{s4}\ \ F_{s5}\ \ F_{s6}\ \ F_{s7})$$
$$=(0\quad 0\quad 1\quad 1\quad 0\quad 0\quad 0\quad 0\ )$$
und
$$FLAG(S_n)=FLAG(x0x)=F_{sn}=(f_{s0}\ \ f_{s1}\ \ f_{s2}\ \ f_{s3}\ \ f_{s4}\ \ f_{s5}\ \ f_{s6}\ \ f_{s7})$$
$$=(1\quad 1\quad 0\quad 0\quad 1\quad 1\quad 0\quad 0\ )$$

Damit werden die möglichen Datenwörter, die infolge der angegebenen Maskierung zustande kommen, in zwei Teilflagvektoren (2. und 3.) sowie durch 4 Flags in den beiden Teilflagvektoren gespeichert:

$$F_2 = F_2 \vee F_{sn} =(f_{20}\ \ f_{21}\ \ f_{22}\ \ f_{23}\ \ f_{24}\ \ f_{25}\ \ f_{26}\ \ f_{27})=(1\ 1\ 0\ 0\ \ 1\ 1\ 0\ 0)$$
$$F_3 = F_3 \vee F_{sn} =(f_{30}\ \ f_{31}\ \ f_{32}\ \ f_{33}\ \ f_{34}\ \ f_{35}\ \ f_{36}\ \ f_{37})=(1\ 1\ 0\ 0\ \ 1\ 1\ 0\ 0)$$

Nach der Speicherung aller Daten des Datensatzes D kann beispielsweise folgendes Flagvektorsystem F bestehend aus den 8 Teilflagvektoren vorliegen:

$$F_0 =(f_{00}\ \ f_{01}\ \ f_{02}\ \ f_{03}\ \ f_{04}\ \ f_{05}\ \ f_{06}\ \ f_{07})=(1\ 0\ 1\ 1\ \ 0\ 1\ 0\ 0)\ \text{für 0-7,}$$
$$F_1 =(f_{10}\ \ f_{11}\ \ f_{12}\ \ f_{13}\ \ f_{14}\ \ f_{15}\ \ f_{16}\ \ f_{17})=(0\ 0\ 0\ 0\ \ 0\ 0\ 0\ 0)\ \text{für 8-15,}$$
$$F_2 =(f_{20}\ \ f_{21}\ \ f_{22}\ \ f_{23}\ \ f_{24}\ \ f_{25}\ \ f_{26}\ \ f_{27})=(1\ 1\ 0\ 0\ \ 1\ 1\ 0\ 0)\ \text{für 16-23,}$$
$$F_3 =(f_{30}\ \ f_{31}\ \ f_{32}\ \ f_{33}\ \ f_{34}\ \ f_{35}\ \ f_{36}\ \ f_{37})=(1\ 1\ 0\ 1\ \ 1\ 1\ 0\ 0)\ \text{für 24-31,}$$
$$F_4 =(f_{40}\ \ f_{41}\ \ f_{42}\ \ f_{43}\ \ f_{44}\ \ f_{45}\ \ f_{46}\ \ f_{47})=(0\ 0\ 1\ 1\ \ 1\ 1\ 0\ 0)\ \text{für 32-39,}$$
$$F_5 =(f_{50}\ \ f_{51}\ \ f_{52}\ \ f_{53}\ \ f_{54}\ \ f_{55}\ \ f_{56}\ \ f_{57})=(1\ 1\ 0\ 0\ \ 1\ 0\ 0\ 0)\ \text{für 40-47,}$$
$$F_6 =(f_{60}\ \ f_{61}\ \ f_{62}\ \ f_{63}\ \ f_{64}\ \ f_{65}\ \ f_{66}\ \ f_{67})=(0\ 0\ 0\ 0\ \ 0\ 0\ 0\ 0)\ \text{für 48-55 und}$$
$$F_7 =(f_{70}\ \ f_{71}\ \ f_{72}\ \ f_{73}\ \ f_{74}\ \ f_{75}\ \ f_{76}\ \ f_{77})=(1\ 0\ 1\ 0\ \ 1\ 1\ 0\ 1)\ \text{für 56-63.}$$

Aus den o. a. Beispielen kann analog zur Gl. 6.6 eine allgemeine Beziehung zur Speicherung von Daten abgeleitet werden:

$$F_j = F_{sj} \wedge (F_j \vee F_{sn}) , \qquad \forall j\in\{0..2^k-1\} \tag{6.7}$$

Mit dieser Beziehung werden die Flags einer maskierten Datenwortes F_{sn} in alle Teilflagvektoren gespeichert, die in F_{sk} ein Flag beinhalten.

- **Bestimmung von Treffern:**

Die Bestimmung von Treffern im Speicherfeld erfolgt ebenfalls durch die Überprüfung einzelner Teilflagvektoren, die mit Hilfe eines k+n bit langen Suchargumentes $S=(S_k, S_n)$ durch die in zwei Ebenen vorhandenen Transformationseinheiten festgelegt werden.

In der ersten Ebene wird in Abhängigkeit der k-Bitstellen S_k des Suchargumentes S die zu überprüfenden Teilflagvektoren (Flagvektor F_{sk}, der bei einem nicht maskierten S_k ein Einelementflagvektor ist) ermittelt:

$$FLAG(S_k) = F_{sk} = (F_{s0}, F_{s1}, F_{s2} \ldots F_{s2^k-1}) \qquad (6.8)$$

In der zweiten Ebene werden die in der ersten Stufe selektierten Teilflagvektoren F_{sn} zur Überprüfung herangezogen. Dabei werden jedoch die weiteren n Bitstellen (S_n) des Suchargumentes S eingesetzt. Für den Suchflagvektor F_{sn}, der ebenfalls bei einem nicht maskierten S_n ein Einelementflagvektor ist, gilt:

$$FLAG(S_n) = F_{sn} = (f_{s0}, f_{s1}, f_{s2}, \ldots, f_{s2^n-1}) \qquad (6.9)$$

Nach der Bestimmung der Flags eines Suchargumentes können je nach Suchoperation die entsprechenden Flagpositionen in den einzelnen Teilflagvektoren (wie im Kap. 4 beschrieben) überprüft werden.

Beispielsweise erfolgt die Bestimmung von Treffern einer Identitätsoperation durch folgende Beziehungen:

$$F_{Tj} = F_{sj} \wedge (F_j \wedge F_{sn}) \quad , \quad \forall \; j \in \{0..2^k-1\} \qquad (6.10)$$

Dabei spezifiziert F_{Tj} die Teilflagvektoren, die jeweils mit dem F_{sn} überprüft werden sollen. Ein Treffer liegt vor, wenn mindestens ein Flagvektor F_{Tj} kein leerer Flagvektor ist. Für den Gesamttreffer F_T gilt:

$$F_T = \bigvee_{j=0}^{2^k-1} F_{Tj} \qquad (6.11)$$

Damit liegt ein Treffer vor, wenn Füllungsgrad $G_T(F_T) \neq 0$.

Auch hier können die Suchargumente mit einem k+n bit Maskenwort $M = (M_k \; M_n)$ maskiert werden, die zu mehreren Teilflagvektoren und zu mehreren Flagpositionen innerhalb eines Teilflagvektors zur Überprüfung führen können.

Das o. a. Beispiel (Abb. 6.2) eines vertikalen Feldes mit den gespeicherten Daten soll den Vorgang der Trefferbestimmung bei einer Identitätsoperation in einem vertikalen Feld verdeutlichen:

Es sind die Treffer für ein Suchargument $S = (S_k, S_n) = (x0x \; xx0)_2$ (x=beliebig), das mit einem Maskenwort $M = (M_k, M_n) = (101 \; 110)_2$ maskiert ist, zu bestimmen. Damit erhält man durch die Maskenwörter $M_k = (101)_2$ und $M_n = (110)_2$ die maskierten Suchargumente $S_k = (x0x)_2$ und $S_n = (xx0)_2$. Die mit x gekennzeichneten Bits können beliebig sein.

Zur Identitätsüberprüfung wird der Flagvektor der ersten Stufe in Verbindung mit S_k und M_k betrachtet. Die Transformation S_k mit M_k ergibt den Flagvektor F_{sk}, der die Flags an den Positionen $0_{10} = (000)_2$, $1_{10} = (001)_2$, $4_{10} = (100)_2$ und $5_{10} = (101)_2$ aufweist:

$$F_{sk} = \overset{\text{\footnotesize 0 \; 1 \; 2 \; 3 \; 4 \; 5 \; 6 \; 7}}{(F_{s0} \; F_{s1} \; F_{s2} \; F_{s3} \; F_{s4} \; F_{s5} \; F_{s6} \; F_{s7})} = (1 \; 1 \; 0 \; 0 \; 1 \; 1 \; 0 \; 0) \qquad (6.12)$$

Zur Bestimmung von Treffern in diesen Teilflagvektoren (0, 1, 4 und 5) wird $S_n = (xx0)_2$ in Verbindung mit $M_n = (110)_2$ transformiert, wobei folgender Suchflagvektor ermittelt wird:

$$F_{sn} = (f_{s0} \; f_{s1} \; f_{s2} \; f_{s3} \; f_{s4} \; f_{s5} \; f_{s6} \; f_{s7}) = (1 \; 0 \; 1 \; 0 \; 1 \; 0 \; 1 \; 0) \qquad (6.13)$$

Die Suchoperation erfolgt mit der Gl. 6.10, wobei laut F_{sk} nur aus den Teilflagvektoren mit $j \in \{0,1,4,5\}$ jeweils ein Ergebnis erwartet werden kann, die durch jeweils konjunktive Verknüpfung mit dem Flagvektor F_{sn} ermittelt werden:

$$\begin{aligned}
F_{T0} &= F_{s0} \wedge (F_0 \wedge F_{sn}) = (1\;0\;1\;0\;0\;0\;0\;0), \\
F_{T1} &= F_{s1} \wedge (F_1 \wedge F_{sn}) = (0\;0\;0\;0\;0\;0\;0\;0), \\
F_{T4} &= F_{s4} \wedge (F_4 \wedge F_{sn}) = (0\;0\;1\;0\;1\;0\;0\;0) \\
\text{und} \quad F_{T5} &= F_{s5} \wedge (F_5 \wedge F_{sn}) = (1\;0\;0\;0\;1\;0\;0\;0).
\end{aligned} \qquad (6.14)$$

Der Gesamttreffer wird bestimmt mit $F_T = F_{T0} \vee F_{T1} \vee F_{T4} \vee F_{T5} = 1$. Außerdem können die Anzahl der Treffer in den untersuchten Teilflagvektoren angegeben werden:

$$G(F_T) = G(F_{T0}) + G(F_{T1}) + G(F_{T4}) + G(F_{T5}) = 2+0+2+2 = 6 \qquad (6.15)$$

Zur Realisierung eines Speicherfeldes werden für die Teilflagvektoren jeweils integrierte Schaltungsmoduln, die jeweils n bit Datenwörter speichern können, eingesetzt. Die Speichermoduln werden zur Ausführung von Operationen in Abhängigkeit der restlichen k Bitpositionen eines Datenwortes bzw. eines Suchargumentes ausgewählt, wobei dieser Vorgang einer Selektion von Speichermoduln im Feld, wie sie bei konventionellen Schreib/Lese-Speichern (RAMs) üblich ist, entspricht.

6.1.1 Schaltung eines vertikalen Assoziativspeicherfeldes

Zur Entwicklung der Schaltung eines flagorientierten assoziativen Speicherfeldes werden die in Kap. 5 (Abb. 5.1) vorgestellten Speichermoduln verwendet. Mit Hilfe der Übertragsausgangssignale eines Moduls und einer Übertragsvorausberechnung wird erreicht, daß die Suchoperationen im gesamten Feld parallel ablaufen.

Abb. 6.3 stellt ein Schaltungsbeispiel für ein vertikal organisiertes Assoziativspeicherfeld dar, das mit n-Bit-Wort ARAM-Speichern realisiert ist. Das Speicherfeld hat eine Speicherkapazität von 2^{n+3} Wörtern und kann Daten mit einer Wortlänge von jeweils $3+n$ bit verarbeiten. Die zu n zusätzlichen 3 bit (k=3) erfordern $2^3 = 8$ Teilflagvektoren, die jeweils durch einen Assoziativspeicherbaustein (ARAM) realisiert werden.

Die Bausteine sind bus-orientiert miteinander verbunden. In einem Steuerbus sind die Steuersignale zusammengefaßt (Funktionsauswahl, Read/Write u.ä.). Die S- und M-Busse sind zur Eingabe von Datenwörtern und Suchargumenten eingesetzt. Jeweils n-Bit des M- und S-Busses werden zu den Bausteinen geführt. Die restlichen drei Bitstellen der Such- (S_k) und Maskenwörter (M_k) werden zu einem weiteren Baustein **CSG** (Chip-Select- Generator) zur Flagtransformation geführt. Der Baustein CSG erzeugt in Abhängigkeit seiner Eingänge $M_k = (m_{n+3} \; m_{n+2} \; m_{n+1})$ sowie $S_k = (s_{n+3} \; s_{n+2} \; s_{n+1})$ die Modulauswahlsignale (Chip Select=CS) CS0 bis CS7 aller 8 ARAM-Bausteine. Die CS-Signale sind gleichzeitig die Flags der ersten Stufe, d.h. $CS_i = F_i$.

In der Tab. 6.1 ist die Bestimmung der CS-Signale CS0 bis CS7 in Abhängigkeit der S_k und M_k angegeben.

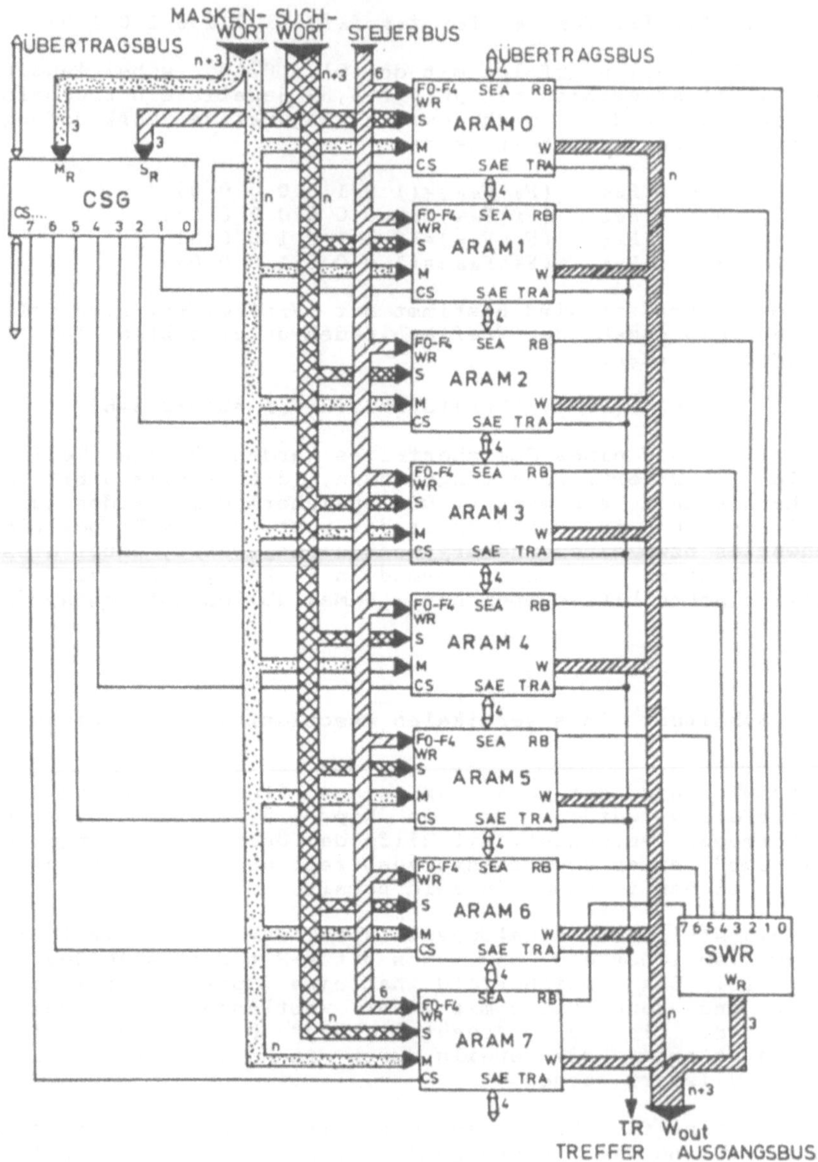

Abbildung 6.3: Aufbau eines Assoziativspeicherfeldes mit den
flagorientierten Assoziativspeichermoduln

Anteil eines Suchargumentes S_k			Anteil eines Maskenwortes M_k			Flags als CS-Signale (Flagvekt. F_{sk}) für die Moduln des Speicherfeldes							
						CS0	CS1	CS2	CS3	CS4	CS5	CS6	CS7
S_{n+3}	S_{n+2}	S_{n+1}	M_{n+3}	M_{n+2}	M_{n+1}	F_{s0}	F_{s1}	F_{s2}	F_{s3}	F_{s4}	F_{s5}	F_{s6}	F_{s7}
0	0	0	0	0	0	1	0	0	0	0	0	0	0
0	0	1	0	0	0	0	1	0	0	0	0	0	0
0	1	0	0	0	0	0	0	1	0	0	0	0	0
0	1	1	0	0	0	0	0	0	1	0	0	0	0
1	0	0	0	0	0	0	0	0	0	1	0	0	0
1	0	1	0	0	0	0	0	0	0	0	1	0	0
1	1	0	0	0	0	0	0	0	0	0	0	1	0
1	1	1	0	0	0	0	0	0	0	0	0	0	1
0	0	X	0	0	1	1	1	0	0	0	0	0	0
0	1	X	0	0	1	0	0	1	1	0	0	0	0
1	0	X	0	0	1	0	0	0	0	1	1	0	0
1	1	X	0	0	1	0	0	0	0	0	0	1	1
0	X	0	0	1	0	1	0	1	0	0	0	0	0
0	X	1	0	1	0	0	1	0	1	0	0	0	0
1	X	0	0	1	0	0	0	0	0	1	0	1	0
1	X	1	0	1	0	0	0	0	0	0	1	0	1
0	X	X	0	1	1	1	1	1	1	0	0	0	0
1	X	X	0	1	1	0	0	0	0	1	1	1	1
X	0	0	1	0	0	1	0	0	0	1	0	0	0
X	0	1	1	0	0	0	1	0	0	0	1	0	0
X	1	0	1	0	0	0	0	1	0	0	0	1	0
X	1	1	1	0	0	0	0	0	1	0	0	0	1
X	0	X	1	0	1	1	1	0	0	1	1	0	0
X	1	X	1	0	1	0	0	1	1	0	0	1	1
X	X	0	1	1	0	1	0	1	0	1	0	1	0
X	X	1	1	1	0	0	1	0	1	0	1	0	1
X	X	X	1	1	1	1	1	1	1	1	1	1	1

Tabelle 6.1: Bestimmung der Flags der ersten Stufe als CS-Signale für die Auswahl von Speichermoduln

In Abhängigkeit der k Bitstellen des Suchargumentes S_k wird jeweils nur ein Baustein adressiert (Tab. 6.1, erste 8 Zeilen), wenn sie nicht maskiert ($M_k=0$) sind. Bei $M_k \neq 0$ liegen mehrere Flags simultan vor, die mehrere Bausteine aktivieren. Je nach Konstellation des M_k-Wortes werden die Flags bzw. Modulauswahlsignale (CS) für zwei, vier oder acht Bausteine gleichzeitig generiert, die jeweils die zugehörigen Moduln zur Durchführung einer Operation aktivieren.

Die Gleichungen zur Realisierung der Schaltung können nach dem gleichen Konzept wie bei der ARAM-Decoderschaltung (Gl. 3.1 bis 3.8 in Kap. 3) zur Transformation von Daten ermittelt werden.

Die Ausgänge $W=(W_k\ W_n)$ des Feldes bestehen ebenfalls aus zwei Teilen. Die Ausgänge W_n der Speichermoduln umfassen ebenfalls n bit, die als W_n-Bus zur Ausgabe von n Bitstellen der Trefferwörter nach der Rücktransformation innerhalb der Moduln ausgeführt sind. Die k Bitstellen W_k eines Treffers W werden mit dem Baustein **SWR** (Suchwortrestbitermittlung) erzeugt. Die Eingänge des SWR-Bausteins bilden die **RB-Signale** der Speichermoduln 0 (ARAM0) bis 7 (ARAM7), die die Position eines Moduls im Feld zur Bildung der restlichen k Bitpositionen eines Trefferwortes signalisieren.

Die **RB-Signale** entsprechen also den Flags des Flagvektors der höheren Stufe (F_0 bis F_7), die bei der Ausgabe von Daten im SWR-Baustein durch einen Decoder rücktransformiert werden. Nach der Rücktransformation entstehen k Bitpositionen, die zu den n Bitstellen eines Datenwortes, die von einem Speichermodul des Feldes geliefert wurden, hinzugenommen werden. Damit wird das gesamte Wort $W=(W_k\ W_n)$ am Ausgang des Feldes zur Verfügung gestellt.

Bei der sequentiellen Ausgabe von Treffern (Lesephase) kann jeweils nur ein Baustein aktiv sein, d.h. das auszugebende Datenwort kann nur von einem Baustein stammen. Damit kann auch zu jedem Zeitpunkt nur das RB-Signal eines Bausteins vorliegen, so daß der **SWR-Baustein** eine (1-aus-N)-zu-Dual-Decoder-Schaltung darstellt.

In dem angegebenen ARAM-Speicherfeld (Abb. 6.3) wird der SWR-Baustein zur Codierung der 8 Eingänge in drei bit Ausgänge eingesetzt. Die drei Ausgänge des SWR-Bausteins und die n bit der Trefferausgänge der ARAM-Speicher bilden also die gesamten n+3 Bitstellen der Treffer am Ausgang des Speicherfeldes.

Bei der Ausgabe von Ergebnissen liegt ein Sonderfall vor, wenn alle Treffer bereits ausgegeben sind. Hier ist keiner der Bausteine aktiv (RB0 bis RB7=0), so daß ein leerer Flagvektor F_{sk} vorliegt. Um die Kaskadierung stufenweise mit weiteren Speicherfeldern zu ermöglichen, werden die Ausgänge des SWR-Moduls als Tri-State-Ausgänge ausgeführt. Falls im Feld keine Treffer vorliegen, d.h. F_{sk} ein leerer Flagvektor ist und damit die Eingänge des SWR-Decoders jeweils gleich "0" sind, werden die Ausgänge in einen hochohmigen Zustand (high-Z) gebracht.

Tabelle 6.2 zeigt die Wahrheitstafel eines 3-Bit SWR-Moduls.

| RB | | | | | | | | SWR-Ausgänge | | |
0	1	2	3	4	5	6	7	W_{n+3}	W_{n+2}	W_{n+1}
0	0	0	0	0	0	0	0	Z	Z	Z *)
1	0	0	0	0	0	0	0	0	0	0
0	1	0	0	0	0	0	0	0	0	1
0	0	1	0	0	0	0	0	0	1	0
0	0	0	1	0	0	0	0	0	1	1
0	0	0	0	1	0	0	0	1	0	0
0	0	0	0	0	1	0	0	1	0	1
0	0	0	0	0	0	1	0	1	1	0
0	0	0	0	0	0	0	1	1	1	1

*) Z = high-z-Ausgänge

Tabelle 6.2 : Bestimmung der restlichen Bitpositionen durch RB-Signale

Für den Austausch von Informationen zwischen den Bausteinen werden Übertragssignale eingesetzt. Diese können einerseits während einer Suchoperation im Schaltungsblock für adressorientierte Suchoperationen, der vor dem Flagspeichervektor angeordnet ist, und anderseits im Schaltungsblock für flag-inhaltsorientierte Operationen, der nach dem Flagspeichervektor eingesetzt wird, entstehen.

Darüberhinaus wird die Ausgabe der Ergebnisse mit Hilfe weiterer Überträge zwischen den Prioritätenschaltnetzen der Bausteine organisiert. Da aber die Schaltungen für das Prioritätenschaltnetz und für die MIN-Suchoperation identisch sind und nur einmal in einem Modul vorliegen, können die Überträge bei MIN-Suchoperation nach Gl. 4.31 und 4.33 auch bei der Vereinzelung und Ausgabe der Ergebnisse verwendet werden, so daß keine zusätzlichen Signale benötigt werden.

Die Übertragssignale sind als Übertrag-Bus zusammengefasst, die als SAE- und SEA-Signale eine serielle Übergabe von Überträgen zwischen den Bausteinen ermöglichen.

Die serielle Weitergabe von Überträgen führt zu einer Bearbeitungszeit der Operationen, die proportional zu der Anzahl der eingesetzten Moduln ist. Hierfür wird jedoch keine zusätzliche Hardware benötigt.

Eine Laufzeitverkürzung der sequentiellen Übertragssignale wird durch eine Schaltung erreicht, die eine parallele Berechnung bzw. eine Vorausberechnung der Übertragssignale durchführt. Die Funktion dieser Schaltung kann als eine CARRY-LOOK-AHEAD (CLA)-Schaltung in einem gesonderten Baustein realisiert werden (vergl. Abb. 6.3). Eine Schaltung, die CARRY-LOOK-AHEAD-Funktionen erfüllt, kann selbst kaskadierbar sein, so daß ein Speicherfeld in beliebiger Größe zur parallelen Durchführung aller Suchoperationen realisiert werden kann.

Zur Realisierung der Schaltung eines CLA-Moduls können die in Kap. 4.1 und 4.2 berechneten Beziehungen für die Überträge (Gl. 4.22 bis 4.27 sowie 4.31 und 4.33) eingesetzt werden.

6.2 Horizontale Kaskadierung flagorientierter Assoziativspeichermoduln

Im Kapitel 6.1 wurde ein Speicherfeld beschrieben, bei dem die Assoziativspeichermoduln (ARAM-Moduln) vertikal angeordnet sind.

Eine vertikale Anordnung von ARAM-Moduln zur Speicherung von n-Bit Daten erfordert 2^n Flagspeicherzellen, was zu einer Speicherkapazität von 2^n verschiedenen Wörtern mit je n-Bit Wortlänge führt. Sämtliche Suchoperationen können hier vollparallel ablaufen. Eine Erweiterung der Wortlänge um ein Bit erfordert die Verdopplung der Anzahl der Flagspeicherzellen, so daß bei einer vertikalen Anordnung die bearbeitbare Wortlänge nicht beliebig wachsen kann. Demgegenüber stehen in einem vertikalen Speicherfeld die hohe Speicherkapazität, die mit Erhöhung der Anzahl der Flagspeicher wächst, und die vollparallele Ausführung von Operationen im gesamten Speicherfeld.

Eine horizontale Anordnung der ARAM-Moduln ist ebenfalls möglich. Mit ihr können beliebige Wortlängen für inhaltsadressierbare Daten erzielt werden. Die Menge der zu speichernden Daten ist jedoch geringer als die der vertikalen Anordnung. Die Bearbeitungszeit einer Suchoperation ist hier proportional zu der Anzahl der im Feld eingesetzten Speichermoduln.

Bei einer horizontalen Architektur werden die zu speichernden Wörter mit jeweils Q Bit Wortlänge in k (k≥1) Teilwörtern aufgeteilt, so daß die Q Bit Wortlänge eines Wortes durch k*q Bit dargestellt wird.

Nach der Aufteilung kann ein Datenwort W_i, das aus k Teilwörtern besteht, wie folgt dargestellt werden:

$$W_i = (W_{ik-1} \ W_{ik-2} \ \ldots \ W_{ij} \ \ldots \ W_{i2} \ W_{i1} \ W_{i0})$$

Da die Teilwörter jeweils q Bit lang sind, kann für den **Zahlenwert** W_i (d.h. Wert(W_i)=W_i) folgende Beziehung angegeben werden:

$$W_i = W_{ik-1}*2^{(k-1)*q} + W_{ik-2}*2^{(k-2)*q} + \ldots + W_{ij}*2^{j*q} +$$
$$+ \ldots + W_{i2}*2^{2*q} + W_{i1}*2^{1*q} + W_{i0}*2^{0*q} = \sum_{j=0}^{k-1} W_{ij}*2^{j*q}$$

In einer horizontalen Anordnung werden die Teilwörter W_{ij} jeweils getrennt einer Flagtransformation unterzogen. Nach der Flagtransformation einzelner Teilwörter erhält man

$$FLAG(W_i) = FLAG(W_{ik-1})* \ 2^{(k-1)*q} + FLAG(W_{ik-2})*2^{(k-2)*q} + \ldots$$
$$\ldots + FLAG(W_{ij})*2^{j*q} + \ldots + FLAG(W_{i1})*2^{1*q} + FLAG(W_{i0})*2^{0*q}$$

oder

$$FLAG(W_i) = \sum_{j=0}^{k-1} FLAG(W_{ij})*2^{j*q}$$

Damit wird zur Beschreibung eines Wortes W_i ein Flagvektorsystem F_i benötigt, das aus k Flagvektoren F_{ij} (j=0..k-1) besteht:

$$F_i = (\ F_{ik-1} \ \ F_{ik-2} \ \ldots \ F_{ij} \ \ldots \ F_{i2} \ \ F_{i1} \ \ F_{i0})$$

Zur Darstellung der Anordnung und zur Beschreibung von Daten in der Anordnung soll ein Beispiel betrachtet werden:

Es soll ein Q=8 bit Datenwort W_i=(01 00 10 10)$_2$ in k=4 Teilwörter mit je q=2 bit aufgeteilt und durch Teilflagvektoren in einem horizontalen Feld beschrieben werden.

Durch Flagtransformation erhält man für W_i:

$$FLAG(W_i) = FLAG(W_{i3})*2^{3*2} + FLAG(W_{i2})*2^{2*2} + FLAG(W_{i1})*2^{1*2} + FLAG(W_{i0})*2^{0*2}$$
$$= FLAG(1)*2^6 + FLAG(0)*2^4 + FLAG(2)*2^2 + FLAG(2)*2^0$$

Zur Beschreibung des Wortes W_i wird ein Flagvektorsystem F_i mit 4 Flagvektoren F_{ij}, die jeweils 4 Flags umfassen, benötigt. Im Feld wird das Wort wie folgt dargestellt:

$$F_i = \qquad (\quad F_{i3} \quad F_{i2} \quad F_{i1} \quad F_{i0})$$

00	0	0	1	0	0
01	1	1	0	0	0
10	2	0	0	1	1
11	3	0	0	0	0

Die Flagvektoren beinhalten in Abhängigkeit der Teilwörter jeweils ein Flag. Sollen die Teilwörter jeweils partiell maskiert werden, so sind in Abhängigkeit von Teilmaskierungen jeweils in den Spalten mehrere Flags vorhanden. Für das o.a. Beispiel mit einem zusätzlichen Maskenwort $M_i = (00\ 01\ 00\ 11)_2$ gilt:

$$F_i = \qquad (\quad F_{i3} \quad F_{i2} \quad F_{i1} \quad F_{i0})$$

00	0	0	1	0	1
01	1	1	1	0	1
10	2	0	0	1	1
11	3	0	0	0	1

In diesem Feld gelten mit den vorhandenen Flags insgesamt folgende 8 Datenwörter als definiert, die sich aus der Kommutation der Flags in Teilflagvektoren (Spalten) ergeben:

$$
\begin{aligned}
&(01 \quad 00 \quad 10 \quad 00), \\
&(01 \quad 00 \quad 10 \quad 01), \\
&(01 \quad 00 \quad 10 \quad 10), \\
&(01 \quad 00 \quad 10 \quad 11), \\[6pt]
&(01 \quad 01 \quad 10 \quad 00), \\
&(01 \quad 01 \quad 10 \quad 01), \\
&(01 \quad 01 \quad 10 \quad 10) \text{ und} \\
&(01 \quad 01 \quad 10 \quad 11).
\end{aligned}
$$

Die Anzahl der möglichen Daten in einer derartigen Anordnung ergibt sich aus der Multiplikation der Füllungsgrad der Teilflagvektoren in den Spalten:

$$A = G(F_0) * G(F_1) * \ldots * G(F_k)$$

Für das Beispiel gilt:

$$A_0 = G(F_0) * G(F_1) * G(F_2) * G(F_3) = 4 * 1 * 2 * 1 = 8$$

Damit wird deutlich, daß in diesem Fall eine sehr kompakte Beschreibung von Daten möglich ist, was sich auch bei der Ausnutzung entsprechender Hardware zur Datenspeicherung als besonders günstig erweist.

Das Flagvektorsystem F_i dient zur Definition **eines** (maskierten) Datenwortes W_i. Sollen weitere Datenwörter (z.B. $2^p = L$ Datenwörter W_0 bis W_{k-1}) durch Flags in gleicher Weise definiert werden, so kann für jedes Datenwort die gleiche Konfiguration von Flagvektoren zugrunde gelegt werden. Damit existiert eine Anordnung, in der das o.a. Flagvektorsystem $2^p = L$-fach zur Beschreibung von Datenwörtern W_0 bis W_{L-1} vorliegt. Da die Teilwörter eines Datenwortes in verschiedenen Teilflagvektoren dargestellt werden, ist es zur Durchführung von Suchoperationen und für die Wiedergewinnung der Daten notwendig, daß die Zusammengehörigkeit von Teilwörtern eines Datenwortes festgestellt werden kann.

Um die unterschiedlichen Datenwörter in den einzelnen Flagvektor-systemen kennzeichnen zu können, wird jedem Datenwort ein Index i ($i=0..L-1$) zugeordnet. Dieser kann als ein erweiterter Bestandteil eines Teilwortes betrachtet werden, der gleichzeitig mit jedem Teil-wort gespeichert wird. Damit erhält man eine Datenstruktur (I, W_i) bzw. (W_i, I) bestehend jeweils aus einem Datenwort W_i und einem Index I, wie man sie aus den konventionellen Schreib/Lese-Speichern als das Paar (Adresse, Datum) kennt. Die Reihenfolge der beiden Elemente in der Datenstruktur hat jedoch eine besondere Bedeutung bei der Gestal-tung und Durchführung von Suchoperationen in einem flagorientierten System, so daß im folgenden die beiden Möglichkeiten dargestellt und diskutiert werden:

6.2.1 Horizontale Kaskadierung erster Art

Im ersten Fall werden die Teilwörter eines Datenwortes W_i jeweils mit dem Index I linksbündig erweitert:

$$W_i = [(I, W_{ik-1}) \ (I, W_{ik-2}) \ \ldots \ (I, W_{ij}) \ \ldots \ (I, W_{i1}) \ (I, W_{i0})]$$

Damit wird jedes Teilwort W_{ij} linksbündig mit den p Indexbits erwei-tert, so daß jedes Teilwort um $I*2^q$ erhöht wird, d.h. die Indexbits werden als höherwertige Bitstellen eines Teilwortes betrachtet:

$$W_{ij} = (i_{p-1} \ i_{p-2} \ \ldots \ i_1 \ i_0 \ \ W_{ij,q-1} \ W_{ij,q-2} \ \ldots \ W_{ij,1} \ W_{ij,0})$$

mit $j=0..k-1$ und $i=0..2^p-1$.

Zur Erläuterung soll wiederum ein Beispiel betrachtet werden:

Es sei ein Datensatz mit 4 indizierten Elementen und entsprechenden Maskenwörtern gegeben:

$$W_0 = (11 \ X0 \ X1 \ 10)$$
$$M_0 = (00 \ 10 \ 10 \ 00),$$

$$W_3 = (01 \ 00 \ 10 \ 11)$$
$$M_3 = (00 \ 00 \ 00 \ 00),$$

$$W_5 = (01 \ 0X \ 10 \ XX)$$
$$M_5 = (00 \ 01 \ 00 \ 11)$$

und $\quad W_6 = (XX \ 0X \ 01 \ X1)$
$$M_6 = (11 \ 01 \ 00 \ 10)$$

Die Elemente sollen jeweils in 4 Teilwörter aufgeteilt werden, die durch 4 Teilflagvektoren dargestellt werden können.

Die Teilwörter werden jeweils mit den zugehörigen Indizes erweitert. Zur Beschreibung eines Index sind 3 Bitstellen ($p=3$) ausreichend. Mit 3 Bit können insgesamt $2^p=8$ Indizes bearbeitet werden. Durch die Erweiterung der Teilwörter mit den zugehörigen Indizes erhält man:

$$W_0 = [(000\ 11)\ (000\ X0)\ (000\ X1)\ (000\ 10)]$$
$$M_0 = [(000\ 00)\ (000\ 10)\ (000\ 10)\ (000\ 00)],$$

$$W_3 = [(011\ 01)\ (011\ 00)\ (011\ 10)\ (011\ 11)]$$
$$M_3 = [(011\ 00)\ (011\ 00)\ (011\ 00)\ (011\ 00)],$$

$$W_5 = [(101\ 01)\ (101\ 0X)\ (101\ 10)\ (101\ XX)]$$
$$M_5 = [(101\ 00)\ (101\ 01)\ (101\ 00)\ (101\ 11)],$$

und
$$W_6 = [(110\ XX)\ (110\ 0X)\ (110\ 01)\ (110\ X1)]$$
$$M_6 = [(110\ 11)\ (110\ 01)\ (110\ 00)\ (110\ 10)]$$

Die Struktur der Flags der Datenwörter W_i wird unter Berücksichtigung der Maskierung einzelner Teilwörter in einem Feld mit 4 Teilflagvektoren wie folgt dargestellt:

Lfd. Nr.	INDEX i_{10}	i_2	DATEN W_2	W_{10}	F_3	TEILFLAGVEKTOREN F_2	F_1	F_0	
0	0	000	00	0	0	1	0	0	W_0
1		000	01	1	0	0	1	0	
2		000	10	2	0	1	0	1	
3		000	11	3	1	0	1	0	
4	1	001	00	0	0	0	0	0	
5		001	01	1	0	0	0	0	
6		001	10	2	0	0	0	0	
7		001	11	3	0	0	0	0	
8	2	010	00	0	0	0	0	0	
9		010	01	1	0	0	0	0	
10		010	10	2	0	0	0	0	
11		010	11	3	0	0	0	0	
12	3	011	00	0	0	1	0	0	W_3
13		011	01	1	1	0	0	0	
14		011	10	2	0	0	1	0	
15		011	11	3	0	0	0	1	
16	4	100	00	0	0	0	0	0	
17		100	01	1	0	0	0	0	
18		100	10	2	0	0	0	0	
19		100	11	3	0	0	0	0	
20	5	101	00	0	0	1	0	1	W_5
21		101	01	1	1	1	0	1	
22		101	10	2	0	0	1	1	
23		101	•11	3	0	0	0	1	
24	6	110	00	0	1	1	0	0	W_6
25		110	01	1	1	1	1	1	
26		110	10	2	1	0	0	0	
27		110	11	3	1	0	0	1	
28	7	111	00	0	0	0	0	0	
29		111	01	1	0	0	0	0	
30		111	10	2	0	0	0	0	
31		111	11	3	0	0	0	0	

Die erste Spalte zeigt die laufenden Nummern der Flags in den
Teilflagvektoren. Zweite und dritte Spalte geben die Interpretation
der Flags für Indizes und Teilwortinhalte jeweils in binärer bzw. in
dezimaler Darstellung an. Die weiteren vier Spalten enthalten die 4
Teilflagvektoren.

Die Teilflagvektoren des Feldes sind in Abhängigkeit der Indexwort-
länge in 8 Bereiche ($=2^p=2^3$) aufgeteilt, wobei die Bereiche wiederum
in Abhängigkeit von Teilwörtern jeweils 4 Flags ($=2^q=2^2$) umfassen.

Im Feld sind die Wörter mit den entsprechenden Flags der Teilwörter in
Abhängigkeit ihrer Indizes in den Bereichen 0 (lfd. Nr. 0..3), 3 (lfd.
Nr. 12..15), 5 (lfd. Nr. 20 bis 23) und 6 (lfd. Nr. 24..27) jeweils
für W_0, W_3, W_5 und W_6 dargestellt. Damit werden die Daten in
Abhängigkeit ihrer Indizes sortiert gespeichert, wobei die Indizes
hier analog zu konventionellen RAMs als Adressen interpretiert werden
können.

6.2.2 Horizontale Kaskadierung zweiter Art

Im zweiten Fall werden dagegen die Indexbits rechtsbündig als nieder-
wertige Bitstellen eines Teilwortes eingesetzt, d.h. die Teilwörter
(W_{ij}) werden jeweils mit 2^p mutipliziert und um i erhöht:

$$W_i = [(W_{ik-1}, I) (W_{ik-2}, I) \ldots (W_{ij}, I) \ldots (W_{i1}, I) (W_{i0}, I)]$$

Damit erhält man für W_{ij} analog zum ersten Fall folgende binäre
Darstellung eines mit Index I erweiterten Wortes:

$$W_{ij} = (w_{ij,q-1}\ w_{ij,q-2}\ \ldots\ w_{ij,1}\ w_{ij,0}\ i_{p-1}\ i_{p-2}\ \ldots\ i_1\ i_0\ )$$

mit $j=0..k-1$ und $i=0..2^p-1$.

In diesem Fall werden die Teilwörter jeweils ihrem Inhalt nach
sortiert dargestellt, was eine hohe Effizienzsteigerung bei der
Durchführung von unterschiedlichen Suchoperationen gegenüber dem
ersten Falles ermöglicht.

Um den Unterschied im Vergleich zum ersten Fall deutlich zu machen,
wird ebenfalls das o.a. Beispiel für diesen Fall betrachtet. Die
Teilwörter werden in diesem Fall rechtsbündig mit den entsprechenden
Indizes erweitert:

$$
\begin{aligned}
W_0 &= [(11\ 000)\ (X0\ 000)\ (X1\ 000)\ (10\ 000)] \\
M_0 &= [(00\ 000)\ (10\ 000)\ (10\ 000)\ (00\ 000)], \\[6pt]
W_3 &= [(01\ 011)\ (00\ 011)\ (10\ 011)\ (11\ 011)] \\
M_3 &= [(00\ 011)\ (00\ 011)\ (00\ 011)\ (00\ 011)], \\[6pt]
W_5 &= [(01\ 101)\ (0X\ 101)\ (10\ 101)\ (XX\ 101)] \\
M_5 &= [(00\ 101)\ (01\ 101)\ (00\ 101)\ (11\ 101)], \\[6pt]
\text{und}\quad W_6 &= [(XX\ 110)\ (0X\ 110)\ (0X\ 110)\ (X1\ 110)] \\
M_6 &= [(11\ 110)\ (01\ 110)\ (01\ 110)\ (10\ 110)]
\end{aligned}
$$

Die Struktur der Flags der Datenwörter W_i wird unter Berücksichtigung der Maskierung einzelner Teilwörter im Feld mit 4 Teilflagvektoren wie folgt dargestellt:

Lfd. Nr.	DATEN W_{DEZ}	W_{DUAL}	INDEX i_{DUAL}	i_{DEZ}	TEILFLAGVEKTOREN F_3	F_2	F_1	F_0
0	0	00	000	0	0	1	0	0
1		00	001	1	0	0	0	0
2		00	010	2	0	0	0	0
3		00	011	3	0	1	0	0
4		00	100	4	0	0	0	0
5		00	101	5	0	1	0	1
6		00	110	6	1	1	1	0
7		00	111	7	0	0	0	0
8	1	01	000	0	0	0	1	0
9		01	001	1	0	0	0	0
10		01	010	2	0	0	0	0
11		01	011	3	1	0	0	0
12		01	100	4	0	0	0	0
13		01	101	5	1	1	0	1
14		01	110	6	1	1	1	1
15		01	111	7	0	0	0	0
16	2	10	000	0	0	1	0	1
17		10	001	1	0	0	0	0
18		10	010	2	0	0	0	0
19		10	011	3	0	0	1	0
20		10	100	4	0	0	0	0
21		10	101	5	0	0	1	1
22		10	110	6	1	0	0	0
23		10	111	7	0	0	0	0
24	3	11	000	0	1	0	1	0
25		11	001	1	0	0	0	0
26		11	010	2	0	0	0	0
27		11	011	3	0	0	0	1
28		11	100	4	0	0	0	0
29		11	101	5	0	0	0	1
30		11	110	6	1	0	0	1
31		11	111	7	0	0	0	0

In dieser Anordnung sind die Teilflagvektoren im Feld in Abhängigkeit von den 2 Bitpositionen der Teilwörter jeweils in 4 Bereiche ($=2^q=2^2$) aufgeteilt. Jeder Bereich, in dem die Indizes repräsentiert werden, enthält in Abhängigkeit der 3 Bitpositionen (p=3) der Indizes 8 Flags ($=2^p=2^3$).

Als Beispiel sind die Flags zur Beschreibung des nicht maskierten Datenwortes W_3 (I=3) in folgenden Positionen, die im Feld unterstrichen gekennzeichnet sind, zu finden:

W_3 :	W_{33}	W_{32}	W_{31}	W_{30}
Position :	11	03	19	27

Für die maskierten Daten entstehen in Abhängigkeit der Maskierung mehrere Varianten des Datenwortes, die sich durch eine Permutation von Bits in maskierten Stellen unterscheiden. Im Feld werden die möglichen Werte durch ihre jeweiligen Flags dargestellt.

6.2.3 Gegenüberstellung beider Verfahren

In beiden Fällen erhöht sich die Wortlänge der Teilwörter (q Bit) um
die Wortlänge der entsprechenden Indizes (p Bit), so daß die Teilwörter mit den zugehörigen Indizes jeweils durch p+q=n bit repräsentiert werden. Demnach werden für die einzelnen Teilwörter jeweils
Flagvektoren eingesetzt, die $2^{p+q}=2^n$ Flags beinhalten.

Damit erhält man für ein horizontales Flagvektorsystem folgende
allgemeine Struktur:

$$F = (F_0, F_1, F_2, \ldots, F_j, \ldots, F_{k-1})$$

Für einen Flagvektor in diesem Flagvektorsystem gilt:

$$F_j = (f_{j0}, f_{j1}, f_{j2}, \ldots, f_{ji}, \ldots, f_{j2^n-1}) \quad \text{mit} \quad j=0..k-1.$$

Ein derartiges Flagvektorsystem weist in beiden Fällen den gleichen
(Hardware-) Umfang und die gleiche (Hardware-) Struktur auf. Die Zahl
der Flags beträgt $k*2^{q+p}=k*2^n$, wobei k die Zahl der horizontal
angeordneten Teilflagvektoren darstellt. Auch der Umfang der speicherbaren Daten ist in beiden Fällen gleich. Je nach Interpretation der
Bitpositionen für die Dateninhalte bzw. für die Indizes liegen die
Daten mit ihren Flags entweder nach den **Inhalten** der Teilwörter oder
nach den zugehörigen **Indizes** sortiert im Feld vor.

Um die beiden Verfahren bezüglich ihrer Eigenschaften bei der Durchführung von Operationen erläutern und gegenüberstellen zu können, wird
die Hardwarestruktur eines derartigen horizontalen Feldes betrachtet,
die für beide Fälle gleich ist.

6.2.4 Hardwarestruktur eines horizontalen Speicherfeldes

Eine horizontale Hardwarestruktur der ersten und der zweiten Art ist
für die Kaskadierung identisch, da die Zuordnung der Daten- und Index-
Bits zu den Eingängen der Speichermoduln durch die Datenstruktur
bestimmt wird.

Zur Realisierung eines horizontalen Speicherfeldes werden ARAM-Moduln
eingesetzt. Jede Spalte des Feldes kann aus einem oder mehreren
nach Abb. 5.1, Kap. 5 vertikal angeordneten Moduln bestehen. Zur
Vereinfachung wird eine Anordnung in einer Spalte unabhängig von ihrer
Struktur als nur ein Modul betrachtet.

Zur Realisierung des horizontalen Speicherfeldes werden k ARAM-
Bausteine mit je n bit Wortlänge (2^n Flagspeicherzellen) verwendet.
Die jeweils n bit Eingängen für die Daten und Suchargumente mit den
zugehörigen n bit Eingänge des Maskenwortes in einem ARAM-Modul werden
jeweils in p Bit für die 2^p Indizes bzw. Adressen (W_{pv}, M_{pv}) und in
q bit Eingänge für einen Teil des gesamten Datenwortes aufgeteilt, um
jedes Modul mit einem Teilwort (W_{qvj}, M_{qvj}) mit $j \in \{0..k-1\}$ zu
versorgen. Damit setzt sich ein Datum mit dem zugehörigen Maskenwort
(W_v, M_v) aus einem Indexteil und einem Wortinhalt, der aus k
Teilwörtern besteht, zusammen.

Durch linksseitige Zuordnung der Indexbits (W_{pv}, M_{pv}) zu den Bitstellen der Eingänge eines Moduls $j\in\{0..k-1\}$ erhält man die Interpretation der Flags im Feld nach der ersten Art:

$$(W_v, M_v) = [(W_{pv}, M_{pv}), (W_{qvj}, M_{qvj})]$$

mit $j\in\{0..k-1\}$ als Teilwörter und $v\in\{0..2^p-1\}$ als Indizes. Damit werden aus den n Bitpositionen der Eingänge eines Moduls j die Bitpositionen $(q-1..0)$ mit den q Bits des j-ten Teilwortes und die restlichen Bitpositionen $(n-1..q)$ mit p Indexbits beschaltet.

Eine rechtsseitige Zuordnung der Indexbits zu den Moduleingängen ergibt folgende Datenstruktur:

$$(W_v, M_v) = [(W_{qvj}, M_{qvj}), (W_{pv}, M_{pv})],$$

wobei ebenfalls $j\in\{0..k-1\}$ die Teilwörter und $v\in\{0..2^p-1\}$ die Indizes darstellen. Damit werden die Eingänge $(p-1..0)$ eines Moduls mit p Indexbits und die Eingänge $(n-1..p)$ mit q Datenbits eines Teilwortes beschaltet.

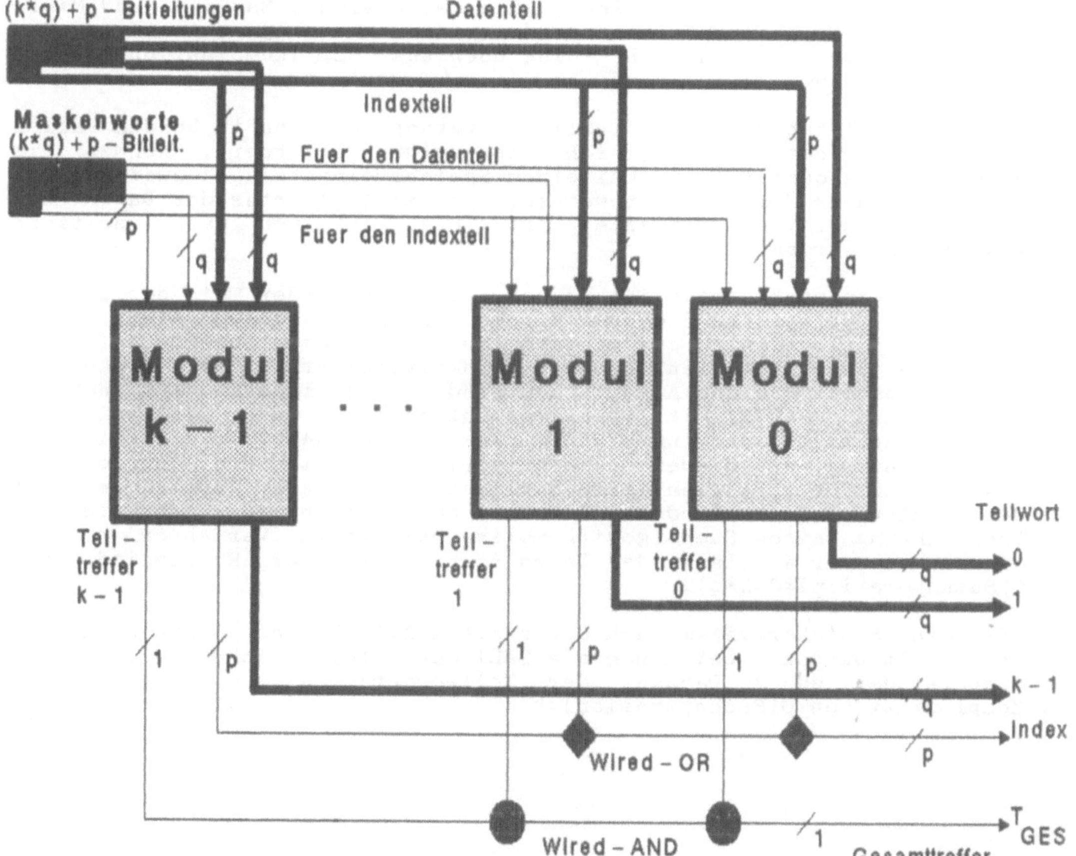

Abbildung 6.2.1: Horizontale Anordnung von Assoziativspeichermoduln

Während die p Bit Indizes über Eingangsleitungen parallel zu allen Speichermoduln geführt werden, erhält jedes Modul je q Bit aus dem Datenwort.

Damit ist die Hardwarestruktur und der Aufwand zur Realisierung des Speichersystems mit dem Flagspeicher in beiden Fällen gleich. Eine Zuordnung der Eingänge zu den Indizes und Daten bestimmt die Art des Speichereinsatzes und die damit verbundenen Algorithmen zur Durchführung von Suchoperationen. Abb. 6.2.1 zeigt die Blockschaltung des horizontalen ARAM-Feldes. In diesem Feld können die Moduln in den Spalten jeweils die in Abb. 6.5, Kap.6.1.1 angegebene vertikale Struktur aufweisen.

6.2.5 Durchführung von Suchoperationen in einem horizontalen Speicherfeld

Nach der Speicherung der Daten in den Speichermoduln können Suchoperationen durchgeführt werden. Als solche sollen hier Identitäts-, Teilidentitäts-, Größer-Gleich-, Kleiner-Gleich-, Maximum- und Minimum-Suchoperationen betrachtet werden. Andere Suchoperationen ergeben sich entweder auf ähnliche Weise oder aus der Kombination dieser Suchoperationen.

Während die Identitäts- und Teilidentitätsoperationen in beiden Fällen des Speichereinsatzes den gleichen Zeitaufwand erfordern, können die weiteren Suchoperationen bei einem Speichereinsatz der zweiten Art zeiteffizienter durchgeführt werden, da die Teilwörter der Daten bei einem Speichereinsatz zweiter Art ihren Inhalten nach sortiert gespeichert werden.

Ein interessanter Aspekt ist jedoch, daß ein großer Teil der in der Literatur für weitere Suchoperationen bekanntgewordenen Algorithmen, die in wortorientierten assoziativen Speicherfeldern Anwendung fanden, direkt in einem flagorientierten Speichersystem erster Art eingesetzt werden können. Solche Algorithmen sind beispielsweise in /KOH84/, /FOS78/ und /MuF79/ mit intensiver Untersuchung und Diskussion zu finden. Speziell sind in /STR88/, /WAN86/ und /MAR87/ die Entwicklung und Anwendung verschiedener Suchalgorithmen sowie ihre Adaption und Erweiterung für flagorientierte horizontale Assoziativspeichersysteme der ersten Art zu finden. Die Zahl der notwendigen Schritte zur Durchführung eines Suchalgorithmus ist bei diesen Verfahren proportional zu der Wortlänge der Daten (d.h. mit einer Komplexität von $O(Suchoperation)=Q=k*q$).

Für ein Speichersystem nach der zweiten Art können Suchalgorithmen entwickelt werden, bei denen die Zahl der erforderlichen Suchschritte proportional zu k (Anzahl der Teilwörter) ist, d.h. mit einer Komplexität von $O(Suchoperation)=k$.

6.2.5.1 Identitäts- und Teilidentitätsabfrage

Zur Durchführung einer Suchoperation als Identitäts- bzw. Teilidentitätsabfrage wird ein Suchargument $S = (S_{k-1} \ldots S_j \ldots S_1 S_0)$ mit einem Maskenwort $M = (M_{k-1} \ldots M_j \ldots M_1 M_0)$ eingesetzt.

Ziel einer Identitätsabfrage mit $M = (000\ldots0)$ ist die Bestimmung der mit dem Suchargument identischen Daten im Speicher. Bei einer Teilidentitäsabfrage mit $M \neq 0$ werden Daten gesucht, die mit dem nicht maskierten Teil des Suchargumentes identisch sind. Dabei sind bei der Ausgabe sowohl die ermittelten Daten als auch die zugehörigen Indizes zu berücksichtigen.

Das Suchargument und das Maskenwort werden jeweils in k Teilwörter aufgeteilt. Diese werden jeweils um den Indexteil $IS_p = XX\ldots X$ (beliebig) bzw. $IM_p = (111\ldots1)$ erweitert:

$$S = [(S_{k-1}\ IS_p) \ldots (S_j\ IS_p) \ldots (S_1\ IS_p) (S_0\ IS_p)]$$
$$M = [(M_{k-1}\ IM_p) \ldots (M_j\ IM_p) \ldots (M_1\ IM_p) (M_0\ IM_p)]$$

Jedes Teilwort des Suchargumentes $(S_j\ IS_p)$ $(j = k-1 \ldots 0)$ mit dem zugehörigen Maskenwort $(M_j\ IM_p)$ wird dem entsprechenden Speichermodul angelegt, wobei die Indizes mit $(IM_p = 111\ldots11)$ vollständig maskiert werden. Damit können die Indizes bei der Abfrage beliebige Werte annehmen, so daß die Treffer unabhängig von ihren Indizes bestimmt werden. Der Inhalt eines Teilwortes S_j $(j = k-1 \ldots 0)$ mit dem zugehörigen Maskenwort M_j $(j = k-1 \ldots 0)$ gibt an, welche der Bereiche im Speicher gewählt werden sollen. Die gewählten Flagzellen geben mit ihrem Inhalt an, ob sie ein Flag beinhalten und als Treffer in Betracht kommen können. Die Speichermoduln können jeweils unabhängig voneinander einen Teiltreffer liefern. Ein **Gesamttreffer** $W = (W_j\ IW_j)$ mit $j = (k-1 \ldots 0)$ liegt vor, wenn die Moduln $j = k-1 \ldots 0$ jeweils einen Teiltreffer W_j mit dem gleichen Index liefern, da der Index die Zusammengehörigkeit der Teildatenwörter angibt, d.h.

$$IW_j = IW_1 = IW_2 = \ldots = IW_{k-1} = IW_p .$$

- Master-Slave-Algorithmus zur Bestimmung der Gesamttreffer:

Zur Bestimmung der Gesamttreffer für ein Suchargument im Speicherfeld kann ein einfacher Algorithmus nach Master/Slave-Prinzip zugrunde gelegt werden (Abb. 6.2.2). Dabei wird ein Modul als Master deklariert (z.B. Modul k-1). Im ersten Schritt wird eine Identitätsabfrage mit vollständig maskiertem Indexteil in allen Moduln durchgeführt. Durch eine Wired-AND-Schaltung der Trefferausgänge T(j)-Ausgänge $(j \in \{0 \ldots k-1\}$ der Speichermoduln wird überprüft, ob alle Moduln jeweils einen Treffer liefern. Falls ein Modul keinen Treffer liefert, so liegt im gesamten Feld für das angelegte Suchargument kein Treffer vor. Anderenfalls stellt das Master-Modul (Modul k-1) den ersten Teiltreffer mit dem zugehörigen Index am Ausgang des Moduls zur Verfügung. Dieser wird an die Indexeingänge der weiteren Moduln (Slaves) angelegt. Liefern diese alle mit dem angelegten Index jeweils einen Teiltreffer, so handelt es sich um einen Gesamttreffer. Zeigt jedoch mindestens ein Modul keinen Treffer an, so liegt kein Gesamttreffer vor. Der Teiltreffer im Master wird eliminiert. Sind noch weitere Teiltreffer im Master vorhanden, so wird die Überprüfung des nächsten Indexes nach dem gleichen Verfahren vorgenommen, bis keine Teiltreffer mehr im Master vorhanden sind, so daß die Suche und die Ausgabe beendet wird.

Bei diesem Vorgehen ist die Zahl der Suchschritte zur Bestimmung der Gesamttreffer gleich der Anzahl der im Mastermodul vorhandenen Treffer. Dabei muß nicht jeder Schritt zu einem Gesamttreffer führen. Ein Extremfall liegt vor, wenn kein Teiltreffer im Master (Modul k-1) zu einem Gesamttreffer führt. Zur Optimierung des Verfahrens kann beispielsweise durch Hardwareerweiterung die Zahl der Treffer in einem Modul bestimmt werden, damit das Modul mit den wenigsten Treffern als Master festgelegt werden kann.

A. Suchargument an die Moduln anlegen.
B. Indexeingänge vollständig maskieren ($M_i = 111..11$)
C. Liefern alle Moduln jeweils eine Trefferanzeige, d.h.

$$T_{GES} = \bigwedge_{j=0}^{k-1} T(j) \# 0 \quad ?$$

    Ja   : Schritt D.
    Nein   : STOP, da für mindestens ein Teilwort des Suchargumentes kein Treffer im zugehörigen Modul existiert!
D. Den Index des (nächsten) Treffers aus dem Baustein k-1 bestimmen.
E. Der Index aus dem Baustein k-1 ist als Indexwert allen weiteren Bausteinen anzulegen.
F. Liefern alle Bausteine jeweils einen Treffer, d.h.

$$T_{GES} = \bigwedge_{j=0}^{k-2} T(j) \# 0 \quad ?$$

    Nein   : Weiter mit dem Schritt D, da kein Gesamttreffer in diesem Schritt vorliegt.
    Ja   : Ein Gesamttreffer wurde gefunden, Ausgabe des Gesamttreffers.
G. Ist T(k-1)=0 ?
    Nein   : Es sind noch Treffer im Modul k-1, weiter mit D.
    Ja   : STOP, alle Treffer sind ausgegeben.

Abbildung 6.6.2: Algorithmus zur Durchführung einer Identitätsoperation in einem horizontalen Speicherfeld

6.2.5.2 Weitere Suchoperationen

Zur Erläuterung weiterer Suchoperationen (Größer-Gleich- bzw. Kleiner-Gleich-Suchoperation, Suche innerhalb oder außerhalb gegebener Grenzen, Maximum- und Minimum-Suchoperation) in einer horizontalen Speicheranordnung wird erst ein Beispiel erläutert und anschließend die verallgemeinerten Algorithmen entwickelt. Das Beispiel soll ein Speicherfeld bestehend aus k=4 Flagvektoren 3, 2, 1 und 0, die jeweils 4 Bit (q=4) Teilwörter speichern können (eine HEX-Ziffer 0 bis F), in Verbindung mit einem Suchargument

$$S_a = (S_{k-1}, \; S_{k-2}, \; ..., \; S_2, \; S_1, \; S_0) = (S_3, \; S_2, \; S_1, \; S_0) = (3 \; 1 \; 1 \; 2)_{HEX}$$

betrachtet. Dabei kann die Zahl der Indizes in den Teilflagvektoren (analog zu dem vorigen Kap.) als 2^q angenommen werden, so daß die horizontal angeordneten Moduln jeweils 2^n Flags beinhalten. Die Zahl der Indizes ist jedoch für den Ablauf der weiteren Suchoperationen irrelevant. Sie ist nur bei der Ausgabe der Gesamttreffer notwendig, die nach dem gleichen Algorithmus wie bei der Identitätsoperation ausgeführt wird.

- Größer-Gleich-Suchoperation:

Bei einer GE-Suchoperation sollen alle Treffer bestimmt werden, die einen Wert größer oder gleich $Sa = (3112)_{HEX}$ aufweisen, d.h. der Wertebereich zur Durchführung der Suchoperation in Abhängigkeit der speicherbaren Datenwörter im Speicher ist $Sa = (3112)_{HEX}$ bis $S_{max} = (FFFF)_{HEX}$. Zur Durchführung der Suchoperation wird der Bereich in folgende Unterbereiche aufgeteilt:

1. $Sa1min = (3112)_{HEX}$ bis $Sa1max = (311F)_{HEX}$

2. $Sa2min = (3120)_{HEX}$ bis $Sa2max = (31FF)_{HEX}$

3. $Sa3min = (3200)_{HEX}$ bis $Sa3max = (3FFF)_{HEX}$

4. $Sa4min = (4000)_{HEX}$ bis $Sa4max = (FFFF)_{HEX}$

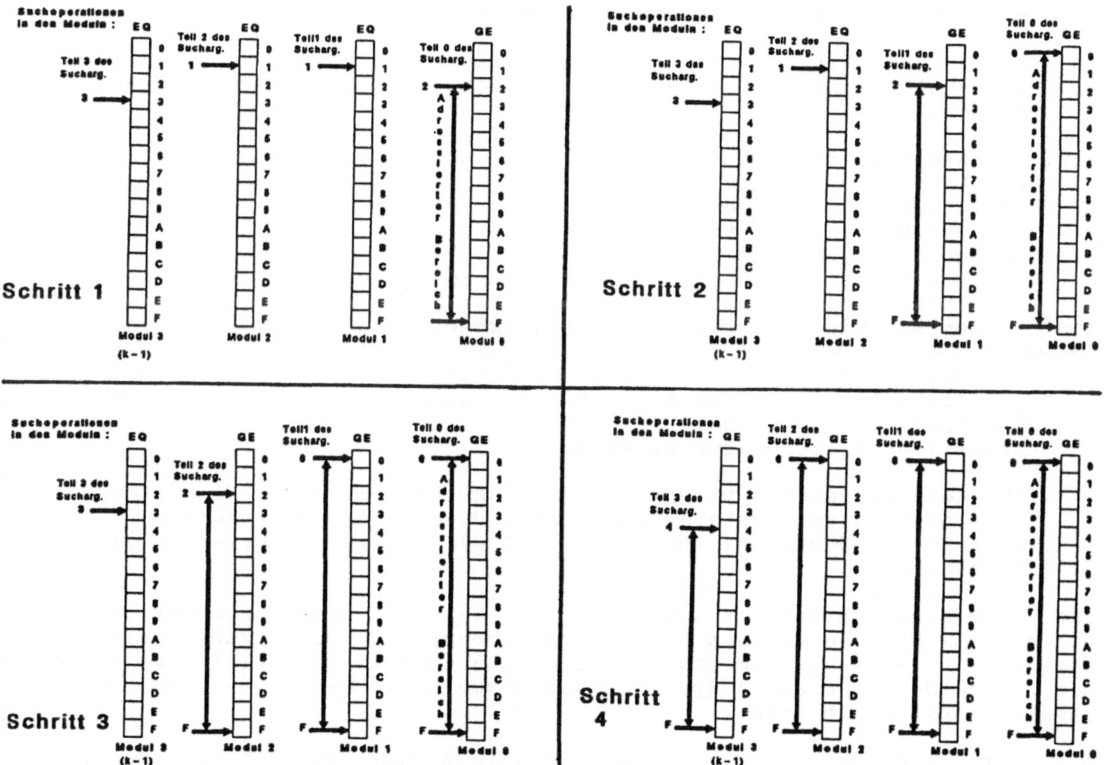

Abbildung 6.2.3: Darstellung der Suchbereiche in den einzelnen Suchschritten

Jeder Bereich kann nun in einem Suchschritt überprüft werden. Dabei wird S_{aimin} $(i=1..4)$[1] jeweils als Suchargument für den laufenden Schritt betrachtet (Abb. 6.2.3). Der zu überprüfende Bereich wird durch S_{aimax} gekennzeichnet. Im einzelnen erfolgt die Suchoperation in folgenden Schritten:

1. Im ersten Schritt wird als Suchargument $S_{a1}=(3112)_{HEX}$ verwendet. Die Ziffern des Suchargumentes werden ihrer Wertigkeit nach den entsprechenden Moduln angelegt. Die Indexbits werden bei allen Moduln maskiert. Im 0-ten Flagvektor (Modul) wird eine GE-Suchoperation durchgeführt, so daß der erste Bereich (von $S_{a1}=3112_{HEX}$ bis $S_{a1max}=311F_{HEX}$) überprüft wird. Bei den anderen Flagvektoren (Moduln 1 bis 3) ist jeweils eine Identitätsoperation notwendig, da sie jeweils nur ein einziges Suchargument und keinen Suchbereich überprüfen müssen.

   Liefern alle Moduln jeweils einen Teiltreffer, so liegt mindestens ein Gesamttreffer vor. Die Gesamttreffer werden mit Hilfe der Prioritätenschaltung isoliert, vereinzelt, rücktransformiert und sequentiell ausgegeben.

   Liefert aber der Flagvektor i (i=3,2) keinen Treffer, so liegt in diesem Schritt kein Gesamttreffer vor. Der Vorgang ist jeweils mit dem (i+1)-ten Schritt fortzuführen.

   Falls der Flagvektor 1 oder der Flagvektor 0 keinen Treffer beinhalten, so kann die Suche im nächsten Schritt fortgesetzt werden.

2. Im zweiten Schritt wird für das Suchargument $S_{a2}=(3120)_{HEX}$ sowohl im 0-ten als auch im 1-ten Speicherflagvektor eine GE-Operation und in den beiden anderen Moduln eine EQ-Operation durchgeführt.eingesetzt. Damit wird der Bereich von $S_{a2min}=(3120)_{HEX}$ bis $S_{a2max}=(31FF)_{HEX}$ überprüft. Falls 0-ter oder 1-ter Flagvektor keinen Teiltreffer beinhalten, wird die Suche im nächsten Schritt fortgesetzt. Beim Vorliegen von Gesamttreffern, werden sie wie im ersten Schritt ausgegeben.

3. Im dritten Schritt wird in den drei Flagvektoren 0, 1, und 2 jeweils eine GE-Suchoperation mit dem Suchargument $S_{a3}=(3200)_{HEX}$ durchgeführt, so daß der Bereich von $S_{a3min}=(3200)_{HEX}$ bis $S_{a3max}=(3FFF)_{HEX}$ überprüft wird.

4. Im letzten Schritt wird in allen Flagvektoren eine GE-Suchoperation mit dem Suchargument $S_{a4}=(4000)_{HEX}$ zur Überprüfung des restlichen Bereiches von $S_{a4min}=(4000)_{HEX}$ bis $S_{a4max}=(FFFF)_{HEX}$ vorgenommen.

Nach der Durchführung der 4 Schritte ist der Suchvorgang beendet und der gesamte Speicherbereich auf Treffer überprüft. Die Anzahl maximal notwendiger Suchschritte für das zugrunde gelegte Beispiel beträgt also 4, da das Feld aus 4 Speichermoduln zur Speicherung von Daten mit jeweils 4 Ziffern besteht.

Die Verallgemeinerung des o. a. Beispiels führt zu dem folgenden Algorithmus, der bei der Größer-Gleich-Suchoperation (GE) in einem Feld mit k Moduln eingesetzt werden kann:

---

[1] Der Index i bezieht sich auf den Bereich.

Algorithmus zur Durchführung einer GE-Suchoperation

Suchargument   : $S=(S_{k-1}, S_{k-2}, \ldots S_1, S_0)$
Eingänge der Speichermoduln : $D=(D_{k-1}, D_{k-2}, \ldots D_1, D_0)$

A. $D(j):=S(j)$, $\forall j \in \{k-1..0\}$ [$S(j)$ entspricht S_j]
B. Identitätsoperation in allen Moduln und Trefferausgabe, falls Treffer vorhanden.
C. Falls S die größte speicherbare Zahl ist [i. a. $S=2^{k*q}-1$], so ist die Suche beendet [kein Bereich für eine weitersuche vorhanden].
D. Falls S die kleinste speicherbare Zahl ist [i. a. $S=0$], so ist der gesamte Speicher für die Suchoperation relevant. Hier wird in allen Moduln eine GE-Suchoperation durchgeführt. Alle gespeicherten Daten gelten als Treffer, die zu identifizieren und auszugeben sind.
E. $j:=0$ [Laufvariable]
F. Falls $j=0$ oder $S(j)=2^q-1$, dann $D(j):=S(j)$
                   sonst $D(j):=S(j)+1$
   [Bei $j=0$ handelt es sich um den ersten Schritt (vgl. Abb. 6.2.3), so daß nur im ersten Teilflagvektor eine GE-Überprüfung vorgenommen wird. Bei $S(j)=2^q-1$ liegt die größte darstellbare Zahl für das Modul j vor und braucht nicht erhöht zu werden, da sonst der Bereich verfälscht wird].
G. Hardware-EQ-Suchoperation in den Moduln $(k-1)..j+1$ und Hardware-GE-Suchoperation in den Moduln $j..0$.
H. Falls ein Modul keinen Treffer meldet, so ist der Algorithmus mit dem Schritt J fortzusetzen.
I. Treffer identifizieren, vereinzeln, rücktransformieren und ausgeben.
J. $j:=j+1$.
K. $j=k$?
   nein : Weiter mit dem Schritt F.
   ja   : Suchoperation ist beendet.

Allgemein werden für eine Speicheranordnung mit k Flagvektoren k Schritte benötigt, d.h. die maximale Anzahl der Suchschritte ist linear abhängig von der Anzahl der Teilflagvektoren im Feld. Je größer die Wortlänge der Teilwörter, um so geringer ist die Zahl der Schritte, wenn von einer konstanten Gesamtwortlänge ausgegangen wird. Beispielsweise werden zur Bearbeitung von 32 bit Datenwörtern ein Speicherfeld mit vier Teilflagvektoren eingesetzt, die jeweils 8 bit eines Wortes speichern können. Hier beträgt die Zahl der erforderlichen Schritte zur Durchführung einer GE-Operation vier. Falls aber das Feld zwei Teilflagvektoren zur Speicherung von jeweils 16 Bitstellen eines Datenwortes beinhaltet, dauert eine Suche nur 2 Schritte. Der Extremfall führt zu dem im Kap. 5.2 angegebenen vertikalen Kaskadierung, bei der nur noch ein Suchschritt notwendig ist.

- **Kleiner-Gleich-Operation:**

Soll mit dem gleichen Suchargument eine Kleiner-Gleich- (LE-) Suchoperation durchgeführt werden, so ist der Bereich für die Suche von $(3112)_{HEX}$ bis $(0000)_{HEX}$; es wird (analog zu GE-Suchoperation) wie folgt vorgegangen:

1. Schritt: Suchbereich   : $S_{a1max} = (3112)_{HEX}$ bis $S_{a1min} = (3110)_{HEX}$

   Suchargument : $S_{a1} = (3112)_{HEX}$,
   LE-Suche   : Im 0-ten Modul und
   EQ-Suche   : In den 1-ten bis 3-ten Moduln.

2. Schritt: Suchbereich   : $S_{a2max} = (310F)_{HEX}$ bis $S_{a2min} = (3100)_{HEX}$

   Suchargument : $S_{a2} = (310F)_{HEX}$,
   LE-Suche   : In den 0-ten bis 1-ten Moduln
   EQ-Suche   : In den 2-ten bis 3-ten Moduln

3. Schritt: Suchbereich   : $S_{a3max} = (30FF)_{HEX}$ bis $S_{a3min} = (3000)_{HEX}$

   Suchargument : $S_{a3} = (30FF)_{HEX}$
   LE-Suche   : In den 0-ten bis 2-ten Moduln
   EQ-Suche   : Im 3-ten Modul

4. Schritt: Suchbereich   : $S_{a4max} = (2FFF)_{HEX}$ bis $S_{a4min} = (0000)_{HEX}$

   Suchargument : $S_{a2} = (2FFF)_{HEX}$,
   LE-Suche   : In den 0-ten bis 3-ten Moduln

Es sind für das angegebene Beispiel auch bei einer Kleiner-Gleich-Suchoperation maximal 4 Schritte (oder allgemein k Schritte bei k Moduln), die zur Überpüfung des gesamten Speichers notwendig sind. Analog zu der GE-Operation wird die Zahl der Schritte reduziert, falls die einzelnen Moduln in einem Schritt keinen Treffer liefern.

- Suche innerhalb (BL-) oder außerhalb (OL-) gegebener Grenzen:

Hier werden zwei Suchargumente S_1 und S_2 mit $S_1 \leq S_2$ benötigt, die jeweils aus k Teilwörtern bestehen und den Suchbereich festlegen. Eine Suchoperation erfolgt in beiden Fällen durch die Kombination der GE- und LE-Operationen, die jeweils nach den o. a. Vorschriften durchgeführt werden. Dabei wird für eine BL (OL) Suchoperation das erste Suchargument S_1 für eine GE (LE) Suchoperation und das zweite Suchargument S_2 für eine LE (GE) Suchoperation eingesetzt, die jeweils in maximal k Schritten zu bewältigen sind. Die Konjunktion der Ergebnisse der GE- und LE-Suchoperationen liefert die Ergebnisse der BL Suche, d.h.

$$BL(S_1, S_2) = GE(S_1) \wedge LE(S_2).$$

Der Disjunktion der Ergebnisse aus LE- und GE-Suchoperationen liefert die Ergebnisse einer OL-Suchoperation, d.h.

$$OL(S_1, S_2) = LE(S_1) \vee GE(S_2).$$

Damit erfordern beide Suchoperationen jeweils die Summe der für die GE- und LE-Suche notwendigen Schritte mit einem zusätzlichen Schritt für Konjunktion bzw. Disjunktion der Zwischenergebnisse.

- Maximum- und Minimum-Suchoperation:

Bei diesen Suchoperationen beginnt die Suche mit dem höchstwertigen Modul als Master (Teilflagvektor k-1). Dabei wird vorausgesetzt, daß jedes Modul über eine hardwaremäßig implementierten MAX- bzw. MIN-Einheit (wie im Kap. 4.2.1 beschrieben) verfügt. Ein Suchargument ist

bei diesen Operationen nicht notwendig, wenn die Suche sich auf alle
Daten im Speicherfeld bezieht. Ein (oder zwei) Suchargument(e) spezi-
fiziert(en) den Bereich, der bei der Durchführung einer Suchoperation
berücksichtigt werden soll.

Das Master-Modul spielt eine dominante Rolle bei einer MAX- bzw. MIN-
Suchoperation. Eine Suche kann nach dem im folgenden angegebenen
Algorithmus durchgeführt werden:

Algorithmus zur Bestimmung von Maximum bzw. Minimum

    BUF_INHALT=0, BUF_K-1=0   [Hilfsregister]
A. i:=0. [Hilfsvariable]
B. Hardware-MAX (MIN)-Suchoperation im Master (Modul k-1).

C. Falls ein Teiltreffer vorliegt, dann weiter mit F.
D. i=0 ? Nein : Maximum (Minimum):= BUF_INHALT.
           Ja   : Kein Maximum (Minimum) [Speicher ist leer].

E. STOP   [Suche beendet].

F. Teiltreffer $W_{k-1}(i)$ mit dem Indexteil identifizieren, den
   Indexteil $I_{k-1}(i)$ den weiteren Moduln anlegen und den Gesamttreffer $W(i)$ bestimmen.

G. i=0 ? Ja   :   Weiter mit H.
        Nein :   Falls (BUF_K-1 # $W_{k-1}(i)$) dann weiter mit D.

H. Falls BUF_INHALT >= $W(i)$ dann weiter mit J.
I. BUF_INHALT:=$W(i)$, BUF_K-1:= $W_{k-1}(i)$.
J. Teiltreffer i eliminieren [d.h. $T_{k-1}(i)$:=0].
K. i:=i+1.
L. Weiter mit C.

Im ersten Suchschritt wird eine Hardware-Maximumsuche (MAX) bzw. eine
Minimum-Suche (MIN) im Modul (k-1) ausgeführt. Dabei wird der Indexteil maskiert. Der Flagvektor des Moduls liefert den größten
(kleinsten) Treffer des Teilwortes mit dem zugehörigen Index in diesem
Modulausgang. Im allgemeinen muß, falls im Speicher Daten gespeichert
wurden, ein Treffer vorliegen.

Im nächsten Schritt wird durch das Anlegen des ermittelten Indexes an
den weiteren Moduln und die Maskierung der Teildatenwörter der
Gesamttreffer bestimmt.

Falls es sich beim Treffer um den ersten Treffer handelt, so wird der
Treffer in einem Buffer (BUF_INHALT) zwischengespeichert. Gleichzeitig
wird der Teiltreffer aus dem Modul k-1 ebenfalls in BUF_K-1 zwischengespeichert. Danach werden das Treffer-Flag im Modul k-1 eliminiert,
so daß, falls noch weitere Teiltreffer vorhanden sind, der nächste
Teiltreffer am Ausgang vorliegt.

Die Suche ist beendet, falls kein Teiltreffer mehr existiert. Der
Suchvorgang wird mit der Ausgabe des BUF_INHALT gestoppt. Falls noch
ein Teiltreffer vorliegt, wird erst überprüft, ob der zugehörige Wert
kleiner (bzw. größer bei MIN) ist als der Wert des zuvor ermittelten

Teiltreffers. Falls dies zutrifft, so ist die Suche mit dem Ergebnis im BUF_INHALT beendet, da der Wert im BUF_INHALT den größten Wert darstellt. Andernfalls wird der Inhalt des BUF_INHALT mit dem Wert des neuen Treffers verglichen. Falls der Wert des Treffers größer ist, so ist ein neuer Wert gefunden, der vorläufig am größten (kleinsten) ist. Er wird in das BUF_INHALT-Register gespeichert. Das aktuelle Treffer-Flag wird eliminiert und der Algorithmus fortgesetzt.

Der Algorithmus benötigt i Schritte, die von Fall zu Fall unterschiedlich sind. Diese Zahl ergibt sich durch die Suche nach möglichen Treffern mit dem gleichen Teilwort aus dem Modul k-1, d.h. Anzahl der Daten, die in ihren q höchstwertigen Bitpositionen gleich sind. Diese Treffer werden mit dem Algorithmus dann untereinander verglichen, so daß der größte (kleinste) Wert unter ihnen bestimmt wird.

Durch eine geringfügige Hardwareerweiterung der Moduln kann aber auch eine aus der Literatur bekannte bitsequentielle, wortparallele Methode zur Bestimmung von Maximum eingesetzt werden /MuF79/. Dabei werden die Bitpositionen der gespeicherten Daten von MSB beginnend sukzessive überprüft und in Abhängigkeit ihrer Werte selektiert, bis die größte Zahl gefunden ist. Die Komplexität des Verfahrens beträgt O(n), wenn n die Wortlänge der Datenwörter ist.

Bei einem flagorientierten Speichersystem können jedoch anstatt Bitpositionen Bitgruppen von jeweils q bit simultan überprüft werden, so daß die Zahl der Schritte deutlich geringer ist (k Schritte in einem Feld mit k Speichermoduln).

6.2.6 Realisierung eines dynamisch konfigurierbaren Speicherfeldes

Flagorientierte Speicherfelder, die durch horizontale Kaskadierung von Speichermoduln realisiert werden, können Daten mit großer Wortlänge bearbeiten. Für den Fall, daß mit derartigen Speicherfeldern Applikationen, die unterschiedliche Anforderungen bezüglich der Wortlänge und der Kapazität des Speichers stellen, bearbeitet werden sollen, kann die horizontale Anordnung auch zur Realisierung von dynamisch konfigurierbaren Speichern verwendet werden. Darunter wird die Einstellung der Wortlänge und die Speichertiefe zu beliebigen Zeitpunkten verstanden. Die Größen hierfür werden aus der Speichergröße abgeleitet. Dabei können die Suchoperationen unabhängig von der gewählten Wortlänge mit den angegebenen Algorithmen durchgeführt werden.

Es wird ein Speicherfeld betrachtet, das aus k Moduln für jeweils n bit Daten ausgelegt ist. Die n Bitpositionen eines Moduls werden in q Bitpositionen für die Dateninhalte (Deskriptor) und p ($p \geq 1$) Bitpositionen für die zugehörigen Indizes (Adresse) aufgeteilt. Damit erhält man für das Feld folgende logische[2] Speicherkapazität SPK:

$$\text{SPK} = 2^p \text{ Datenwörter mit je k*q Wortlänge}$$

wobei die Maskierung außer acht gelassen wird.

---

[2] Logische Speicherkapazität gibt die Anzahl der für die gewählte Speicherkonfiguration speicherbaren Datenwörter an.

In dieser Beziehung stellt k eine Konstante dar, da von einem bereits
aus k Speichermoduln bestehenden Speicherfeld ausgegangen wird. Die
Größen p und q können jedoch für eine gegebene Aufgabenstellung
gesondert bestimmt und entsprechend der Anforderungen angepaßt werden.
Die Summe beider Größen beträgt n.

Die Grenzen zur Wahl der beiden Größen p und q unter Beibehaltung der
horizontalen Kaskadierung beträgt:

$$p=1 \quad , \quad q=n-1 : \text{Speicherkapazität } SPK(1)= 2 * (k*(n-1))$$
$$p=n-1, \quad q=1 \quad : \text{Speicherkapazität } SPK(n)= 2^{n-1}* (k*(1))$$

Während im ersten Grenzfall nur zwei Datenwörter mit jeweils einer
großen Wortlänge $k*(n-1)$ gespeichert werden kann, sind es im zweiten
Grenzfall 2^{n-1} Datenwörter mit einer Wortlänge von $(k-1)$. Zwischen
diesen Grenzwerten können beliebige Werte für p und q gewählt werden,
wenn ihre Summe den Wert n entspricht.

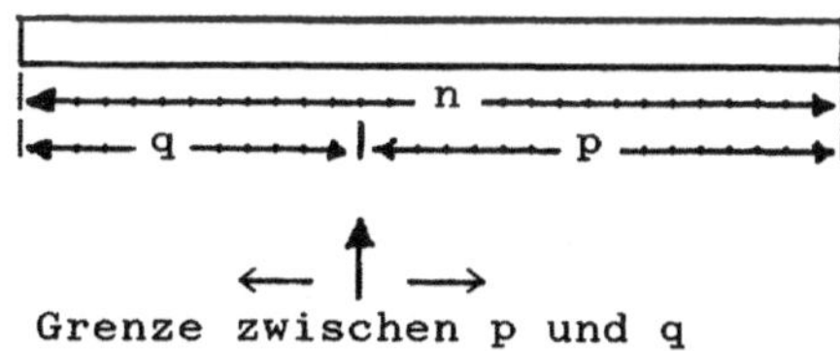

Abbildung 6.2.4:
Dynamische Aufteilung der n bit Wortlänge in p Index- (Adresse)
und q bit Dateninhalt (Deskriptor).

Zahlenbeispiel:

Es sei ein Speicherfeld mit k=8 Moduln gegeben. Diese sind jeweils für
16 bit Daten ausgelegt. Damit beinhaltet ein Modul 2^{16} Flags, so daß
die physikalische Speicherkapazität $8*2^{16}$ (64 k Byte) beträgt.

Zur Konfiguration des Speichers können die in der folgenden Tabelle
angegebenen Extremwerte für p und q zugrunde gelegt werden.

Aufteilung von n in p und q Bits (Index + Inhalt)		Anzahl speicherbarer Speicherwörter	Wortelänge [bit]	
1	15	2	120	Erster Extremwert
2	14	4	112	
.	.	.	.	
.	.	.	.	
.	.	.	.	
.	.	.	.	
14	2	16384	16	
15	1	32768	8	Zweiter Extremwert

Bei den in der Tabelle mit den Parametern p und für q ermittelten Kapazitätswerten wurde die Maskierung von Daten nicht berücksichtigt. Bei einer Maskierung von Daten wird die logische Speicherkapazität erhöht (vgl. Kap. 6.2).

Falls bei der gleichen Anzahl von Moduln die vertikale Kaskadierung zugrunde gelegt wird, kann eine logische Speicherkapazität von

$$SPK_{vertikal} = 2^{ld(8)+16} \quad \text{verschidene Wörter mit je } (ld(8)+16) \text{ bit}$$

$$= 2^{3+16} \quad * \quad (3+16) = 262144 * 19 \text{ bit}$$

erreicht werden.

7. Assoziativprozessorarchitekturen mit flagorientierten Einheiten

Mit dem Assoziativspeicher ARAM liegt ein Speicherkonzept vor, das zur Realisierung von assoziativen Speicherfeldern mit vertikaler und/oder horizontaler Struktur eingesetzt werden kann. Durch diese Strukturen liegen Implementierungen paralleler, kaskadierbarer Assoziativspeicherfelder vor, die in der Lage sind, vielfältige und komplexe assoziative Funktionen im Falle eines vertikalen Feldes vollparallel und im Falle eines horizontal organisierten Speicherfeldes in wenigen, von der Anzahl der Moduln im Speicherfeld abhängigen Schritte auf einem durch Suchargumente spezifizierten Datensatz auszuführen.

Die Auswahl von Suchoperationen, der Datenaustausch zur Eingabe von Suchargumenten und zur Ausgabe von Ergebnissen sowie die Ablaufsteuerung von notwendigen Schritten zur Durchführung einer Operation erfordern einen Steuerprozessor.

Die Komplexität eines Steuerprozessors und die Anforderungen, die an ihn gestellt werden, werden im wesentlichen durch die Art der Speicheranordnung, d.h. die vertikale oder die horizontale Anordnung eines Speicherfeldes, bestimmt. Einen Einfluß auf die Struktur des Steuerprozessors hat auch die Art des Speichereinsatzes in einer Rechnerumgebung. Dabei kann einerseits eine Speichereinheit mit einem Steuerprozessor als Koprozessor eines Rechners eingesetzt werden /STR88/. Anderseits kann ein dedizierter Rechner, der als Universalrechner einsetzbar ist, Befehle (z.B. auf der Mikroprogrammebene) beinhalten, die den Ablauf der Operationen im assoziativen Speicherfeld direkt steuern, so daß keine spezielle Steuerungshardware im Assoziativspeicherteil erforderlich wird /ROL88/.

In beiden Fällen liegt jeweils eine assoziative Monoprozessor-Architektur vor, die mit einer parallel arbeitenden Assoziativspeichereinheit nach dem ARAM-Konzept ausgestattet ist.

Eine dritte Variante eines flagorientierten Assoziativprozessors kann durch den Einsatz von konventionellen Schreib/Lese-Speichern (RAMs) erreicht werden. Dabei werden die RAM's zur Emulation des ARAM-Moduln eingesetzt, was die Realisierung eines flagorientierten Assoziativprozessors mit dem Einsatz konventioneller Speicherschaltkreisen verbindet /TAV88/.

7.1 Assoziative Koprozessor-Architektur

Eine Koprozessorarchitektur liegt vor, wenn das assoziative Speicherfeld, ergänzt mit einem Steuerprozessor, zum gemeinsamen Einsatz mit einem weiteren als Wirtrechner bezeichneten System kommt. Der Vorteil eines Koprozessor-Einsatzes liegt in relativ geringem Umfang der notwendigen System- und Organisationssoftware.

Bei einem vertikal kaskadierten Speicherfeld, in dem die Operationen vollparallel erfolgen, kann die vom Steuerprozessor zu leistende Steuerungsarbeit auf das notwendigste reduziert werden. In diesem Fall konzentriert sie sich auf den Austausch von Argumenten, Daten und Ergebnissen, der auch von einer mit wenigen Kontrollmechanismen erweiterten Interface-Einheit bewältigt werden kann. Aus diesem Grund gestaltet sich der Anschluß eines vertikalen Assoziativspeicherfeldes an ein beliebiges Prozessorsystem besonders einfach.

In einem horizontalen Speicherfeld sind zur Durchführung von Such-operationen Algorithmen notwendig, die nur von einem speziellen Steuerprozessor effektiv bewältigt werden können (s. Kap. 6.2). Der Aufwand zur Realisierung des Steuerprozessors wird durch den Umfang der ausführbaren Operationen im Speicherfeld bestimmt. Er ist in diesem Fall höher als bei einem vertikalen ARAM-Feld. Für den Datenaustausch ist auch hier eine Interface-Einheit zwischen dem Koprozessor und einem Wirtrechner erforderlich.

Im wesentlichen sind von einer Steuer- und Interface-Einheit folgende Aufgaben zu leisten:

- Einfache und schnelle Kommunikation zwischen einem Wirtrechner und dem assoziativen Feld zum Datenaustausch (Suchargumente mit zugehörigen Maskenwörtern, Trefferdaten und Steuerbefehle zur Funktionsauswahl).

- Organisation des Austausches von Modulauswahlsignalen (CS-Signalen), Restbitsignalen und Überwachung von Übertrags-signalen zwischen den Moduln im Speicherfeld.

- Aufteilung von Index und Dateninhalte im Falle einer horizontal kaskadierten Speicheranordnung.

- Anpassung von Wortlängen zwischen dem Kommunikationsbus des Wirtrechners und dem assoziativen Speicherfeld, die i. a. durch Segmentierung von Datenwörtern und ihre sequentielle Über-tragung bewältigt wird.

- Ausführung von Operationen in Abhängigkeit von Funktionssig-nalen und den entsprechenden Argumenten.

- Synchronisation von Aktivitäten zwischen dem assoziativen Koprozessor und einem Wirtrechner z.B. beim Austausch von Daten, Status- und Steuer-Informationen u.ä., die durch Einsatz von Interrupt-Signalen organisiert und bewältigt werden kann.

Die Steuer- und Interface-Einheit ermöglicht den Anschluß eines Speicherfeldes an ein beliebiges Prozessorsystem über dessen internen Systembus oder über spezifizierte Ein-Ausgabe-Tore als Koprozessor.

Als Wirtrechner können insbesondere Prozessorsysteme eingesetzt werden, die eine konventionelle und auf dem Markt erhältliche von-Neumann-Architektur aufweisen.

Diese Einsatzform einer assoziativen Speicheranordnung mit einem Wirtrechner stellt eine preiswerte und zeitsparende Lösung dar, da hier weder ein Betriebssystem noch spezielle Programme für den assoziativen Koprozessor benötigt werden.

Zur Ausführung von assoziativen Funktionen im Feld werden vom Wirtrechner Daten- und Steuersignale benötigt, die aber von einer konventionellen von-Neumann-Architektur nicht bereitgestellt werden. Deswegen sind in der Interface-Einheit des assoziativen Koprozessors spezielle Registersätze notwendig, auf die der Wirtrechner (z.B. über "memory mapped" Adressierung) direkt zugreifen kann. Diese Register sind /STR86/:

- Suchwortregister zur Speicherung von Suchargumenten,
- Maskenwortregister zur Speicherung von Maskenwörtern und
- Kontrollwortregister zur Speicherung von Steuersignalen.

Umgekehrt stellt die Interface-Einheit dem Wirtrechner folgende Informationen bereit:

- Trefferdaten in einem Trefferregister und
- Status des Koprozessors in einem Statusregister.

Um einen assoziativen Befehl zu starten, muß der Wirtrechner also eine Folge von konventionellen Instruktionen ausführen, die als Macros für die einzelnen Befehle in der Assemblersyntax des Wirtrechners formuliert werden können. Mit Hilfe eines solchen Macro-Assemblers kann der Benutzer ohne Kenntnisse über die Konstellation und Realisierung assoziativer Funktionen im Speicherfeld mit virtuellen, assoziativen Befehlen, die jeweils durch parametrisierte Macro-Aufrufe gegeben sind, programmieren.

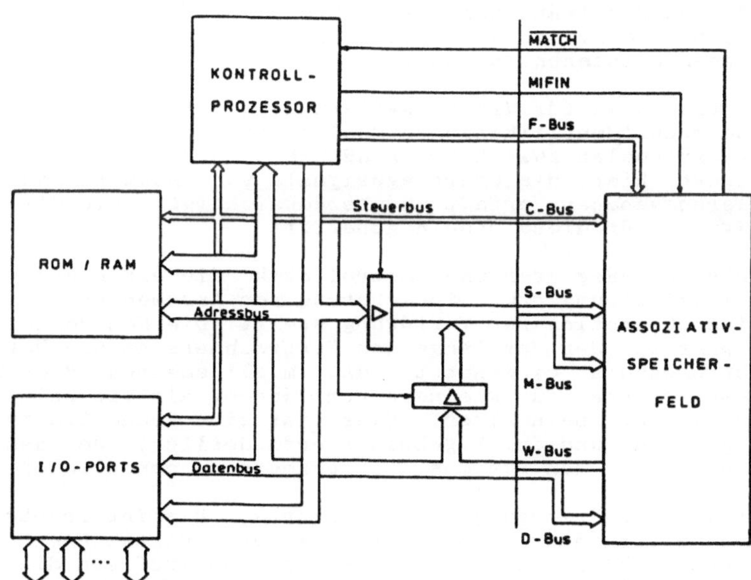

Abbildung 7.1: Blockschaltung eines assoziativen Koprozessors mit den ARAM-Moduln

Einige Beispiele derartiger Macro-Befehle mit entsprechenden Parametern, die die Argumente einer Operation darstellen, sind:

```
-INIT              ·          : Initialisierung des Speicherfeldes
-MWBL<par_1, par_2, ... par_n> : Multiwrite between limits
-SGE<par_1, par_2>            : Search greater equal
-SLE<par_1, par_2>            : Search less equal
-SBL<par_1, par_2, par_3, par_4>: Search between limits
    ·
    ·
    ·
```

Mit Hilfe einer Macro-Bibliothek und einem macrofähigen Assembler ist jedem Benutzer eine transparente Benutzung assoziativer Befehle möglich.

Die Blockschaltung eines assoziativen Koprozessors mit ARAM-Moduln ist in Abbildung 7.1 angegeben.

Die Blockschaltung umfaßt folgende Komponenten:

- Assoziatives Speicherfeld, das aus ARAM-Bausteinen besteht, die beispielsweise einen zu dem in Abb. 5.2a und 5.2b (Kap. 5.) vergleichbaren Funktionsumfang aufweisen. Das Feld kann entweder aus vertikal oder aus horizontal kaskadierten Bausteinen aufgebaut sein, was sich auf Wortlänge, Speichergröße und Steuerungsaufwand auswirkt. Diese Anordnung kann selbst kaskadiert werden, so daß Speicherfelder in mehreren Kaskadierungsebenen entstehen /STR86/.

- Kontrollogik für die Kaskadierung, die neben Modulaktivierungs- und Modulidentifikationssignalen den kompletten Satz von Übertragssignalen zwischen den ARAM-Moduln generiert. Darüberhinaus werden hier die Übertragssignale von Moduln höherer Kaskadierungsebenen erfaßt und berücksichtigt sowie die Übertragssignale für diese Moduln generiert.

- Interface-Register und Kontrollogik, die einen Registersatz zur Spezifizierung bzw. Speicherung von Argumenten und Ergebnissen einer Operation zur Verfügung stellt. Die Kontrollogik wird zur Anpassung der Wortlänge des Wirtrechners an die Wortlänge des Koprozessors eingesetzt, da im allgemeinen die Wirtrechner Busstrukturen für kleinere Wortlängen, als sie beim Koprozessor vorliegen, beinhalten. Hier ist eine Sequentialisierung der Argumente und der Ergebnisse erforderlich, um den Datenaustausch über den Bus des Wirtrechners zu ermöglichen.

- Logik zur Erzeugung von Interrupts, die Interruptsignale für den Wirtrechner generiert, um dem Wirtrechner nach einer Suchoperation und der Übermittlung von Treffern die Beendigung der Trefferausgabe anzuzeigen. Dieses Verfahren hat den Vorteil, daß der Prozessor nicht nach jedem Treffer überprüfen muß, ob weitere Treffer im Assoziativspeicher vorhanden sind, sondern zyklisch Treffer auslesen kann, bis der Interrupt ihn unterbricht.

- Operationssteuerwerk, das nur bei einer horizontalen Anordnung
  von ARAM-Moduln benötigt wird. Das Steuerwerk übernimmt die
  Steuerung des sequentiellen Ablaufs bei der Durchführung einer
  Suchoperation beispielsweise nach den in Kap. 6.2.5 angegebenen
  Algorithmen. Die auszuführende Operation wird vom Wirtrechner
  mit einem definierten Code in einem Befehlsregister spezifiziert, der als Eingangsinformation des Steuerprozessors gilt.
  Die Zahl der notwendigen Schritte in einem Feld mit k horizontalen Moduln ist proportional zu k.

- Bus-Anpassung, die mit geeigneten Treiberbausteinen eine Anpassung von Ein- und Ausgangssignalen zwischen dem Koprozessor-
  bus und dem Bus des Wirtrechners mit entsprechenden Pegel- und
  Leistungsanforderungen ermöglicht. Dabei können für den Datenaustausch sowohl Standardbusse (z.B. VME-Bus) oder auch für die
  Problemstellung spezialisierte Busstrukturen eingesetzt werden.

Abschließend soll am Beispiel einer Identitätsabfrage mit einer
Mehrfachtrefferauswertung die Kommunikation zwischen dem Wirtrechner
und dem assoziativen Koprozessor veranschaulicht werden:

Der erste Schritt einer Identitätsabfrage besteht darin, Such- und
Maskenwort in die zugehörigen Register (Suchwortregister und Maskenwortregister) einzutragen und durch das Laden des Operationscodes in
das Steuercode-Register die Schreib- und die Suchoperation zu starten.
Der Wirtrechner kann sofort eine Leseoperation starten und den ersten
vom Koprozessor isolierten bzw. gelieferten Treffer auslesen, da im
allgemeinen das assoziative Speicherfeld als schnell genug gegenüber
einem Befehlslesezyklus des Wirtrechners betrachtet werden kann. Falls
der Treffer nicht vorliegt, so kann mit einem weiteren Signal die
Bereitstellung bzw. die Gültigkeit des Treffers angezeigt werden.

Liegt kein Treffer vor, so ist die Leseoperation beendet, was durch
ein Interruptsignal dem Wirtrechner angezeigt wird. Ansonsten steht
der Treffer im Ergebnisregister zur Verfügung. Ein Auslesesignal aus
dem Wirtrechner kann direkt zur Generierung von Steuersignalen zur
Ermittlung und zur Isolation des nächsten Treffers verwendet werden.

Mit Auslesen des letzten Treffers wird ein Trefferanzeigesignal
inaktiv, was zur Auslösung eines Interrupts führt. Durch diese
asynchrone Arbeitsweise ist der Wirtrechner nicht gezwungen, Trefferdaten kontinuierlich auszulesen, sondern kann den Auslesevorgang zur
Bearbeitung von Systemroutinen oder zur Weiterverarbeitung von Treffern unterbrechen.

7.2 Assoziativprozessor-Architektur mit einem universellen
    Steuerprozessor

Eine derartige Assoziativprozessor-Architektur umfaßt neben einem
assoziativen Speicherfeld einen universellen Steuerprozessor, der
einerseits in der Lage ist, das assoziative Speicherfeld mit Daten und
Steuersignalen zu versorgen und direkt zu steuern, anderseits aber
auch Standardkomponenten der klassischen von-Neumann-Rechnerarchi-
tektur, wie RAM's, ROM's, ALU, Ein/Ausgabe-Einheiten, anzusprechen
bzw. zu steuern. Eine Architektur nach diesem Prinzip, die eine
Monoprozessorarchitektur aufweist, kann sowohl als Koprozessor als
auch als eine selbständige Einheit (z.B. als Arbeitsplatzrechner) zur

Verarbeitung von Applikationen mit assoziativen Daten eingesetzt werden. Eine weitere Architektur kann sich in einem heterogenen Mehrprozessorsystem gestalten, wenn beispielsweise ein von-Neumann-Rechner und ein Assoziativrechner zum gemeinsamen Einsatz kommen.

In /ROL87/ wurde beispielhaft die Architektur eines Assoziativ-prozessors mit einem Universalsteuerprozessor bestehend aus Bit-Slice-Komponeneten eines mikroprogrammierbaren Mikroprozessors und einem Assoziativspeicherfeld mit ARAM-Moduln vorgeschlagen. Diese Architektur wird hier weiteren architekturellen Erläuterungen zugrunde gelegt.

Ein assoziativer Universalmonoprozessor stellt neben den bei einer von-Neumann-Architektur üblichen Befehlen auch spezielle und direkt ausführbare Befehle zur Durchführung von Operationen im assoziativen Speicherfeld zur Verfügung.

Die Kommunikation zwischen allen Systemkomponenten geschieht über ein Bussystem, das durch den Zusammenschluß des Assoziativspeicherbusses mit dem Standard-Systembus doppelt genutzt wird. Dabei werden die Datenein- und die Datenausgänge des assoziativen Speicherfeldes direkt mit dem Datenbus zusammengeführt, während die Argumente (Such- und Maskenwörter) einer Operation mit Hilfe von Latches wahlweise mit dem Daten- oder mit dem Adressbus verbunden werden können.

Abbildung 7.2 stellt die Blockschaltung einer möglichen Architektur eines assoziativen Prozessors mit einem Universalsteuerprozessor am Beispiel einer 32-Bit-Version dar. Die Komponenten des Prozessors in der Blockschaltung sind als Arithmetik/Logik-Einheit, RAM/ROM-Einheit, Kontrollprozessor, Ein/Ausgabe-Einheit und Assoziativspeicherfeld gekennzeichnet. Die Einheiten sind mit Hilfe von Bussen miteinander verbunden.

Der Kontrollprozessor verfügt neben den üblichen Komponenten (Adressrechenwerk, ACCU, Standardregistersatz etc.) über spezielle Registersätze zur Verwaltung assoziativer Daten, z.B zur Aufnahme häufig verwendeter Such- und Maskenargumente.

Der Prozessor bearbeitet Maschinenprogramme nach dem von-Neumann-Prinzip, wobei die einzelnen Befehle des Arbeitsspeichers (RAM/ROM) in sequentieller Weise ausgeführt werden. Aufgrund seiner Fähigkeit, ganze Datensätze infolge eines einzelnen Befehls mit Hilfe des ARAM-Speichers zu verarbeiten, kann das gesamte Assoziativprozessorsystem wegen einer Monoprozessorarchitektur in die Klasse der SIMD-Architekturen eingeordnet werden.

Der Befehlssatz des Systems kann neben einer Reihe von Standard-befehlen (z.B. Arithmetik/Logik-Befehle, Transportbefehle, Kontroll- und Organisationsbefehle etc.), die einem von-Neumann-Prozessor angelehnt sind, weitere unterschiedliche Assoziativbefehle, die den hardwaremäßig implementierten ARAM-Operationen entsprechen, beinhalten. Einige Beispiele solcher Befehle, die in /ROL86/ vorgeschlagen wurden, sind in Tab. 7.1 durch entsprechende Assembler-Mnemonics angegeben. Die benötigten Operanden sowie die Funktion einiger typischer Assoziativbefehle sind ebenfalls dargestellt.

Beispielsweise benötigt der WMBL-Befehl (Write Matches Between Limits =Paralleles Schreiben zwischen zwei Grenzwerten) das Flagbit "d" (gibt an, ob Daten gelöscht oder gespeichert werden sollen), eine obere Grenze "esu" und eine untere Grenze "esl". Optional können die Grenzwerte durch "emu" (Maskenwort für die obere Grenze) und "eml" (Maskenwort für die untere Grenze) maskiert werden.

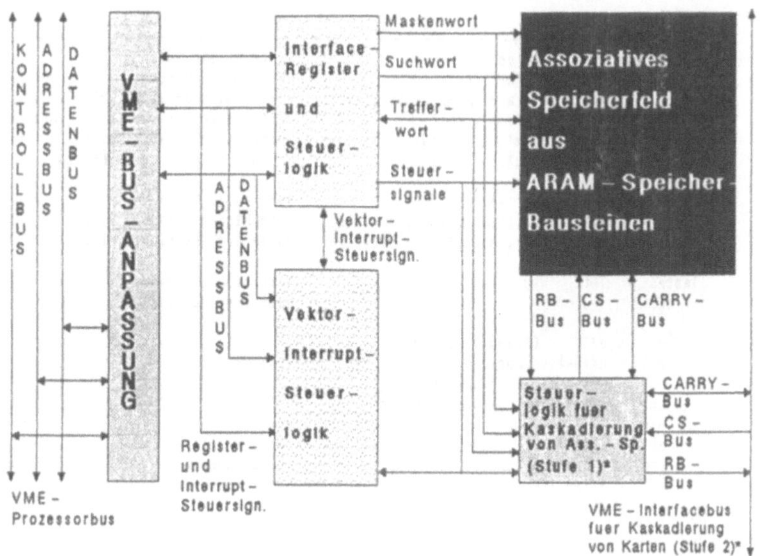

Abbildung 7.2:

Beispiel einer Assoziativprozessorarchitektur mit einem universellen Steuerprozessor und ARAM-Moduln

Generell können mit dem Prozessor Maschinenbefehle bearbeitet werden, die aus ein bis vier Langwörtern (32-Bit-Wörtern) bestehen. Das erste Langwort enthält im wesentlichen den Funktionscode und einen Adressmodifikationsteil. Die folgenden Langwörter innerhalb eines Befehls enthalten -gemäß der spezifizierten Adressierungsarten- "Immediate-Daten" oder Absolut- bzw. Relativadressen. Während für die Standardinstruktionen jeweils 2-Adress-Befehle ausreichend sind, können für die assoziativen Instruktionen jeweils bis zu 3-Adress-Befehle eingesetzt werden. Bedingt durch die Systemstruktur ist die Implementierung zahlreicher Adressierungsarten auch für den assoziativen Befehlssatz möglich. Darüberhinaus können infolge direkter oder indirekter Adressierungen RAM-/ROM-Speicher und Ein/Ausgabe-Tore mit dem Assoziativspeicherfeld kommunizieren.

Mnemonic	Operanden	Funktion
Schreiben	WMS 'd','es'	Write Single Match
	WMM 'd','es','em'	Write Multi Match
	WMBL 'd','esu','esl','emu','eml'	Write Match Between Limits
	WMGE 'd','esl','eml'	Write Match Greater Equal Limit
	WDOL 'data','esu','esl','emu','eml'	Write Data Outside Limits
	WDLE 'data','esu','emu'	Write Data Less Equal Limits
	·····	
Lesen	RMM 'es','em'	Read Multi Match
	RBMI 'esu','eml','emu','eml','ea'	Read Minimum Between Limits
	ROMR 'esu','esl','emu','eml','ea'	Multi Read Outside Limits
	·····	
Testen	TMLE 'esu','emu'	Test on Multi Match Less Equal Limits

```
' d   = 0/1      (Flagbit MItIN)
 data = effektive Datenadresse (für nichtassoziative Daten)
 es   = effektive Suchwortadresse
 em   = effektive Maskenwortadresse
 esu  = effektive Adresse für Suchwort der oberen Grenze
 esl  = effektive Adresse für Suchwort der unteren Grenze
 emu  = effektive Adresse für Maskenwort der oberen Grenze
 eml  = effektive Adresse für Maskenwort der unteren Grenze
 ea   = effektive Adresse
```

Tabelle 7.1 :   Einige Befehlsbeispiele eines assoziativen Universalprozessors mit ARAM-Moduln

7.3 Architektur eines flagorientierten Assoziativprozessors

Die hier beschriebene flagorientierte Assoziativprozessorarchitektur zeichnet sich gegenüber den bisher erläuterten Konzepten durch die Struktur ihrer Assoziativspeichereinheit aus. Diese Assoziativspeichereinheit, die ebenfalls die Daten zur parallelen Verarbeitung flagorientiert speichert, kann durch konventionelle Schreib/Lese-Speicher (RAM-Moduln) realisiert werden /TAV88/. Zur Durchführung von Flag-Transformationen und der Flag-Rücktransformationen von Daten werden gesonderte Hardware-Einheiten eingesetzt. Weiterhin beinhaltet der Prozessor eine spezielle Arithmetik/Logik-Einheit zur Durchführung von flagorientierten Operationen für ganze Datensätze, die im Speicher bzw. in einem Satz von Arbeitsregistern vorliegen. Die Arithmetik/Logik-Einheit ermöglicht die Ausführung von den Operationen, die mittels Flag-Algebra definiert werden können.

Diese Architektur, die die Ausführung von flagorientierten Operationen in nur einer Einheit erlaubt und damit eine Monoprozessorarchitektur der SIMD-Kategorie darstellt, ist in Abb. 7.3 angegeben.

Die Programme und die wortorientierten Daten werden in einem Programm- und Datenspeicher untergebracht. Während des Programmlaufs werden die von außen ankommenden Daten durch die Transformationseinheit transformiert und in einen Flagspeicher und/oder in ein Flagregister gespeichert, die später als Operanden zur Durchführung von Operationen herangezogen werden. Für den Transfer und für den Austausch von Daten zwischen den Einheiten sind zwei Busse eingesetzt. Während ein Bus nur für die Flagvektoren zuständig ist, sind in dem zweiten Bus sowohl die Daten als auch die Steuersignale zusammengefasst.

Zur Steuerung von Datenwegschaltungen und zur Ablauforganisation von Operationen ist das Steuerwerk zuständig, das seine Daten und die Befehle aus dem Programm- und Datenspeicher erhält.

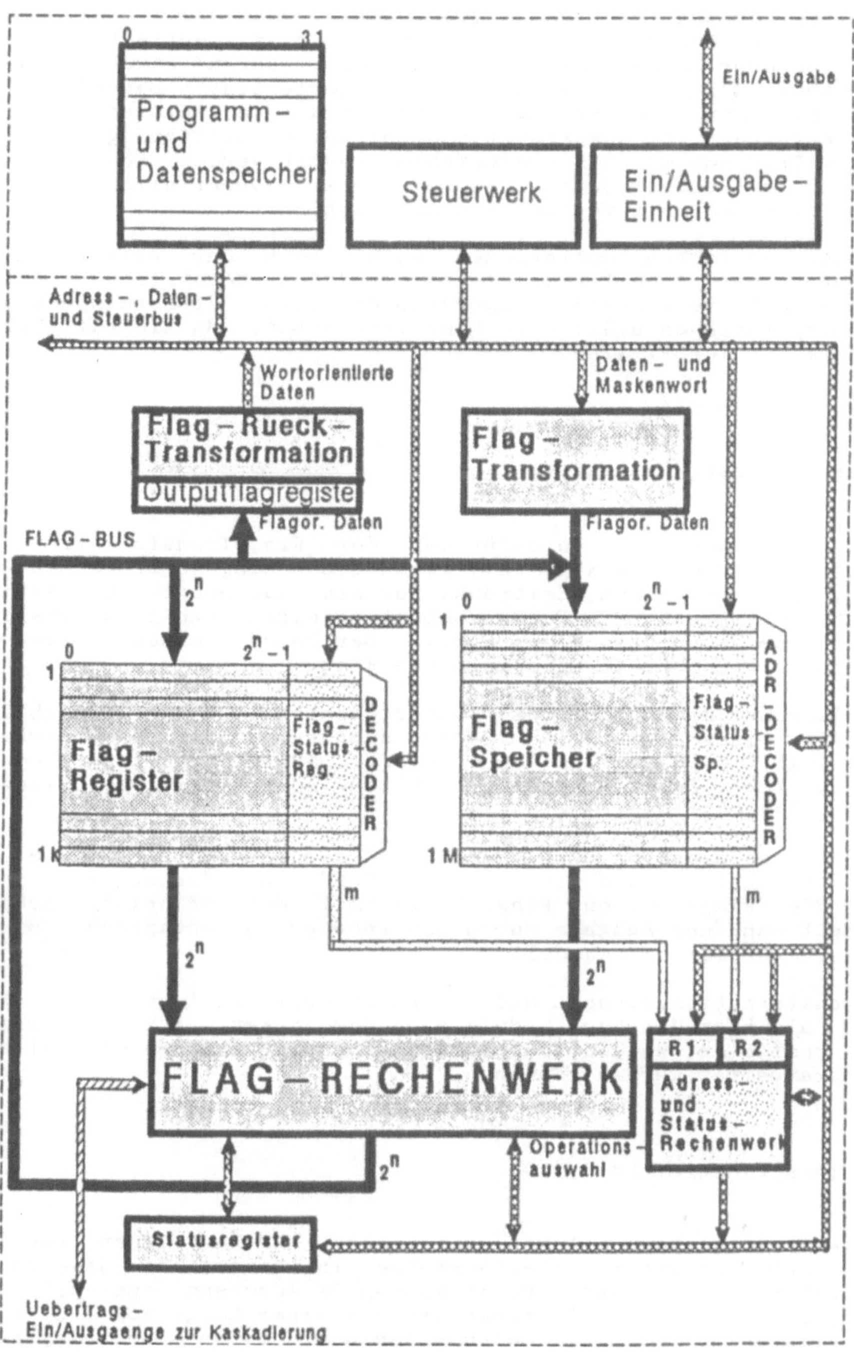

Abbildung 7.3 :
Architektur des flagorientierten Assoziativprozessors

Der Vorteil dieser Architektur liegt darin, daß die Daten gemischt sowohl als wortorientierte als auch als flagorientierte Daten im selben Speicher gespeichert werden können. Während sowohl Such- als auch Arithmetik/Logik-Operationen für flagorientierte Daten mit Hilfe der Definitionen und Grundoperationen bzw. Rechenvorschriften der Flag-Algebra parallel ausgeführt und teilweise vollständige Schleifen in einem Programm durch Einzelbefehle ersetzt werden können, werden die wortorientierten Daten nach den bei sequentiellen Prozessorarchitekturen üblichen Verfahren bearbeitet.

Die flagorientierten Operationen werden nach der Erläuterung der Komponenten der Architektur im Kap. 7.3.5 beschrieben. Auf die Erläuterung konventioneller Operationen (z.B. Transferoperationen, Interruptoperationen u.ä.) wird hier verzichtet, da sie auf bekannte Weise implementierbar sind.

7.3.1 Transformationseinheiten

Prinzipiell kann zur Durchführung der Flag-Transformation eine Decoderschaltung wie im Kap. 2.1 beschrieben eingesetzt werden. Unter Annahme, daß zu jedem Zeitpunkt nur ein Datenwort zur **Abbildung** vorliegt, entspricht die **Decoderschaltung** einem n-zu-1-aus-2^n-Adressdecoder eines konventionellen RAMs. Der Decoder erzeugt für jedes ankommende Datenwort das entsprechende Flag.

Im Falle einer Maskierung des Suchargumentes wird die Flagabbildung mit Hilfe einer erweiterten Decoderschaltung, die als **maskierter Decoder** (vgl. Kap. 3) bezeichnet wird, auf die in Frage kommenden Flags erweitert. Damit wird eine simultane Adressierung der Flagzellen in einem Flagvektor möglich.

Die **Rücktransformation** von Daten wird auch hier mit Hilfe einer **Prioritätenschaltung** und einem anschließenden **Encoder** erreicht. Dabei werden die Flags eines Flagvektors mit der Prioritätenschaltung vereinzelt und zur Ausgabe durch den Encoder in entsprechende wortorientierte Größen umgewandelt.

Die Transformationseinheit und die Rücktransformationseinheit können jeweils als kaskadierbare Moduln nach dem in Kap. 3.2 beschriebenen Konzept realisiert werden, damit Daten und Flagvektoren mit beliebiger Länge verarbeitet werden können.

7.3.2 Flagspeichereinheit

Der Flagspeicher kann mit konventionellen RAM-Bausteinen realisiert werden. Dabei werden Speicherbausteine eingesetzt, die jeweils q bit Adressleitungen aufweisen. Damit können 2^q Adressen generiert werden, wobei jede Adresse ein Speicherwort mit einer Länge von $(2^n + p)$ bit adressieren soll. Zur Verarbeitung von n bit Daten sind Flagvektoren mit jeweils einer Länge von 2^n Flags erforderlich. Um Daten mit größerer Wortlänge verarbeiten zu können wird eine Verkettung von derartigen Flagspeichern vorgenommen.

Beispielsweise sollen die Daten eines Datensatzes mit n+2 Bit Wortlänge gespeichert werden, so können vier Flagvektoren mit den Adressen a_1 bis a_4 verkettet werden (Abb. 7.4).

Die Verkettung von Speicherwörtern in der Speicheranordnung erfolgt mit Zeigervariablen, die in p zusätzlichen Bitstellen eines Speicherwortes (Flagstatusfeld) aufgenommen werden. Im einzelnen werden die p Bitstellen des Statusfeldes aufgeteilt in ein Zeigerfeld für den **Vorgänger**, ein Zeigerfeld für den **Nachfolger** und in ein weiteres Feld für die **"Offsetzahl"**. Für die Adresse eines Vorgänger- bzw. eines Nachfolger-Flagvektors können jeweils bis zu q bit eingesetzt werden.

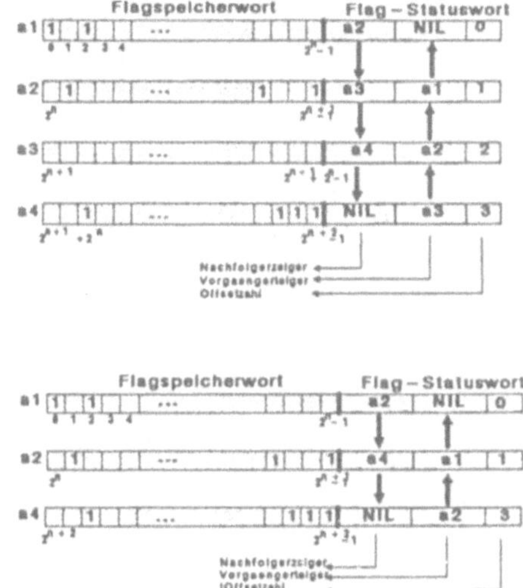

Abbildung 7.4 : Verkettung von Flagvektoren

Die Offsetzahl stellt die Wertigkeit des ersten Flags im Flagvektor dar. Mit der Offsetzahl wird die Speicherung von leeren Flagvektoren vermieden, was zur Reduktion des erforderlichen Speicherraumes führt. Beispielsweise kann der Flagvektor mit der Adresse a_3 im Speicher außer acht gelassen werden, wenn er keine Flags beinhaltet.

In dieser Anordnung erhält man zur Speicherung von Flags eine Speicheranordnung, die Flagvektoren beliebiger Länge speichern kann. Außerdem können die Teilflagvektoren durch die verwendete Zeigerstruktur in beliebige Stellen (Adressen) im Speicher verteilt vorliegen, so daß Mechanismen wie "Garbage Collection" u.ä. (vgl. Kap. 1.5) wegfallen. Soll eine Operation auf einen Flagvektor angewandt werden, so werden die Teilflagvektoren sequentiell herangezogen.

Um den Zeitaufwand für die Transformation und die Rücktransformation von Daten minimal zu halten und die Verlagerung von Daten in einem Massenspeicher zu vermeiden, ist es sinnvoll, einen Speicher mit einer relativ großen Speicherkapazität (z.B. 1Mx256 Bit) einzusetzen. Dabei können beispielsweise 1 bit Speicherbausteine eingesetzt werden, die simultan mit den q Adressleitungen beschaltet werden (Abb. 7.5). Eine Zeile dieser Speicheranordnung ist zur Speicherung eines Flagvektors zuständig, so daß in jedem Speichermodul ein Flag gespeichert wird. Weitere Speichermoduln werden zur Speicherung von Zeigern und der Offsetzahl eingesetzt. Damit können sowohl die Flags eines Flagvektors als auch die zugehörige Statusinformation simultan gelesen, gespeichert und verarbeitet werden.

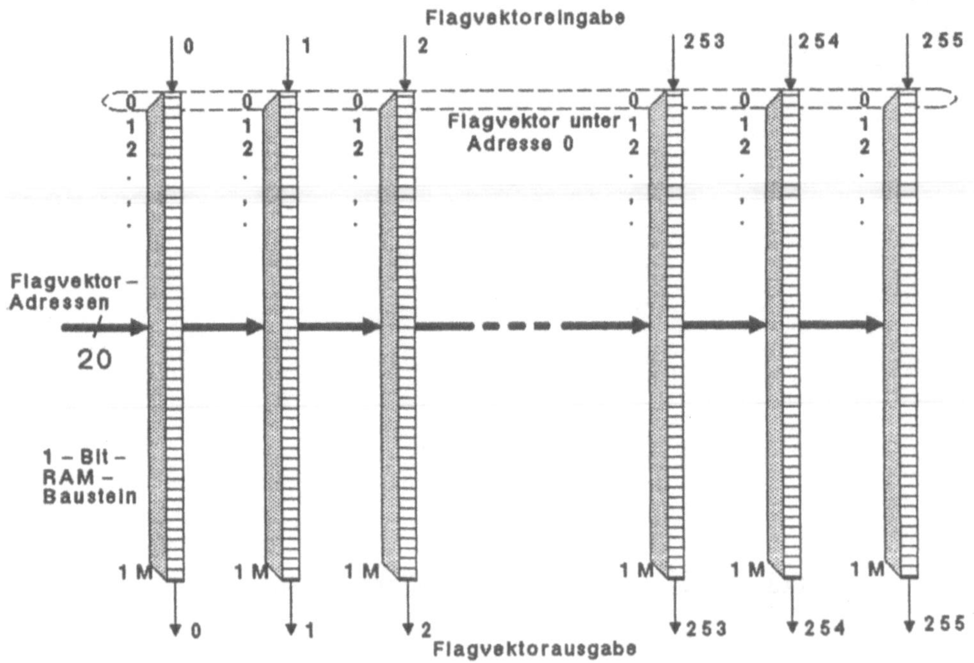

Abbildung 7.5 : Flagspeicheranordnung mit 1M x 1 bit Speichermoduln

Die wichtigsten Operationen in Verbindung mit dem Speicher sind Schreiben, Lesen und Entfernen von Flags.

- **Schreiboperation:** Die Schreiboperation kann durch die Vereinigung zweier Flagvektoren durchgeführt werden:

$$F := F \vee F_{SM} \quad , \quad \text{d.h.} \quad f_j := f_j \vee f_{SMj} \quad \text{mit } j=0,1,2,\ldots,2^n-1,$$

wobei F den zu ergänzenden Datensatz darstellt und F_{SM} die zu speichernden Daten beinhaltet.

Das Ergebnis der Verknüpfung widerspiegelt sich wiederum in den Flagvektor F. Der neue Vektor F enthält die Elemente beider Vektoren.

- **Entfernung von Daten:** Die Entfernung von Daten, die in einem Flagvektor F_{SM} vorliegen, aus einem Datensatz, repräsentiert durch den Flagvektor F, erfolgt aus dem Durchschnitt beider Flagvektoren F und F_{SM}' (F_{SM}' = negiert zu F_{SM}):

$$F := F \cap F'_{SM} \quad , \text{ d.h.} \quad f_j := f_j \wedge f'_{Sj} \quad \text{mit } j=0,1,2,\ldots,2^n-1$$

Mit dieser Funktion werden die Flags der zu entfernenden Daten jeweils durch "0" ersetzt, womit angezeigt wird, daß die korrespondierenden Datenwörter als nichtvorrätig gelten.

- **Leseoperation:** Eine Ausgabe erfolgt durch die Rücktransformation bzw. inverse Flag-Abbildung von Daten, die mit dem Prioritätenschaltnetz ausgeführt wird. Mit der inversen Flag-Abbildung werden die Flags jeweils in das äquivalente Datenwort umgewandelt und zur Ausgabe bereigestellt, d.h.

$$FLAG^{-1}(F_{Tj}) = S'_j = \{S'_j\}$$

7.3.3 Flagregister

Hier wird ein Speicherfeld eingesetzt, das die gleiche Struktur wie beim Flagspeicher, jedoch mit kleinerem Speicherraum aufweist. Die temporeren Daten bzw. Operanden werden in diesen Registern gespeichert.

7.3.4 Statusregister

Im Statusregister werden besondere Eigenschaften eines Flagvektors, der nach einer Operation als Ergebnis vorliegt, gekennzeichnet. Diese Informationen sind:

- **Leerer Flagvektor:** falls ein Flagvektor keine Flags beinhaltet.

- **Carry-Down, Carry-Up:** Übertragssignal für den Flagvektor mit der niedrigeren bzw. höheren Wertigkeit, falls eine Verkettung vorliegt.

- **Overflow, Underflow:** Zeigt den Überlauf von mehreren Flags aus dem Flagvektor nach der Operation in einer der beiden Richtungen des Vektors.

- **Interrupt:** Erlaubt eine Programmunterbrechung.

- **Trefferanzeige:** Zeigt ein Treffersignal an, falls infolge einer Suchoperation Daten (Flags) existieren, die das Suchkriterium erfüllen.

- **Vorgänger-, Nachfolger-Anzeige:** Falls ein Flagvektor einen
  Vorgänger- und/oder einen Nachfolger-Flagvektor besitzt,
  werden sie mit zwei Statusbits angezeigt. Der Vorteil liegt
  darin, daß zur Durchführung von Operationen keine gesonderten Überprüfungen der Inhalte der Statusflagspeicher
  notwendig sind.

7.3.5 Flag-Rechenwerk

Das Flag-Rechenwerk führt die Operationen für die Flags aus. Für eine
Operation werden bis zu zwei Flagvektoren als Operanden eingesetzt,
die jeweils aus dem Flag-Speicher und aus dem Flagregister herangeholt
werden. Die Operationen sind sowohl Suchoperationen als auch
Arithmetik-Logik-Operationen. Die Ergebnisse werden über den Flag-Bus
weitergegeben.

Bei der Beschreibung der Speicheroperationen sind die Konjunktions-,
Disjunktions- und die Komplementbildung von Flagvektoren angegeben,
die mit dem Flag-Rechenwerk ausgeführt werden können. Darüberhinaus
können mit Hilfe von Definitionen der Flag-Algebra weitere Operationen realisiert werden, die in der Arithmetik/Logik-Einheit dieser
Architektur ausführbar sind. Die wichtigsten dieser Operationen sind:

- Identitätsoperation

- Größer-Gleich- und Kleiner-Gleich-Suchoperationen

- Suchoperationen innerhalb und außerhalb von Grenzen

- Maximum- und Minimum-Suche in einem Datensatz

- Inversion von Daten

- Addition von Flagvektoren

Im folgenden soll beispielhaft die Ausführung einer Größer-Gleich-
Operation für einzelne und für verkettete Flagvektoren angegeben
werden.

Zur Durchführung dieser Suchoperation wird ein Suchargument S_{SK}
zugrunde gelegt. Für das Suchargument erhält man nach der Flag-
Abbildung einen Einelement-Flagvektor F_{SK}. Bei der Suchoperation
können nur die Positionen f_k bis f_{2^n-1} eines Flagspeichervektors F
einen Treffer liefern, da sie jeweils einen Wert gleich oder größer
als S_{SK} repräsentieren (Abb. 7.2). Damit kann die Überprüfung des
Flagvektors F durch die Konjunktion zwischen dem Flagvektor F und
einem **Suchflagvektor** der Form

$$F_{SKGE} = (\ f_j = 0,\ \forall j \in \{0..k-1\} \ \wedge\ f_j = 1,\ \forall j \in \{k..2^n-1\}),$$

in dem die Flags 0 bis k-1 jeweils gleich 0 und k bis 2^n-1 jeweils
gleich 1 sind, vorgenommen werden:

$$F_T = F \wedge F_{SKGE}$$

Der Flagvektor F_T beinhaltet die Treffer dieser Suchoperation.

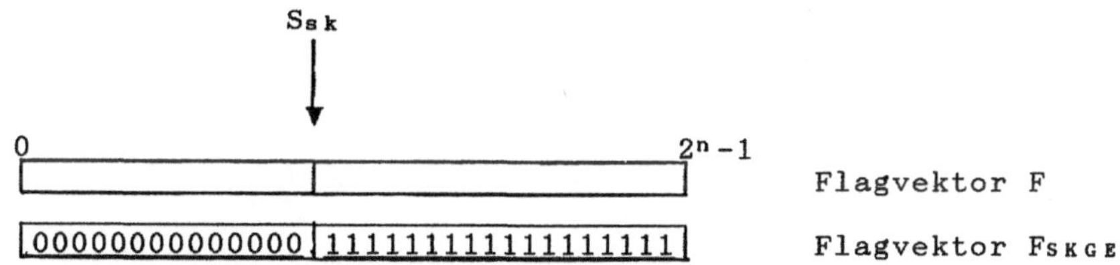

Abbildung 7.6 : Ausführung einer Größer-Gleich-Operation

Sollen jedoch mehrere verkettete Flagvektoren überprüft werden, so werden zur Ausführung einer Operation die Flagvektoren sequentiell herangezogen. Dabei brauchen in vielen Fällen nicht alle Flagvektoren eines verketteten Flagvektorsystems berücksichtigt werden, sondern nur die Flagvektoren sind zu überprüfen, die ein Ergebnis liefern können. Diese Tatsache soll mit Hilfe eines Beispiels demonstriert werden:

Es sei ein Datensatz bestehend aus vier verketteten Teilflagvektoren F_0, F_1, F_2 und F_3 zur Ausführung einer Größer-Gleich-Operation mit einem Suchargument S_{sk} gegeben (Abb. 7.7). Das Suchargument spezifiziert den zu überprüfenden Bereich im Datensatz. Der Bereich kann aus mehreren Teilflagvektoren bestehen. Ein Ergebnis können aber nur die Teilflagvektoren liefern, die jeweils einen Wert größer oder gleich S_{sk} repräsentieren können. Im Beispiel sind es die Vektoren 3 und 2, so daß auch nur diese Vektoren überprüft werden müssen. Die Vektoren 0 und 1 werden nicht überprüft, da sie nur kleinere Werte speichern können, die keinen Beitrag zum Suchergebnis liefern.

Die Suchoperation kann beispielsweise wie folgt durchgeführt werden:

$$
\begin{aligned}
&\text{1. Schritt :} &&F_{T3} = F_3 \wedge F_{skGE3} \\
&\text{2. Schritt :} &&F_{T2} = F_2 \wedge F_{skGE2} \\
&\text{3. Schritt :} &&F_{TGES} = F_{T2} \vee F_{T3}
\end{aligned}
$$

Dabei sind F_{skGE3} ein vollbesetzter Suchflagvektor und F_{skGE2} ein Suchflagvektor, der in Abhängigkeit des Suchargumentes nur teilweise (zusammenhängend) besetzte Flagpositionen aufweist.

Die Ergebnisse der Suchoperation liegen dann in den beiden Teilflagvektoren F_{T2} und F_{T3} vor, die im Register oder im Speicher (Abb. 7.3) unter zwei Adressen gespeichert werden können. Prinzipiell kann die Überprüfung im ersten Schritt wegfallen, da sämtliche Flags im Teilflagvektor F_{T3} als Ergebnis der Überprüfung gelten und direkt übernommen werden können.

Der Füllungsgrad $G(F_{TGES})$ des Flagvektors F_{TGES}, der aus der Summe der Füllungsgrade beider Teilflagvektoren F_{T2} und F_{T3} bestimmt wird, kann zur Überprüfung eines Gesamttreffers eingesetzt werden:

$$G(F_{TGES}) = G(F_{T2}) + G(F_{T3})$$

Ein Treffer liegt vor, wenn $G(F_{TGES}) > 0$.

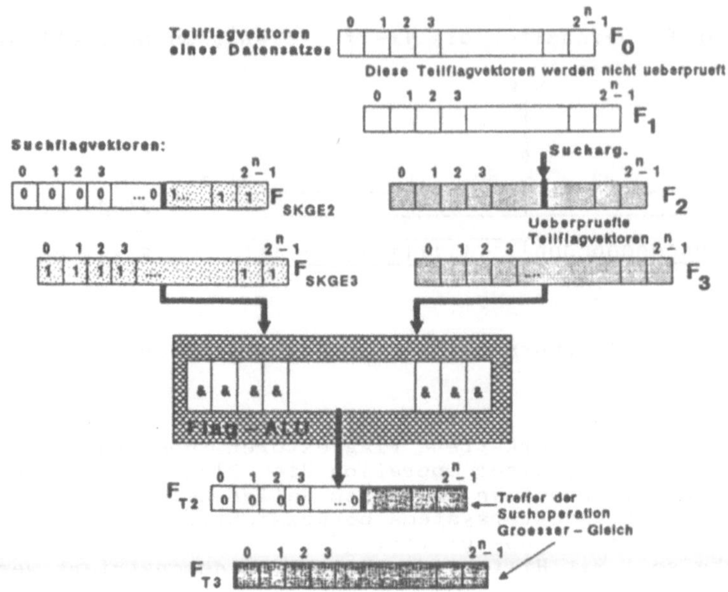

Abbildung 7.7 : Durchführung einer Größer-Gleich-Suchoperation für verkettete Teilflagvektoren

7.3.6 Flagstatus-Rechenwerk

Die Berechnung von Adressen sowie Zeigerinformationen der Teilflag-vektoren, die als wortorientierte Informationen vorliegen, erfordert ein konventionelles Rechenwerk, das Additions-, Subtraktions- und Vergleichsoperationen durchführen kann. Die Daten werden über einen Steuerbus in zwei Register R_1 und R_2 aufgenommen und verknüpft.

7.3.7 Verarbeitungsgeschwindigkeit

Ein Ansatz zur Bestimmung der Verarbeitungsgeschwindigkeit für die angegebene Architektur bildet ein Maß, das durch den erreichbaren Parallelitätsgrad gegeben ist und zu einer Effizienzerhöhung gegenüber einer sequentiellen Maschine führt. Der Parallelitätsgrad wird als die Zahl der ausführbaren Operationen in einer Zeiteinheit bezeichnet.

Der Parallelitätsgrad in dem vorgestellten Assoziativprozessor hängt prinzipiell von der Länge der Teilflagvektoren ab, da die Flagpositionen der Operanden unabhängig von ihrer Belegung mit Flags simultan bei der Durchführung einer Operation berücksichtigt werden. Die Zahl der Flagpositionen in der angegebenen Architektur wurde mit 256 in einem Flagvektor angenommen. Die erreichbare Verarbeitungsgeschwindigkeit hängt aber vom Füllungsgrad eines Teilflagvektors ab.

Unter Annahme, daß eine Befehlsverarbeitung eine Zykluszeit von t=1 μs erfordert, die mit der Zykluszeit einer von-Neumann-Maschine vergleichbar ist, kann mit der angegebenen Architektur für einen Teilflagvektor eine theoretisch maximale Verarbeitungsgeschwindigkeit (V_{max}) von

$$V_{max} = 2^n/t = 256/10^{-6} = 256 \text{ MIPS}$$

erreicht werden, wenn alle Flagpositionen Berücksichtigung finden.

Eine minimale Verarbeitungsgeschwindigkeit V_{min} wird erreicht, wenn aber der Teilflagvektor nur ein einziges Flag enthält. In diesem Fall ist die Verarbeitungsgeschwindigkeit gleich der Verarbeitungsgeschwindigkeit eines von-Neumann-Rechners:

$$V_{min} = 1/t = 1/10^{-6} = 1 \text{ MIPS}.$$

Die Größen V_{max} und V_{min} stellen die Eckwerte bei der Bestimmung der Verarbeitungsgeschwindigkeit für einen Teilflagvektor mit der angegebenen Länge dar.

Die tatsächlich für einen gegebenen Teilflagvektor einer Aufgabenstellung erreichbare Verarbeitungsgeschwindigkeit, die zwischen diesen Größen liegt, hängt aber vom tatsächlichen Füllungsgrad des Teilflagvektors ab.

Unter der Annahme, daß nur ein Viertel eines Teilflagvektors mit Flags besetzt ist -d.h. mit 25% Füllungsgrad-, kann eine quasi durchschnittliche Verarbeitungsgeschwindigkeit von

$$V_{Durchschnitt} = 2^{n-2}/t = 64/10^{-6} = 64 \text{ MIPS}$$

für den Teilflagvektor eines verketteten Flagvektorsystems errechnet werden.

Eine weitere Betrachtungsweise kann dadurch erzielt werden, daß die Verarbeitungszeit zur Durchführung einer Suchoperation für einen Datensatz bestimmt wird.

Für einen Datensatz, der durch ein Flagvektorsystem bestehend aus k Teilflagvektoren beschrieben wird, können folgende Überlegungen zugrunde gelegt werden:

- Zur Durchführung einer Operation werden die Teilflagvektoren sequentiell bearbeitet (d.h. in maximal k Schritten).

- Nicht alle k Teilflagvektoren des Flagvektorsystems sind mit Flags belegt. Beispielsweise sind k' (k'<k) Teilflagvektoren leer, so daß sie keinen Speicherplatz beanspruchen (s. Kap. 7.3.2 Verkettung von Teilflagvektoren). Bei der Durchführung einer Suchoperation werden die leeren Teilflagvektoren nicht berücksichtigt, da sie keinen Beitrag zu dem Suchergebnis liefern können. Damit sind nur k-k' Teilflagvektoren bei der Ausführung einer Suchoperation heranzuziehen.

- Bei einer Suchoperation liegen im allgemeinen Suchargumente vor,
  die den für die Suchoperation relevanten Bereich spezifizieren.
  Da die Daten in einem Flagvektorsystem sortiert vorliegen,
  erstreckt sich der relevante Bereich auf einen Teil des gesamten
  Flagvektors (vgl. 7.3.5). Diese Tatsache führt zu einer Reduktion
  der Zahl der tatsächlich zu überprüfenden Teilflagvektoren. Die
  Zahl der Teilflagvektoren, die bei einer Suchoperation relevant
  sind, variiert von Aufgabenstellung zu Aufgabenstellung, so daß
  dafür nur eine mittlere Größe (z.B. 50% der k-k' Teilflagvektoren) zugrunde gelegt werden kann.

Mit diesen Randbedingungen kann eine Größe A als durchschnittliche
Anzahl von Flags in einem Datensatz (bzw. durchschnittliche Anzahl von
Datenwörtern im Datensatz) angenommen werden, die für ein n bit
Flagvektorsystem wie folgt errechnet wird:

$$A = (k-k')*(2^{n-2})$$

Mit k-k'=Anzahl der Teilflagvektoren des Flagvektorsystems , die
jeweils durchschnittlich zu 25% (d.h. 2^{n-2}) mit Flags belegt sind.

Da die Teilflagvektoren jeweils einen Verarbeitungsschritt benötigen,
kann die durchschnittliche Verarbeitungszeit t_{FLAG} zur Durchführung
einer Suchoperation bei einer Überprüfung einer Hälfte der Teilflagvektoren wie folgt berechnet werden:

$$t_{FLAG} = ((k-k')/2)*t_{Zyklus}$$

wobei t_{Zyklus} die Zykluszeit der Maschine ist.

Demgegenüber würde die Ausführung einer Suchoperation im Datensatz bei
einer von-Neumann-Maschine durch einen Algorithmus mit linearer Komplexität eine Verarbeitungszeit proportional zu der Anzahl der
Elemente des Datensatzes mit A Datenwörtern benötigen, d.h.

$$t_{SEQUENTIELL} \approx A*t = (k-k')*(2^{n-2})*t_{Zyklus}$$

was eine größere Zahl darstellt. Dabei wurde die gleiche Zykluszeit
zugrunde gelegt, da die Zykluszeit im wesentlichen durch die Speicherzugriffe bestimmt wird, die in beiden Fällen gleich sein können.

Ein Zahlenbeispiel soll das Verhältnis beider Verarbeitungszeiten
verdeutlichen:

Mit k=32, k'=0.25*k, n=8 und t_{Zyklus}=1µs erhält man für

$$t_{FLAG} = ((k-k')/2)*t_{Zyklus} = ((32-8)/2)*10^{-6} = 12 \text{ µs}$$

Für eine sequentelle Maschine erhält man:

$$t_{SEQUENTIELL} \approx A*t = (k-k')*(2^{n-2})*t_{Zyklus} = (32-8)*(2^6)*10^{-6} = 1536 \text{ µs}$$

7.4 Sprachoberfläche für flagorientierte Architekturen

Für einen flagorientierten Assoziativprozessor, der eine Monoprozessorarchitektur aufweist, sind prinzipiell alle im Kap. 1.6 angegebenen Sprachen einsetzbar.

Die auf dem Tripelansatz basierenden Sprachen (vgl. Kap.1.6) können i. a. von den auf dem relationalen Datenmodell basierenden Sprachen abgedeckt werden, da das Relationen-Modell als eine Verallgemeinerung des Tripel-Ansatzes interpretiert werden kann, d.h. ein Tripel kann durch eine Relation formuliert werden. Dabei wird das Objekt durch den Namen einer Relation ersetzt. Die Attribute und die Werte sind in beiden Fällen gleichbedeutend.

Die regelbasierende Sprachen wie z.B. PROLOG und LISP nutzen insbesondere die assoziativen Speicherungs- und Zugriffsfähigkeiten eines flagorientierten Assoziativprozessors aus. Durch die Speicherung von Wissensbasen in einem derartigen Assoziativsspeichersystem können für die Datenzugriffe parallele Suchoperationen eingesetzt und damit die Ausführung von Programmen akzeleriert werden. In diesen Sprachen stellen zwar die Zugriffe zu den Datenbasen fundamentale Operationen dar, es sind jedoch weitere interessante Operationen in einer derartigen Sprache (z.B. Inferenzmechanismen, Konfliktlösung bei Inferenzschritten, Instantiierungsvorgängen u.ä), die mit einer Unterstützung assoziativer Operationen effizienter gestaltet werden können. Diese Fragestellungen könnten Inhalt neuer Forschungsarbeiten sein.

Die in Sprachen, die auf dem Relationenmodell basieren, definierten Relationen können größtenteils mit Hilfe der Operationen der Flag-Algebra direkt hardwaremäßig realisiert und ausgeführt werden, so daß eine effiziente Unterstützung bei der Implementierung dieser Sprachen auf flagorientierte Architekturen zu erwarten ist.

Eine flagorientierte Architektur unterstützt auch die Beschreibung und die Handhabung von Datenstrukturen im Speicher, da die Relationen durch separate Flagvektoren dargestellt werden können. Die Flagvektoren können verkettet (z.B. zur Vereinigung von Relationen), zerlegt (z.B. zur Erzeugung neuer Relationen) oder verknüpft (z.B. zur Durchschnitts- oder Differenzbildung von Relationen) werden. Darüberhinaus wird durch flagorientierte Architekturen die Ausführung von Vergleichsoperationen besonders effektiv unterstützt, da diese Operationen parallel auf Hardwareebene ausgeführt werden können.

Diese Sprachen können ohne Einschränkung zusätzlich mit der Möglichkeit der Formulierung zur Parallelverarbeitung in Mehrprozessorarchitekturen ergänzt werden, was teilweise bei den vorhandenen Sprachen bereits gezeigt wurde und existiert /FER86/, /STU85/. Diese Eigenschaft ist insofern wichtig, als die flagorientierten Prozessoren auf einfache Weise kaskadiert werden können, um die Wortlänge der Daten und den Speicherumfang für die Flagvektoren zu erhöhen /TAV82/, /TAV83/.

Darüberhinaus kann eine Sprache, die für einen flagorientierten Assoziativprozessor eingesetzt werden soll, aufgrund der besonderen Eigenschaften der Flag-Algebra mit weiteren strukturmäßig neuen Elementaroperationen ergänzt werden, die eine drastische Effizienzsteigerung mit den gleichen Datenstrukturen ermöglichen.

Beispielsweise sollen die Elemente zweier Datensätze mit je p-Elementen auf Gleichheit überprüft werden:

Im Originalbereich kann dieses Problem durch einen Algorithmus gelöst werden, der zwei Schleifen in einer skalaren Programmiersprache benötigt, was eine Komplexität von $O(p^2)$ aufweist. Der Aufwand kann auf eine Schleife reduziert werden (d.h. mit einer Komplexität von $O(p)$), falls die Datensätze sortiert sind.

Im Bildbereich, wenn die Datensätze jeweils durch die entsprechenden Flagvektoren vorliegen, liefert eine Äquivalenzfunktion der korrespondierenden Flagvektoren das Ergebnis dieser Überprüfung in nur einem Schritt, d.h. mit O(1), was eine hohe Effizienzsteigerung gegenüber einer konventionellen Lösung bedeutet.

Weitere Elementaroperationen erhält man, wenn bei der Durchführung einer Operation die negierten Flagvektoren ergänzend berücksichtigt werden. Beispielsweise können bei einer Identitätsabfrage ein oder beide Operanden einer Komplementbildung unterzogen werden, so daß folgende Funktionen entstehen:

$F_{RSULT}=F_1 \wedge \overline{F_2}$: liefert alle Daten in einem Datensatz F_1, die im Datensatz F_2 nicht existieren und

$F_{RSULT}=\overline{F_1} \wedge \overline{F_2}$: liefert alle Daten, die weder in F_1 noch in F_2 existieren.

Weitere Beispiele können durch die Anwendung unterschiedlicher Suchoperationen und flagorientierter Arithmetik-Logik-Operationen auf Flagvektoren (z.B. mit negierten Flagvektoren) abgeleitet werden.

8. Schlußbemerkungen

Im ersten Kapitel dieser Arbeit wurden nach einer formalen Definition des Assoziationsvorganges die wichtigsten und die modernsten Konzepte und Verfahren zur Realisierung von unterschiedlichen Assoziativspeichern und Assoziativprozessoren, die die Daten wortweise speichern und bearbeiten können, erläutert und ihre Eigenschaften diskutiert. Die Assoziativspeicher wurden in bezug auf ihre Struktur, ihre Funktionsweise und die damit verbundenen Datenzugriffsgeschwindigkeiten strukturiert. Neben der Beschreibung prinzipieller Aufgaben, die von Assoziativspeichern unterschiedlicher Kategorien erwartet werden (Lesen, Schreiben, Löschen, Selektion von Daten), sind die wichtigsten Probleme sowie das Spektrum des Funktionsumfanges, der von diesen Systemen geleistet wird, angegeben.

Ein gemeinsamer Einsatz assoziativer Speicher mit Komponenten eines konventionellen (von-Neumann) Prozessors (Leitwerk, ALU, RAMs, ROMs, I/O, Busse u.ä.) führt im einfachsten Fall zu assoziativen Monoprozessorarchitekturen. Diese Prozessoren bearbeiten die Maschinenbefehle in sequentieller Weise; da aber aufgrund eines einzelnen assoziativen Maschinenbefehls eine Gruppe von Daten im assoziativen Speicherfeld manipuliert werden kann, handelt es sich beim Gesamtsystem um eine Architektur der SIMD-Rechnerklasse.

Die in einem Assoziativprozessor zu verarbeitenden Informationen für eine Problemstellung setzen sich aus Datenobjekten (Datensätzen, Mengen, Relationen u.ä) zusammen, die im Rahmen der sogenannten assoziativen Sprachen durch unterschiedliche Datenstrukturen definiert werden können. Die Realisierung und der Einsatz unterschiedlicher Assoziativprozessorarchitekturen führten zur Entwicklung unterschiedlicher Assembler- und Hochsprachen, die im allgemeinen wegen intensiver Ausnutzung von Hardwareeigenschaften einer Zielmaschine nicht portabel sind. Diese Probleme und eine kurze Darstellung von Sprachen neuerer Generationen (insbesondere auf dem Relationenmodell basierende Sprachen und regelbasierende Sprachen wie z.B. PROLOG und LISP) zur Verarbeitung von Daten in assoziativen Prozessorarchitekturen bilden die Themen des letzten Abschnitts im ersten Kapitel.

Auf diesen Diskussionen aufbauend stellt diese Arbeit ein neues Verfahren zur Konzeption vollparalleler Assoziativspeicher und Assoziativprozessoren vor, die neben der Speicherung von Daten zur Bewältigung von sowohl arithmetisch-logischen Operationen als auch von komplexen Suchoperationen eingesetzt werden können. Damit stellen sie universell einsetzbare Systeme zur Lösung und Akzeleration unterschiedlicher Probleme dar. Eine solche Monoprozessoreinheit beinhaltet im Gegensatz zu den bisher realisierten bzw. konzipierten Parallelarchitekturen nur eine Verarbeitungseinheit.

Die Basis dieses Verfahrens bildet die Flagtransformation, bei der die wortorientierten Daten eines Datensatzes als flagorientierte Daten in einem Flagvektor zusammengefaßt dargestellt und zur Durchführung von Operationen eingesetzt werden. Zur Beschreibung von Operationen mit

Flagvektoren wurde eine Algebra, genannt Flag-Algebra, definiert. Für diese Algebra sind die wichtigsten Definitionen und Grundoperationen sowie Rechenvorschriften angegeben und mit Beispielen dokumentiert worden.

Durch Eigenschaften und Vorteile, die mit der Flag-Transformation und der Flag-Algebra erzielt werden, wird die Entwicklungsarbeit zur Realisierung von derartigen assoziativen Hardwaresystemen mit vertretbarem Aufwand ermöglicht. Die wichtigsten dieser Eigenschaften sind:

- Nach der Flag-Transformation eines Datensatzes liegen die Daten automatisch durch die festgelegten Positionen der Flags im Flagvektor sortiert vor.

- Eine inhaltsorientierte Verarbeitung von Daten ist durch Abfragen und Manipulationen von Flags möglich und wird aufgrund der sortiert vorliegenden Flags in Flagvektoren besonders unterstützt.

- Da die Flags als Repräsentanten von Daten jeweils durch eine 1-Bit-Information vorliegen, ist eine simultane Verarbeitung mehrerer Flags mit einfachen Hardwarekonstrukten möglich, was einer parallelen Bearbeitung von Originaldaten entspricht.

- Die Flags eines Datensatzes werden in einem Flagvektor zusammengefaßt. Derartige Flagvektoren stellen durch Aneinanderreihung von Flags eine eindimensionale, lineare Struktur dar, so daß sie in einer Anordnung als horizontale, vertikale und horizontal-vertikale Flagvektorsysteme verkettet werden können. Die Verkettungen von Flagvektoren stellen die Grundlage zur Realisierung kaskadierbarer, VLSI-orientierter Schaltkreise dar.

Aufbauend auf diesem Verfahren wurden mehrere flagorientierte Assoziativspeichermoduln mit einem hohen Funktionsumfang sowie flagorientierte Multiplizier- und Arithmetik-Logik-Einheiten (ALU) als kaskadierbare integrierte Testschaltkreise[1] realisiert und als assoziative Speicherfelder für mehrere Assoziativprozessor- und Koprozessorapplikationen zum Einsatz gebracht /STR85/, /ROL87/, /TBW86/, /TuW87/, /MAR87/, /ROL88/, /STR88/.

Die nach diesem Konzept realisierten integrierten Bausteine können beliebig sowohl vertikal als auch horizontal zur Realisierung parallel arbeitender Speicherfelder kaskadiert werden. Durch das gewählte Verfahren treten trotz paralleler Arbeit im assoziativen Speicherfeld keine Pinbegrenzungsprobleme bei der Integration der Schaltung auf. Die Modularität und die Erweiterbarkeit eines mit Hilfe solcher integrierten Bausteine aufgebauten Systems bleibt uneingeschränkt in beliebiger Größe gewahrt.

Zur Gestaltung von Assoziativspeicherfeldern können integrierte Schaltungsmoduln kaskadiert werden. Eine Kaskadierung von Moduln dient zur Erhöhung der Wortlänge und der Speicherkapazität in einer Speichereinheit. Die Kaskadierungsarten sind:

---

[1] Die gefertigten Schaltkreise wurden im Rahmen des von der GMD-Bonn koordinierten und vom BMFT geförderten Verbundprojektes "Entwurf integrierter Schaltkreise (E.I.S.)" an der J.W. Goethe-Universität Frankfurt, Fachbereich 20, Technische Informatik, entworfen und von den Firmen Siemens und AEG sowie von dem Fraunhofer-Institut für mikroelektronische Schaltungen und Systeme in Duisburg gefertigt.

- Vertikale Kaskadierung durch eine vertikale Anordnung von
  Moduln mit jeweils einem Teilflagvektor eines Flagvektorsystems,
- horizontale Kaskadierung von Moduln, die einen indizierten
  Teilflagvektor speichern können und/oder
- eine Kombination von beiden Kaskadierungsarten.

In einem vertikalen Speicherfeld können die Operationen vollparallel ablaufen. Die Wortlänge der Daten bleibt jedoch bedingt durch das exponentielle Wachsen der Flagvektorlänge in Abhängigkeit von der zu transformierenden Wortlänge begrenzt. Für n bit Datenwörter wird bei einer vertikalen Speicherstruktur ein linearer Speichervektor mit 2^n konventionellen Speicherzellen zur Speicherung von Flags benötigt. Der Speicher weist jedoch eine Speicherkapazität von bis zu 2^n Datenwörtern mit jeweils n bit Wortlänge auf, die unterschiedlichen vollparallelen Operationen unterzogen werden können.

Die logische Speicherkapazität eines vertikalen Speicherfeldes ist höher als die physikalische Speicherkapazität. Logische Speicherkapazität gibt die speicherbaren Datenwörter gemessen in Bitpositionen an. Physikalische Speicherkapazität gibt die Anzahl der vorhandenen Speicherzellen gemessen ebenfalls in Bits an. In einem vertikalen Speichersystem mit 2^n Speicherzellen (physikalische Speicherkapazität) können bis zu $2^n * n$ bit Datenwörter jeweils durch ihre Flags gespeichert werden (logische Speicherkapazität). Damit ist die logische Speicherkapazität n-fach höher als die physikalische Speicherkapazität. Die logische Speicherkapazität wird jedoch nicht ausgenutzt, da ein Datensatz im allgemeinen nicht alle möglichen Kombinationen eines n bit Datenwortes beinhaltet, d.h. die Flag-vektoren sind nicht vollbesetzt. Eine mit RAMs vergleichbare Ausnutzung der Speicherkapazität liegt vor, wenn ein Datensatz $2^n/n$ Datenwörter beinhaltet.

Zur Realisierung von Assoziativspeicherfeldern mit beliebigen Wortlängen können die flagorientierten Assoziativspeicher horizontal kaskadiert werden. Das Kaskadierungsprinzip basiert auf der Einführung eines strukturierten Datentyps durch Einteilung des Datenwortes in einen i bit ($i \in \{1..n-1\}$) indizierenden Teil (Index) und einen n-i bit Datenteil. Diese Interpretation des Datenwortes führt zu einer im Vergleich zu der vertikalen Kaskadierung geänderten Aufteilung des Flagvektors, so daß im Speicherfeld 2^i Datenwörter mit einer Wortlänge von je n-i bit gespeichert werden können. Im Kap. 6.2.2 wurden mehrere Algorithmen zur Durchführung unterschiedlicher Suchoperationen entwickelt, die jeweils eine Komplexität von O(k) aufweisen, wenn k die Anzahl der Moduln im Speicherfeld ist. Diese Verfahren stellen die zeiteffizientesten Methoden zur Durchführung von Suchoperationen dar, die in eine Monoprozessorarchitektur implementiert werden können.

Die heute erreichbare Schaltungskomplexität der integrierten Schaltungen erlaubt die Realisierung von mit RAM-Strukturen vergleichbaren Assoziativspeicher-Grundbausteinen (mit ca. 64k*16 bit Speicherkapazität). Die Realisierung komplexer Suchoperationen gemeinsam mit Minimum- bzw. Maximumbestimmung in einem mit RAM's vergleichbaren Baustein kann durch geringe von dem zu realisierenden Funktionsumfang abhängige Reduzierung der Wortlänge erreicht werden. Beispielsweise führt eine Reduzierung der Wortlänge um eine Bitstelle zu 50% Reduzierung der Fläche für die Speicherzellen, da der Flagvektor und damit die Anzahl der Flagspeicherzellen halbiert wird. Die arithmetisch-logischen Operationen erfordern aber verhältnismäßig höhere Chipflächen. Die Fortschritte auf dem Gebiet der integrierten Schaltungen insbesondere

die Entwicklung von Wafer-Scale- und dreidimensionalen Integrations-
techniken werden sich hier unterstützend auswirken.

Die Behandlung möglicher Fehler in einer integrierten flagorientierten
Speicher- und Verabeitungseinheit verlangt Methoden zur Fehlererkennung, Fehlerkorrektur und gegebenfalls zur Deaktivierung von Bausteinen in einem Speichersystem. Eine flagorientierte Einheit unterstützt
aufgrund ihrer Struktur die Fehlererkennung durch Selbsttestmethoden,
z.B. Scan-Path-Methode. Diese Methode erfordert für eine flagorientierte Einheit einen vernachlässigbaren geringen Hardwareaufwand, da
die Schaltungsblöcke in der Einheit abwechselnd als Schaltnetze und
als Speichervektoren vorliegen, so daß in einem Block eine sequentielle Tiefe von nur einer Stufe existiert. Die Speichervektoren
können mit Testmustern geladen und damit die kombinatorischen Schaltungsteile überprüft werden.

Eine Korrektur eventueller Fehler kann durch Einsatz von Redundanz
erreicht werden, wobei sich dieses Verfahren bei einem umfangreichen
Funktionssatz als aufwendig erweisen kann.

In /STR88/ wurden einige Ansätze zur Fehlererkennung und zur Behandlung von Fehlern in einem flagorientierten Assoziativspeicher angegeben und diskutiert. Weitere Forschungsarbeiten zur Aufwandabschätzung
sowie zur Entwicklung neuer Verfahren wären sinnvoll.

Um eine flagorientierte Assoziativspeicher- und Verarbeitungseinheit
zu einem leistungsfähigen und vielseitig adaptierbaren assoziativen
Prozessor oder Koprozessor zu ergänzen, wurde insbesondere der Einsatz
eines mikroprogrammierbaren Steuerprozessors diskutiert. Der Steuerprozessor übernimmt die Ablaufsteuerung der Programme sowie der
assoziativen Speicher- und Verarbeitungsbefehle. Er organisiert auch
die Kommunikation mit der Umwelt und den Datenaustausch zwischen den
Komponenten des Prozessors. Die assoziativen Maschinenbefehle können
interpretiert und über optimal angepaßte Schnittstellen dem Assoziativspeicherfeld weitergegeben werden. Eine direkte Ausführung dieser
Befehle erfolgt im assoziativen Speicherfeld. Der Umfang der direkt
ausführbaren Befehle hängt von der Hardwarestruktur eines assoziativen, flagorientierten Speicherfeldes ab. Die hier beschriebenen
modularen flagorientierten assoziativen Speicher- und ALU-Einheiten
können teilweise mehr als 50 assoziative Befehle unterstützen.

Damit auch die Wortbreite des Prozessors an beliebige assoziative
Speicher- und Verarbeitungskonfigurationen angepaßt ist, kann als
Steuerprozessor ein mikroprogrammierbarer Bit-Slice-Prozessor gewählt
werden /ROL88/.

Als Alternative zum mikroprogrammierbaren Steuerprozessor wurde der
Anschluß eines hierarchischen flagorientierten Assoziativspeicher-
feldes an ein konventionelles Prozessorsystem (Motorola 68000 und
Personalcomputer IBM-PC/AT) entwickelt /STR88/. Dabei stand im Falle
des IBM PC/AT-Rechners die Einbindung des Koprozessors in das File-
System des Betriebssystems XENIX und die Gestaltung des Anwenderzu-
griffs auf assoziative Funktionen des Koprozessors aus der Hochsprache
"C" im Vordergrund /SCL87/.

Darüberhinaus wurde durch Einsatz von konventionellen RAMs zur
Speicherung flagorientierter Daten eine flagorientierte Assoziativprozessorarchitektur vorgestellt, die die erforderlichen Transformationen
und die Verknüpfungen von Flagvektoren mit speziellen Schaltnetzen
organisiert und ausführt. Der Prozessor beinhaltet zwei Rechenwerke.
Ein Rechenwerk führt die flagorientierten Operationen für die im

Flagspeicher und im Flagregister als Flagvektoren gespeicherten Datensätze durch. Das zweite Rechenwerk ist für die Berechnung von Adressen der Flagvektoren und der Statusinformationen eingesetzt. Die Flagvektoren werden im Flagspeicher gespeichert. Durch Zeiger, die im Speicher den Flagvektoren zugeordnet sind, wird eine Verkettung mehrerer Teilflagvektoren erreicht, so daß einerseits die Flagvektoren beliebig lang sein können und anderseits die Speicherung von leeren Teilflagvektoren vermieden wird.

Die Komponenten dieser Architektur sind für eine Realisierung als integrierte kaskadierbare Schaltungsmoduln besonders geeignet. Speziell können die Einheiten für die Flag-Transformation und Rücktransformation sowie das Flagrechenwerk jeweils als Schaltnetze realisiert werden, die durch eine Kaskadierung zur Erhöhung der Wortlänge und der Größe von bearbeitbaren Flagvektoren in einem Prozessor beitragen und trotzdem parallel arbeiten /TAV88/.

Eine Erweiterung der Wortlängen der Operanden sowie eine Erhöhung der Operandenzahl kann auch durch eine Kaskadierung von Prozessoren, die nach diesem Konzept realisiert wurden, erreicht werden. Die Kaskadierung solcher Prozessoren erfolgt durch Hintereinanderschaltung gleichartiger Einheiten, die simultan jeweils einen Teil der Flagvektoren bearbeiten (Flag-Slice-Prinzip). Dabei werden Übertragssignale zwischen den Prozessoren eingesetzt, um die Erzeugung von Suchflagvektoren zu ermöglichen /TAV88/. Ein solches Feld erfordert jedoch nur einen Programmspeicher für alle Prozessoren.

Derartige Assoziativprozessoren können besonders effektiv zu Problemlösungen in Bereichen der Datenbanken, der künstlichen Intelligenz (KI), des computerunterstützten Entwurfs (CAD) u.ä. eingesetzt werden.

In /STW87/, /MAR87/ und /STR88/ wird insbesondere der Einsatz eines flagorientierten Systems zur Akzeleration von CAD-Werkzeuge für den Entwurf integrierter Schaltkreise am Beispiel von DRC-Algorithmen (Degign Rule Check) vorgestellt. Das Beispiel verdeutlicht auch die erzielbaren Vorteile bei der Akzeleration von Algorithmen für Simulation, ERC (Electrical Rule Check) und Extraktion von integrierten Schaltungen.

Das in dieser Arbeit vorgestellte Konzept stellt eine Grundlage zur architekturellen Realisierung von unterschiedlichen parallel arbeitenden Einheiten dar, so daß die hier vorgeschlagenen Speicher- und Prozessorstrukturen nur als eine Auswahl zu betrachten sind.

Neben der Untersuchung unterschiedlicher Applikationen für den Einsatz von vorgestellten Architekturen (z.B. aus dem CAD- und KI-Bereich) sowie der Ergänzung und Erweiterung der vorgeschlagenen Systeme können alternative flagorientierte Strukturen unter verschiedenen Aspekten entwickelt und realisiert werden. Einige Beispiele hierzu sind:

- Eine Erweiterung des Verfahrens zur arithmetisch-logischen Verknüpfung von zwei assoziativen Vektoren ist möglich. In diesem Fall existieren zwei Gruppen von Operanden, die miteinander simultan verknüpft werden können. Jede Operandengruppe wird durch einen Flagvektor repräsentiert. Der zweite Vektor stellt im Vergleich zu der in Kap. 4.2.2 beschriebenen Methode eine Erweiterung der Variablen Q dar /TAV87/.

  Die Elemente beider Datensätze, die jeweils durch korrespondierende Flags in zwei Flagspeichervektoren vorliegen, werden bei der Durchführung einer Operation jeweils paarweise verknüpft. Die

Ergebnisse einer Operation können wiederum in einem Flagvektor oder einer zweidimensionalen Flagmatrix gespeichert werden.

Analog dazu ist vorstellbar, daß flagorientierte Matrizen als Operanden einer parallelen Operation eingesetzt und bearbeitet werden. Hier sind jedoch weitere Untersuchungen zur Verknüpfung von Elementen der Matrizen sowie zur Interpretation und Rücktransformation von Ergebnissen notwendig.

- Man kann sich auch mehrere Operationseinheiten und Flagvektoren abwechselnd hintereinandergeschaltet vorstellen. Damit erhält man eine Anordnung, die unterschiedliche Operationen auf einen Datensatz nach dem Datenflußprinzip anwenden kann. Applikationen, für die eine Unterstützung mit einem derartigen System erwartet werden kann, sind dem Bereich kontinuierlicher Signal- und Stringverarbeitung zu zuordnen.

- In einem flagorientierten Speicher werden die zu speichernden Daten sortiert gespeichert, da die korrespondierenden Flags jeweils definierte Positionen in einem Flagvektor aufweisen. Um eine Zugehörigkeit der Ergebnisse zu den jeweiligen Operanden festzulegen, können die Flagspeicherzellen jeweils mit einem Index-Register, wie im Kap. 3.4.1 beschrieben, erweitert werden. Die Index-Register können die Indexgrößen der Operanden speichern. Die Indexgrößen geben z.B. die Reihenfolge der eintreffenden Operanden an. Eine Erweiterung von Such- und Arithmetik-Logik-Operationen für Flags in Verbindung mit ihren jeweiligen Indizes kann in neuen Speicherstrukturen durchgeführt werden. Damit kann beispielsweise bei der Ausgabe der Ergebnisse die Zuordnung der Ergebnisse zu den Operanden festgestellt werden.

- Bei allen hier beschriebenen Konzepten wurden lineare Flagvektorstrukturen zugrunde gelegt. Es sind jedoch andere Strukturen für die Organisation von Flagvektoren möglich. Beispielsweise kann ein Flagvektor eines Datensatzes als ein "Flagring" analog zu einem Zahlenring organisiert werden, der die Flags der Daten nach dem Modell der 2-er Komplementzahlen speichert. Die Daten im Zahlenring können zur Durchführung von Operationen überprüft und manipuliert werden. Die Ergebnisse bleiben ebenfalls im Flagring. Ihre Wertigkeiten können sich jedoch durch mehrmaliges Rotieren im Ring ändern. Da im allgemeinen die Anzahl der Ergebnisse einer Operation geringer ist als die Zahl der Elemente im Datensatz selbst, kann erwartet werden, daß nur geringe Mechanismen zur Überprüfung des Bereichsüberschreitung bzw. notwendig werden. Damit liegt aber ein geschlossenes System vor, das Zahlen mit unterschiedlichen Wortlängen bearbeitet.

9. Literatur

/AHO74/   Aho, A.V.; Hopcroft, J.E.; Ullman, J.D.
            The Design and Analysis of Computer Algorithms,
            Addison-Wesley, Mass., 1974
/AHO83/   Aho, A.V.; Hopcroft, J.E.; Ullman, J.D.
            Data Structures and Algorithms,
            Addison-Wesley, Mass., 1983
/AND74/   Anderson, G.A.
            Multiple Match Resolvers: A New Design Method
            IEEE Trans. Computers, Vol. C-23, No. 12, Dec. 1974
/AuC75/   Astrahan, M.M.; Chamberlin, D.D.
            Implementation of a Structured English Query Language,
            Comm. of the ACM, Vol. 18, No. 10, Oct. 1975
/BAN84/   Banin, R.
            Hardware Accelerators in the Design Automation
            Environment
            Proc. 21st Design Automation Conf. 1984, p. 648
/BAT68/   Batcher, K.E.
            Sorting networks and their applications
            Proc. AFIPS 1968 Spring Jt. Comp. Conf., pp. 307-314
/BAT74/   Batcher, K.E.
            STARAN Parallel Processor System Hardware
            Proc. AFIPS 1974 National Computer Conf., Vol. 43,
            AFIPS press, 1974, pp. 405-410
/BAT80/   Batcher, K.E.
            Design of a Massively Parallel Processor
            IEEE Trans. Computers, Vol. C-29, No. 9, Sept. 1980,
            pp. 837-840
/BAT82/   Batcher, K.E.
            Bit-Serial Parallel Processing Systems
            IEEE Trans. Computers, Vol. C-31, No. 5, May 1982,
            pp. 377-384
/BOL87/   Bollert, W.
            Programmiersprachen der vierten und fünften Genera-
            tion, McGraw-Hill-Texte, 1987
/BuH82/   Bode, A.; Händler, W.
            Rechnerarchitektur, Band 2, Springer Verlag 1982
/BuP84/   Berkowich, S.; Pullen, J.M.
            The Vector Associative Processor: A VLSI System
            Architecture for Information Processing
            Proc. of IEEE Conf. Computer Design 1984, pp. 382-387
/BUS45/   Bush, V.
            As We May Think, Atlantic Monthly, Vol. 176,Jul. 1945
/COD70/   Codd, E.F.
            A Relational Model of Data Large Shared Data Banks
            Communications of the ACM, Vol. 13, 1970, pp. 370-387
/CRA72/   Crane, B.A.
            PEPE Computer Architecture
            IEEE Computer Conference 6, 1972, pp. 691-693
/CuG88/   Carpenter, G.A.; Grossberg, S.
            The ART of Adaptive Pattern Recognition by a Self-
            Organizing Neural Network,
            IEEE Computer, March 1988

/DAV74/   Davis, E.W.
            STARAN Parallel Processor System Software
            Proc. AFIPS 1974 National Computer Conf., Vol. 43,
            AFIPS press, 1974, pp. 17-22
/DIN73/   Dingeldine, J.R.; Martin, H.G., Paterson, W.M.
            Operating System and Software Support System for PEPE
            Sigmore Computer Conference on Parallel Proc., 1973
/ENB88/   Endbericht zum Verbundprojekt
            Entwurf Integrierter Schaltkreise (E.I.S.)
            Juni 1988, Lehrstuhl für Technische Informatik,
            J.W. Goethe-Universität Frankfurt
/EuM82/   Eustace, A.; Mukhopadhyay, A.
            A Determinstic Finite Automation Approach to Design
            Rule Checking for VLSI
            Proc. 19th Design Automation Conf. 1982, pp. 712-717
/FEL69/   Feldman, J.A.; Rovner, P.D.
            An ALGOL-based Associative Language
            Communications of the ACM, Vol. 12, 1969, pp. 439-449
/FER86/   Fernstrom, C.; Kruzela, I.; Svensson B.
            LUCAS - Associative Array Processor
            Lecture notes in Computer Science, Springer Verlag, 1986
/FLY72/   Flynn, M.J.
            Some Computer Organizations and Their Effectiveness
            IEEE Trans. Comp., Vol. C-21, No. 9, Sept. 1972,
            pp. 948-960
/FOR83/   Force Computers
            System 68000 VME, SYS68K/CPU-1 User's manual
            First Edition, Jan. 1983
/FOS78/   Foster, C.C.
            Content Adressable Parallel Processors
            Computer Science Series, van Nostrand Reinhold
            Company, 1976
/FuG61/   Frei, E.H.; Goldberg, J.
            A Method for Resolving Multiple Responses in a
            Parallel Search File
            IRE Trans. Electr. Comp., Vol. C-10, No. 4, Dec.1961
/GAL81/   Gall, R.; Nagl, M.
            Software-Implementation assoziativer Speicher
            Elektron. Rechenanl., Jahrg. 23 (1981), H. 2,
            pp. 61-71
/GIL81/   Giloi, W.
            Rechnerarchitektur
            Heidelberger Taschenbücher, Springer-Verlag 1981
/GOS84/   Goser, K.; Foelster, C.; Rueckert, U.
            Intelligent Memories in VLSI
            Information Sciences, Vol. 34 (1984), pp. 61-82
/GRO86/   Grosspietsch, K.E.; Huber, H.; Müller, A.
            The Concept of a Fault-Tolerant and Easily-Testable
            Associative Memory
            Proc. 16th IFTCS, 1986, pp.34-39
/HAE77/   Händler, W.
            The Impact of Classification Schemes on Computer
            Architecture
            Proc. Int. Conf. Parallel Processing, 1977, pp. 7-13
/HAN87/   Hansen, S.R.
            Integration of a Simulation Accelerator for Design
            and Test
            Proc. Compeuro87, IEEE Computer Society Press, 1987,
            pp. 415-421

/HAR84/   Hartenstein, R.; Hauck, R.; Hirschbeil, A.; Nebel, W.
           and Weber, M.
           PISA, a CAD Package and Special Hardware for Pixel-
           oriented Layout Analysis
           GMD-Studien Nr. 94, 1984, pp.67-76
/HEH82/   Hehmann, D.
           Programmiersprachen zur Assoziativverarbeitung
           Diplomarbeit am Lehrstuhl für Informatik III,
           Universität Dortmund, 1982
/HIL84/   Hilberg, W.
           Das assoziative Feld. Eine neue Schaltungsstruktur
           mit überaus guten Speichereigenschaften,
           Elektronische Rechenanlagen, Jahrg. 26, Nr.4, 1984
/HIL87/   Hilberg, W.
           Digitale Speicher, Oldenbourg-Verlag, München, 1987
/HOC86/   Hochstädter, V.
           Entwicklung und Realisierung eines Assoziativspei-
           cherbausteins in NMOS-Technologie mit Hilfe eines
           Full-Custom-Chip-Entwurfs
           Diplomarbeit am Lehrstuhl für Technische Informatik,
           J.W. Goethe-Universität Frankfurt, 1986
/HuT85/   Hopfield, J.J.; Tank, D.W.
           'Neural' Computation of Decisions in Optimazation
           Problems,
           Biological Cybernetics 52, pp. 1451-152, 1985
/HuB86/   Hwang, K.; Briggs, F.A.
           Computer Architecture and Parallel Processing
           Mc-Graw-Hill International Student Series, 1986
/HuD86/   Hancock, J.M.; DasGupta, S.
           Tutorial on Parallel Processing for Design Automa-
           tion Applications
           Proc. 23rd Design Automation Conf. 1986, pp. 69-77
/HuJ81/   Hockney, R.W.; Jesshope, C.R.
           Parallel Computers
           Adam Hilger Ltd., Bristol, 1981
/HuN84/   Hilf, W.; Nausch, A.
           M68000 Familie Teil 2: Anwendung und 68000 Bausteine
           te-wi Verlag 1984
/HYN88/   Hirata, M.; Yamada, H. Nagai, K.; Tagahashi, K.
           A Versatile Data String-Search VLSI,
           IEEE Journal of Solid State Circ. Vol. 13, No.2, 1988
/JES65/   Jessen, E.
           Assoziative Speicher,
           Friedrich Vieweg & Sohn, Braunschweig, 1965
/JES75/   Jessen, E.
           Architektur digitaler Rechenanlagen,
           Springer-Verlag, Berlin, 1975
/JSL88/   Jones, S.R.; Jalowiecki, I.P.; Hedge, J.S.; Lea, M.
           A 9-kbit Associative Memory for High-Speed Parallel
           Processing Applikations
           IEEE Journ. Solid-State Circuits, vol 23, No. 2, 1988
/KAD85/   Kadota, H.; Miyake, J.; Nishimichi, Y.; Kudoh, H.;
           Kagawa, K.
           An 8-kbit Content-Adressable and Reentrant Memory
           IEEE JSSC, ol. SC-20, No. 5, Oct. 1985, pp. 951-957
/KLI79/   Klaus, G.; Liebscher, H.
           Wörterbuch der Kybernetik,
           Fischer-Verlag, Frankfurt, 1979
/KOH84/   Kohonen, T.
           Self-Organization and Associative Memory
           Springer-Verlag 1984

/KOH88/   Kohonen, T.
            The 'Neural' Phonetic Typewriter,
            IEEE Computer, March 1988
/KOO70/   Koo, J.T.
            Integrated-Circuit Content-Addressable Memories
            IEEE JSSC, Vol. SC-5. Oct. 1970, pp. 208-215
/KuR86/   Knödler, B.; Rosenstiel, W.
            A   PROLOG   Preprocessor   for   Warren's   Abstract
            Instruction Set
            Microprocessing and Microprogramming, Vol. 18 (1986),
            pp. 71-80
/LAM78/   Lamb, S.
            An   Add-in   Recognition   Memory   for   S-100   Bus
            Microcomputers - Part 1 to 3
            Computer Design, Aug. 1978, pp. 140-142,
            Sept. 1978, pp. 162-168, Oct. 1978, pp. 182-186
/LAN76/   Lang, R.G.
            High-level Language for Associative Processing with STARAN
            Proc. 1976 Int. Conf. Parallel Processing, pp.170-176
/LEA86/   Lea, R.M.
            VLSI and WSI Associative String Processors for cost-
            effective Parallel Processing
            The Computer Journal, Vol. 29, No.6, 1986, pp.486-494
/LEE61/   Lee, C.Y.
            An Algorithm for Path Connections and its Applications
            IEEE Trans. on Electronic Computers, Vol. VEC-10,
            1961, pp. 346-365
/LEE62/   Lee, C.Y.
            Intercommunicating   Cells,   Basis for a   Distributed
            Logic Computer
            Proc. AFIPS Fall Jt. Computer Conf. 1962, pp. 130-136
/LEI74/   Leilich, H.-O.
            Assoziative Speicher,
            Taschenbuch der Informatik, Bd.1, Springer-Verl. 1974
/LEW62/   Lewin, M.
            Retrieval of Ordered Lists from a Content-Addressed
            Memory
            RCA-Review, Vol. 23, June 1962, pp. 215-229
/LIN88/   Linsker, R.
            Self-Organization in a Perceptual Network
            IEEE Computer, March 1988
/LIP70/   Lipowski, G.J.
            The Architectur of a Large Associative Processor,
            SJCC, 1970, pp. 385-396
/LIP83/   Lipp, H.-M.
            Methodical Aspects of Logic Synthesis,
            Proc. IEEE, Vol. 71, Jan. 1983, pp 88-97
/LSS76/   Lin, C.S.; Smith, D.C.P.; Smith, J.M.
            The Design of a Associative Memory for Relational
            Data Base Applications,
            ACM TODS, vol. 1, 1976, pp. 53-65
/LuS75/   Lin, C.S.; Smith,D.C.P.
            The Design of a Rotating Associative Array Memory for
            a Relational Data Base Management Application,
            Prc. VLDB, 1975, pp. 453-455
/MAR87/   Martini, C.
            Akzeleration eines Design Rule Checkers (DRC) unter
            Verwendung eines assoziativen Koprozessors,
            Diplomarbeit am Lehrstuhl für Technische Informatik
            J.W. Goethe-Universität Frankfurt, 1987

/MEH84/   Mehlhorn, K.
              Data Structures and Algorithms I: Sorting and Searching,
              Springer-Verlag, Berlin, 1984
/MII64/   Miller, H.S.
              Resolving Multiple Responses in an Associative Memory
              IEEE Trans.   Electr.   Comp.,   ol. EC-13,   Oct. 1964,
              pp. 614-616
/MuC80/   Mead, C. and Conway, L.
              Introduction to VLSI Systems
              Addison Wesley Publ. Comp., 1980
/MuF79/   Motsch, W.; Frowein, J.
              Zeiteffiziente Realisierung komplexer Suchprozesse
              an assoziativ gespeicherten Daten
              Elektron. Rechenanl., Jahrg. 21(1979), H.2, pp.65-73
/MuK84/   Malms, M.; Kubera, R.; Röhl, H.
              Leistungssteigerung durch ein inhaltsadressierbares
              Speichersystem
              Elektron. Rechenanl.,Jahrg.26(1984), H.4, pp.179-185
/NOD85/   Nodes, T.A.; Smith, J.L.; Hecht-Nielsen, R.
              A Fuzzy Associative Memory Module and its
              Application to Signal Processing
              IEEE 1985, pp. 1511-1514
/OGU85/   Ogura, T.; Yamada, S.; Nikaido, T.
              A 4-kbit Associative Memory LSI
              IEEE JSSC, Vol. SC-20, No.6, Dec.1985, pp.1277-1282
/PAL80a/   Palm, G.
              On Associative Memory
              Biolog. Cybernetics, 36, 1980, pp. 19-31
/PAL80b/   Palm, G.
              How Useful are the Associative Memories?
              Biomathematics, North-Holland, 1980, pp. 145-153
/PAL82/   Palm, G.
              Neural Assemblies, an Alternative Approach to
              Artificial Intelligence
              Springer New York, 1982
/PAR73/   Parhami, B.
              Associative Memories and Processors: An Overview and
              Selected Bibliography
              Proc. of IEEE, Vol. 61, No. 6, June 1973, pp. 722-730
/PUT83/   Puttkamer, E. von
              A Microprogrammed LISP Machine
              Microprocessing and Microprogramming, Vol. 12 (1983),
              pp. 9-14
/RAM78/   Ramamoorthy, C.V.; Turner, J.L.; Wah, B.W.
              A Design of a Fast Cellular Associative Memory for
              Ordered Retrieval
              IEEE Trans.   Comp., Vol. C-27, No. 9, Sept. 1978,
              pp. 800-815
/ROL85/   Roll,   G.;   Waldschmidt,   K.;   Strugala,   M.;
              Tavangarian, D.
              An Universal Associative Processor
              Proc. Int. Symposium Mini- and Microcomputer and
              their Applications, 1985, pp. 177-181
/ROL86/   Roll,   G.;   Strugala,   M.;   Tavangarian,   D.;
              Waldschmidt, K.
              Ein Assoziativprozessor auf der Basis eines
              modularen vollparallelen Assoziativspeicherfeldes
              NTG Fachberichte Band 92, Architektur und Betrieb von
              Rechensystemen, VDE Verlag 1986, pp. 84-99

/ROL88/   Roll, G.
           Ein mikroprogrammierbarer Bit-Slice Assoziativpro-
           zessor zur Unterstützung paralleler Rechnerarchitek-
           turen
           Dissertation am Lehrstuhl für Technische Informatik,
           J.W. Goethe-Universität, 1987
/ROS59/   Rosenblatt, F.
           Two Theorems of Statistical Separability in the
           Perceptron. In Mechanisation of Thought Process,
           Proc. Symp. Nat. Phys. Lab. , London, 1958
/ROS62/   Rosin, R.F.
           An Organization of an Associative Cryogenic Computer
           Proc.SJCC, 1962, pp. 203-211
/RUE87/   Rueckert, U.; Kreuzer, I.; Goser, K.
           A VLSI Concept for an Adaptive Associative Matrix
           Based on Neural Networks
           Proc. Compeuro87, IEEE Computer Society Press, 1987,
           pp. 31-34
/SAV67/   Savit, D.A.; Love, H.H.; Trooper, R.E.
           ASP: A New Concept in Language and Mashine
           Organisation, SJCC 1967, pp 87-102
/SCM80/   Schmidt, J.W.; Mall, M.
           PASCAL/R Report, Universität Hamburg, Report 66, 1980
/SCH83/   Schnupp, P.
           PROLOG-eine nichtprozedurale Sprache zur Program-
           mierung von Expertensystemen und zum 'rapid proto-
           typing', in: Intelligenztechnologie
           Giloi, Schulz-Vorberg, Ed., Teubner,Verlag, 1983
/SCL87/   Schulz, M.
           Betrieb eines parallelen assoziativen Koprozessors
           am IBM-PC/AT
           Diplomarbeit am Lehrstuhl für Technische Informatik,
           J.W. Goethe-Universität Frankfurt, 1987
/SCL88/   Schulz, M.; Darianian, M.; Tavangarian, D.; Waldschmidt, K.
           An Associative Co-Processor Architecture with the UNIX
           Operating System for the Acceleration of CAD Tools
           Mini- and Microcomp. Appl., ISMM, Spain, 1988.
/SCS79/   Schuster, S.A.; Nguyen, H.B.; Ozkarahan, E.A.;
           Smith, K.C.
           RAP.2 - An Associative Processor for Databases and
           its Applications
           IEEE Trans. Computers, Vol. C-28, No. 6, June 1979,
           pp. 446-457
/SEI75/   Seitzer, J.
           Arbeitsspeicher für Digitalrechner
           Springer Verlag, 1975
/SIM81/   Simony, K.
           Theoretische Elektrotechnik, VEB-Verlag, Berlin, 1981
/SRW82/   Steigner, C.H.; Roll. G.; Waldschmidt, K.
           Das Konzept der ASSKO-Datenflußarchitektur
           NTG Fachberichte Band 80, Struktur und Betrieb von
           Rechensystemen, VDE Verlag 1982, pp. 42-59
/STE56/   Steinbuch, K.
           Lernende Automaten,
           Elektr. Rechenanlagen, 1956, H3,S.112-118, H4,S.172-175
/STR84/   Strugala, M.; Tavangarian, D.; Waldschmidt, K.
           Konzept und integrierte Schaltung eines neuartigen
           modularen Assoziativspeichers,
           GMD-Studie Nr. 94, 1984, pp. 270-283

/STR85/   Strugala, M.; Roll, G.; Waldschmidt, K.
            VLSI Realization of a Full Parallel Associative
            Memory Array,
            Proc. of Euromicro 85, North-Holland Publ. Comp., 1985,
            pp. 147-156
/STR86/   Strugala, M.; Roll, G.; Tavangarian, D.;
            Waldschmidt, K.
            Konzept eines vollparallelen Assoziativspeichers,
            GMD-Studien Nr. 110, 1986, pp. 276-286
/STR87/   Strugala, M.; Tavangarian, D.; Waldschmidt, K.; Roll, G.
            An Associative Processor as a Design Rule Check
            Accelerator
            Proc. of Compeuro87, IEEE Computer Society Press,
            1987, pp. 426-431
/STR88/   Strugala, M.
            Ein assoziativer Koprozessor: Entwurf, Realisierung und
            Beispielanwendungen zur Akzeleration von CAD-Verfahren,
            Diss. an d. J.W. Goethe-Univ. Frankfurt, 1988
/STU85/   Stüttgen, H.
            A Hierarchical Associative Processing System
            Lecture Notes in Computer Science, Springer Verlag,
            1985
/SU79A/   Su, S.Y.W.; Nguyen, L.H.; Emam, A.; Lipovski, G.J.
            The Architectural Features and Implementation
            Techniques of the Multicell CASSM
            IEEE Trans. Computers, Vol. C-28, No. 6, June 1979,
            pp. 430-445
/SU79B/   Su, S.Y.W.
            Cellular Logic Devices: Concepts and Applications
            Computer, March 1979, pp. 11-25
/SuL62/   Seeber, R.R.; Lindquist, A.B.
            Associative Memory with Ordered Retrieval
            IBM Jour. of Research and Development, Vol. 6, No. 1,
            Jan. 1962, p. 126
/SuM56/   Slade, A.E.; McMahon, H.O.
            A Cryotron Catalog Memory System
            Eastern Jt. Computer Conference 1956, pp. 115-120
/SWK76/   Stonebraker, M.; Wong, E.; Kreps, P.; Held, G.
            Implementation of Integrity Constraints and Views by Query
            Modifikation,
            Proc. SIGMOD Workshop on Management of Data, San Josè, 1975
/SYN82/   Rumpf, K.H. (Ed.)
            Intelligent Memory from AEG-Telefunken paves the Way to
            New Applications of Microcomputers (Synfobase)
            Pressinformation der Fa. AEG, 1982
/TAV82/   Tavangarian, D.
            A Novel Modular Expandable Associative Memory
            Proc. Euromicro 1982, North-Holland Publ. Comp.
/TAV83/   Tavangarian, D.
            A General Purpose Associative Processor
            Proc. Euromicro 1983, North-Holland Publ. Comp.
/TAV84/   Tavangarian, D.
            Ortsadressierbarer Assoziativspeicher
            Patentschrift DE3151385-C2, Deutsches Patentamt, München
/TAV85/   Tavangarian, D.
            Associative Random Access Memory (ARAM)
            Elektron. Rechenanl.,Jahrg.27(1985),H.5, pp.264-278

/TAV86/   Tavangarian, D.
            Flagorientierte   Arithmetik-Logik-Einheiten   für
            inhaltsadressierbare Daten
            NTG Fachberichte Band 92, Architektur und Betrieb von
            Rechensystemen, VDE Verlag 1986, pp. 56-71
/TAV88/   Tavangarian, D.
            Konzept   eines   flagorientierten   vollparallelen
            Assoziativprozessors auf der Basis der Flagalgebra,
            10. GI/ITG-Fachtagung Architektur und Betrieb von
            Rechensystemen, Paderborn, 1988
/THU76/   Thurber, K.J.
            Large scale computer architecture: parallel and
            associative processors
            Hayden, 1976
/TuW75/   Thurber, K.J.; Wald, L.D.
            Associative and Parallel Processors
            Computing Surveys, Vol. 7, No. 4, Dec. 1975
/TuW87/   Tavangarian, D.; Waldschmidt, K.
            Konzept eines assoziativen flagorientierten Prozessors
            3. E.I.S.-Workshop, GMD-Studie Nr.126, Bonn, 1987
/TYN86/   Tagahashi, K.; Yamada, H.; Nagai, H. Matsumi, K.
            A New String Search Hardware Architecture for VLSI,
            Computer Architecture, Juni 1986
/WAL86/   Waldschmidt, K., Tavangarian, D., Roll, G., Strugala,
            M.; Hochstädter, V.
            Ein Assoziativspeicher für schnelle Prozessorsysteme
            NTG-Fachberichte Bd. 96, Mikroelektr. für die Informations-
            technik, Vermittlung, Übertragung und Verarbeitung, 1986
/WAL87/   Waldschmidt, K.
            Associative Processors and Memories: Overview and Current
            Status
            Proc. of Compeuro87, IEEE Computer Society Press. 1987
/WAN86/   Wang, W.
            Untersuchung, Vergleich und Implementierung von Algori-
            thmen für arithmetische, logische und Suchoperationen
            für das assoziative Speicherkonzept ARAM
            Diplomarbeit am Lehrstuhl für Technische Informatik,
            J.W. Goethe-Universität Frankfurt, 1986
/WEI83/   Weissberger, A.J.
            On-Chip Cache Memory gives uP's a Big-System Look
            Electronic Design, Oct. 1983, pp. 133-139
/WIL72/   Wilson, D.E.
            The PEPE Support Software System
            IEEE Computer Conference 6, 1972, pp 61-64
/WIR75/   Wirth, N.
            Algorithmen und Datenstrukturen
            B.G. Teubner, Stuttgart 1975
/WIR76/   Wirt, N.
            Algorithms + Datastructures = Programs
            Prentice-Hall, Englewood Cliffs, 1976
/WuH60/   Widrow, G.; Hoff, M.E.
            Adaptive Switching Circuits,
            IRE, Western Electronic Show and Convention, Convention
            Record, Part 4, 1960, pp. 96-104
/WuS87/   Wade, J.P.; Sodini, C.G.
            Dynamic Cross-Coupled Bit-Line Content Adressable
            Memory Cell for High-Density Arrays
            IEEE JSSC, Vol. SC-22, No. 1, Feb. 1987, pp. 119-121

/WuW88/   Widrow, B.; Winter, R.
           Neural Nets for Adaptive Filtering and Adaptive Pattern
           Recognition
           IEEE Computer, March 1988
/YuF77/   Yau, S.S.; Fung, H.S.
           Associative Processor Architecture - A Survey
           Computing Surveys, Vol.9, No. 1, March 1977, pp.3-27
/ZB1-4/   Zwischenberichte zum Verbundprojekt Entwurf integrier-
           ter Schaltkreise, 1984-1987, Lehrstuhl für Techn.
           Informatik, J.W. Goethe-Universität Frankfurt
/ZLO77/   Zloof, M.M.
           Query-by-Example: A Data Base Language
           IBM Systems Journal, Vol. 16, No. 4, 1977

A1. Verzeichnis der Abbildungen

Kap. 4 :

Kap. 5 :

Kap. 6 :

Kap. 7 :

A3. Verzeichnis der verwendeten Symbole

$\geq$	Kleiner-Gleich
$\leq$	Größer-Gleich
$\approx$	Ungefährgleich
$<$	Kleiner
$>$	Größer
$\#$	Ungleich
$=$	Gleich
$-$	Subtraktion
$+$	Addition
$/$	Division
$\div$	Division
$*$	Multiplikation
Σ	Summe
$\lceil \ldots \rceil$	Größte ganze Zahl
$\wedge$, $\&$	Konjunktion
V, v	Disjunktion
$\overline{(\ldots)}$	Negation
$\equiv$	Äquivalenz
$\cap$	Durchschnitt
U	Vereinigung
FLAG $(\ldots)$	Flag-Transformation
FLAG$^{-1}(\ldots)$	Flag-Rücktransformation
$O(\ldots)$	Komplexität
$\{\ldots\}$	Menge
$\forall$	Allquantor
$\underline{C}$	Untermenge
$\in$	Element aus
$\exists \ldots$	Es gibt ein...
$\exists ! \ldots$	Es gibt nur ein...
τ, T	Teilflagvektor
$\vert \ldots \vert$	Füllungsgrad eines Flagvektors
P	Potenzmenge
$\longleftrightarrow$	Beidseitige Abbildung
$\longrightarrow$	Einseitige Abbildung

A4. Verzeichnis der Variablen und Abkürzungen

aᵢ	Teil eines Ausgabemusters, Attribut
A	Attribut
Aᵢ	Ausgabemuster
A$_{GES}$	Anzahl der Treffer
ACT	Aktiver Baustein (ACTive module)
ADD	Addition
ADR	ADRessteil
ARAM	Associative Random Access Memory
BL	Innerhalb von zwei Grenzen (Between Limits)
CARRY	Übertrag, Übertragssignal
CCD	Charge Coupled Devices
CIB	Rückwärtsübertrageingang (Carry Input Backward)
CIF	Vorwärtsübertrageingang (Carry Input Forward)
CIN	Übertrageingang (Carry INput)
CIBB	Übertrageingang, rückwärts (Carry Input Between limits Backward)
CIBF	Übertrageingang, vorwärts (Carry Input Between limits Forward)
CL	Taktsignal (Clock)
COB	Rückwärtsübertragsausgang (Carry Output Backward)
COBB	Übertragsausgang, rückwärts (Carry Output Between limits Backward)
COBF	Übertragsausgang, vorwärts (Carry Output Between limits Forward)
COF	Vorwärtsübertragsausgang (Carry Output Forward)
COUT	Übertragsausgang (Carry OUTput)
CS	Speichermodulauswahl (Chip Select)
CSG	Schaltnetz zur Generierung von Speichermodulauswahlsignalen (Chip Select Generator)
D	Datenwort, allgemein (nicht inhaltsadressierbar)
DESCR, Descriptor	Descriptor bzw, Wert eines Datenwortes
DIR	Direkte Abspeicherung von Daten
eᵢ	Teil eines Eingabemusters
E	Endesignal
Eᵢ	Eingabemuster
F, F...	Flagvektor, Funktionsbezeichnung
|F|	Länge eines Flagvektors
F0...F4	Funktionsauswahlsignale
FLAG(S)	Flagtransformation von S
FLAG^{-1}(F)	Flagrücktransformation von F
fᵢ, fᵢⱼ	Flag eines Datenwortes, Funktionsbezeichnung
GE	Größer-Gleich (Greater Equal)
G, G(F)	Füllungsgrad eines Flagvektors F (Anzahl der Flags im Flagvektor F)
G$_T$	Anzahl der Treffer in einem Trefferflagvektor F$_T$

i	Lauf- bzw. Indexvariable
IND, INDEX	Index bzw. Adresse eines Wortes
IM...	Indexteil eines Maskenwortes
IS...	Indexteil eines Suchargumentes oder eines Datums
IW...	Indexteil eines Speicherwortes
j	Lauf- bzw. Indexvariable
k	Lauf- bzw. Indexvariable
LE	Kleiner-Gleich (Less Equal)
L(F)	Länge des Flagvektors F
m	Hilfsvariable
m_j	Maskenbit j
M	Maskenwort
MAX	Maximum
MIF	Match Indicating Flag, Flag eines Datenwortes
MIFIN	Flageingangssignal
MIMD	Multiple Instruction stream Multiple Data stream
MIN	Minimum
MIPS	Mega Instructions Per Second
MT	Maskierter Teil eines Wortes
MOD	Modulo-Funktion
NMT	Nichtmaskierter Teil eines Wortes
NMT_j	Die nichtmaskierten Bitpositionen des Wortes j
O	Objekt
OL	Außerhalb von Grenzen (Outside Limits)
p	Anzahl der gespeicherten Daten
P_i	Musterpaar
P...	Prozessor
P	Potenzmenge
q	Speicherlänge
Q	Operand
RALU	Register und Arithmetik-Logik-Einheit
RAM	Random Access Memory
RB	Restliche Bitpositionen (RestBits)
RBG	Schaltnetz zur Generierung von restlichen Bitpositionen eines Datenwortes (RestBitGenerator)
s_i , $s_{i,j}$	Bitposition eines Suchargumentes, Untermenge
S, S_i , S_j	Menge von Daten, Suchargument
SA	Übertragsausgangssignal bei einer Suchoperation
SE	Übertragseingangssignal bei einer Suchoperation
SIMD	Single Instruction stream Multiple Data stream
SPK	Logische Speicherkapazität
SPZ	SPeicherZellen
SU	Signal für Weitersuche
SW	Signal für eine Weitersuche
SWR	Schaltnetz zur Generierung von restlichen Bitpositionen eines Datenwortes (SuchWortRest)

t	Zeit, allgemein
t_{CYCLE}	Zykluszeit
t_{TGES}	Trefferbestimmungszeit
T	Treffer, allgemein
$T_j(i)$	Bittreffer i des j-ten Wortes
T_j, T_{jGES}	Worttreffer für das j-te Wort
T_{GES}	Gesamttreffer
TRA	TRefferAnzeige
$V...$	Rechengeschwindigkeit
W	Datenwort, allgemein inhaltsadressierbar Wert
W_j	Das j-te Datenwort (im Speicher)
WR	Write/Read-Signal
WSI	Wafer Scale Integration
x	Bezeichnung redundanter Bitpositionen
X	Variable
Y, y	Variablen
Z, z_i	Zählervariable